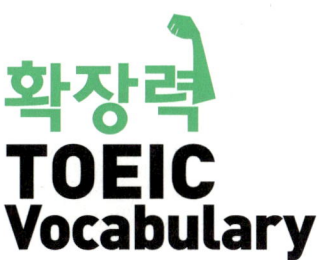

확장력
TOEIC
Vocabulary

확장력 TOEIC Vocabulary

저자	이지연 영어연구소
초판 1쇄 인쇄	2010년 8월 25일
초판 1쇄 발행	2010년 9월 1일
발행인	박효상
책임 편집	강성실
편집, 진행	김은선, 정혜미
영업	이종선, 이태호, 이전희
출판등록	제 10-1835호
발행처	사람in
주소	121-839 서울시 마포구 서교동 378-16 4F
전화	02)338-3555(代)
팩스	02)338-3545
E-mail	saramin@netsgo.com
Homepage	www.saramin.com

Special Staff

디자인	손정수
삽화	홍수미
조판	이정임

※ 책값은 뒤표지에 있습니다.
※ 파본은 바꾸어 드립니다.

확장력

이지연 영어연구소

TOEIC
Vocabulary

사람in
saram
in com

단어를 왜 암기하는가? 여러분 스스로에게 이 질문을 던진다면 각자 이유와 목적이 있을 것이다. TOEFL, TEPS, TOEIC 등 특정 시험을 준비하는 학생들은 당연히 시험에서 높은 점수를 얻기 위해 기본 과정으로 단어를 공부한다. 그럼 각 시험별로 단어들은 어떤 차이가 있을까? control(통제, 제어, 통제하다)이란 단어를 예로 들어보자. 이 단어는 TOEFL에서는 birth control(산아제한), self-control(자기관리) 등의 표현으로 주로 출제되며 TEPS에서는 take control of(장악하다)란 표현으로 출제된다. 반면에 TOEIC에서는 quality control(품질관리), beyond one's control(통제할 수 없게) 등의 표현으로 출제된다. 이런 차이에서 알 수 있듯이 하나의 단어가 각 시험에 이용되는 방법이나 방향이 다르다. 특히 TOEIC의 경우, 일상생활과 국제 업무 등에 필요한 International communication의 범위 안에서 출제되는 경향이 높다. 따라서 여러분들은 TOEIC 시험을 준비하기 위해 단어를 공부할 때 TOEIC에서 실제 사용되는 단어들과 그 활용을 중심으로 배워나가야 한다.

이 책은 TOEIC 시험을 준비하는 학생들이 단어와 문제를 별개로 학습하는 것이 아니라 단어를 공부하면서 출제되는 문제의 경향도 파악할 수 있도록 30일 동안 주제별로 단어를 학습하고 그 단어를 중심으로 한 기출 표현들도 함께 공부할 수 있도록 하여 학습의 효율성을 극대화하였다. 각 단원의 끝에는 학습한 단어들을 철저하게 복습하도록 다양한 형태의 문제들을 실었다. 특히 <Vocab Tool>은 단원에서 배운 내용 중 TOEIC 시험에 출제되었던 표현들을 삽화와 함께 복습하게 함으로써 단어 학습을 즐기는 한편 시험 준비도 제대로 할 수 있도록 구성하였다.

이 책으로 TOEIC 단어를 공부하는 학생들은 이 책을 끝마친 것만으로도 TOEIC 시험의 출제 경향을 파악할 수 있을 것이다.

행운을 빌며,

저자 이지연

Contents

이 책의 구성과 특징

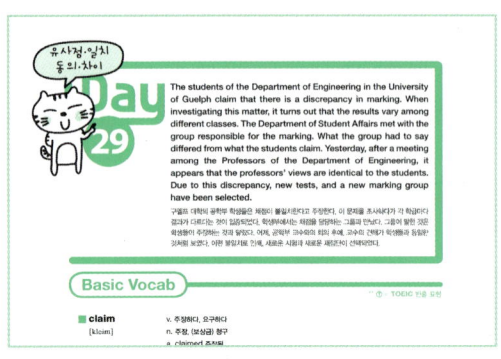

1. Reading

TOEIC에서 자주 접할 수 있는 주제들을 매일 학습할 수 있도록 30개의 지문들로 구성하였다.

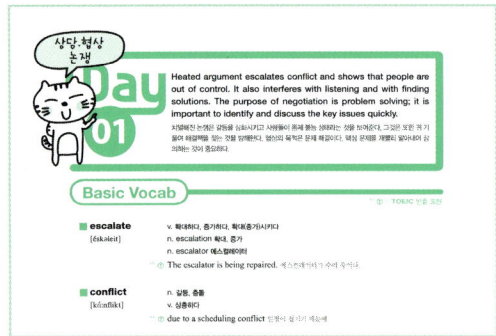

2. Basic Vocab

Reading에서 언급된 단어와 주제 어휘, 파생어, TOEIC 빈출 표현, 예문을 함께 학습할 수 있도록 하였다.

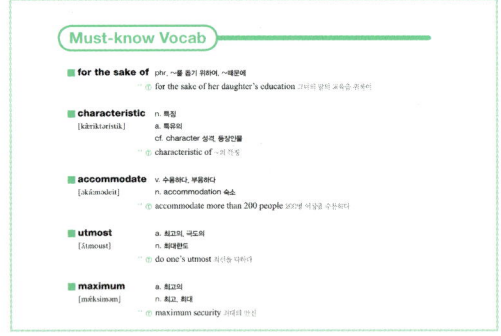

3. Must-know Vocab

Basic Vocab의 언급된 단어들 외에 주제와 어울려 함께 쓸 수 있는 단어들로 구성하였다.

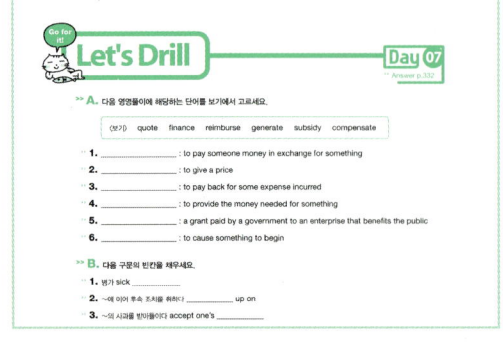

4. Let's Drill

영영단어 풀이, 구문 완성, TOEIC 실전 유형으로 구성된 문제들을 통해 그날의 학습을 복습할 수 있도록 하였다.

5. Vocab Tool

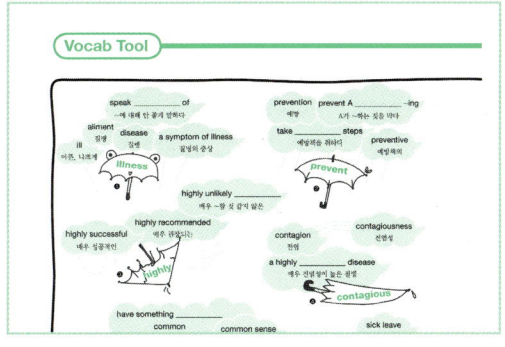

그림이 가미된 간단한 Quiz를 통해 단어들을 쉽게 학습할 수 있도록 하였다.

6. Answers & Explanations

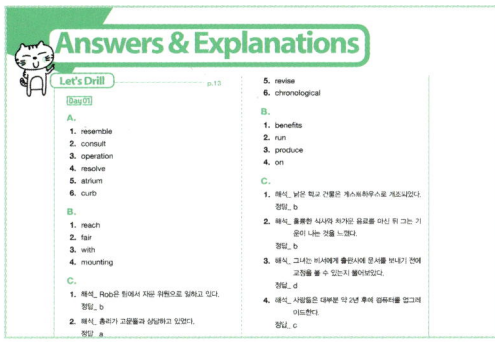

Let's Drill의 문제 정답과 해설을 간단히 확인할 수 있도록 하였다.

※ 〈확장력 TOEIC Vocabulary〉의 MP3 음원은 중심 단어, 그에 따른 TOEIC 빈출 표현, 예문으로 구성되어 있으며, 사람in 홈페이지(www.saramin.com)에서 다운로드 받으실 수 있습니다.

Tip 약자의 쓰임

a.	adjective 형용사
ad.	adverb 부사
ant.	antonym 반의어
aux.	auxiliary 조동사
cf.(=cp.)	confer(=compare) 비교하다
con.	conjunction 접속사
int.	interjection 감탄사
n.	noun 명사
phr.	phrase 구, 구문
pl.	plural 복수형
prep.	preposition 전치사
pro.	pronoun 대명사
syn.	synonym 동의어
v.	verb 동사

상담·협상
논쟁

Day 01

Heated argument escalates conflict and shows that people are out of control. It also interferes with listening and with finding solutions. The purpose of negotiation is problem solving; it is important to identify and discuss the key issues quickly.

치열해진 논쟁은 갈등을 심화시키고 사람들이 통제 불능 상태라는 것을 보여준다. 그것은 또한 귀 기울여 해결책을 찾는 것을 방해한다. 협상의 목적은 문제 해결이다. 핵심 문제를 재빨리 알아내어 상의하는 것이 중요하다.

Basic Vocab

›› ⓣ = TOEIC 빈출 표현

■ **escalate**
[éskəleit]

v. 확대하다, 증가하다, 확대(증가)시키다
n. escalation 확대, 증가
n. escalator 에스컬레이터

›› ⓣ The escalator is being repaired. 에스컬레이터가 수리 중이다.

■ **conflict**
[káːnflikt]

n. 갈등, 충돌
v. 상충하다

›› ⓣ due to a scheduling conflict 일정이 겹치기 때문에

■ **control**
[kəntróul]

n. 지배, 통제, 제어
v. 지배하다, 통제하다, 제어하다

›› ⓣ quality control 품질관리
›› ⓣ beyond one's control 통제할 수 없는

■ **interfere with**

phr. ~를 방해하다

The company interfered with the workers' right.
회사는 근로자들의 권리를 간섭했다.

■ **negotiation**
[nigòuʃiéiʃən]

n. 협상
v. negotiate 협상하다, 성사시키다

The deal is still under negotiation.
그 거래는 아직도 협상 중이다.

○ deal n. 거래
  v. 거래하다

›› ⓣ dealing 거래 행위
›› ⓣ deal with ~를 처리하다

We need to negotiate the contract.
계약을 성사시켜야 한다.

◎ contract n. 계약
›› ⓣ sign a contract 계약서에 서명하다
›› ⓣ terms of the contract 계약 조건들

■ **identify**
[aidéntəfài]

v. (신원을) 확인하다, 식별하다, 발견하다
n. identity 정체성, 신분
n. identification 신원 확인, 신분 증명

›› ⓣ identity theft 신분 도용
›› ⓣ wear an identification card 신분증을 착용하다

■ **discuss**
[diskʌ́s]

v. 상의하다
n. discussion 상의

★★ 'discuss+문제점+with+사람'의 형태로 쓰인다.

I will discuss the most important issue with the consultant.
 ◈ 가장 중요한 문제를 자문 위원과 상의할 것이다.

◎ issue n. 주제, 쟁점, 시안, 문제
v. 발표하다, 발행하다

›› ⓣ reach a consensus over an issue 쟁점에 대해 만장일치하다

Tip '타동사+목적어'로 전치사 없이 출제되는 동사: answer(대답하다), await(기다리다), exceed(초과하다), discuss(상의하다), explain(설명하다), reach(도달하다), attend(참석하다), resemble(닮다), check(확인하다), marry(결혼하다)

■ **consult**
[kənsʌ́lt]

v. 상담하다, 상의하다, 참고하다
n. consultant 자문 위원, 컨설턴트
n. consultation 자문, 상담

★★ '상담하다'의 뜻일 경우엔 'consult+사람' 또는 'consult with+사람'으로 사용되고 '참고하다'일 경우엔 'consult+목적어'로만 사용된다.

›› ⓣ consult one's colleagues 동료들에게 상담하다

The doctor consulted the child's parents before the operation.
의사는 수술 전에 그 아이의 부모와 상담했다.

◎ operation n. 수술, 운영, 작동
v. operate 수술하다, 운영하다
a. operational 운영되는, 작동되는
a. operative 수술의, 운영되는

For more details, please consult the appropriate regulations in this book.
좀 더 자세한 사항을 원하시면, 이 책의 해당되는 법규를 참조하세요.

◎ appropriate a. 적절한, 해당되는
◎ regulation n. 규제, 법규

■ consultation
[kà:nsʌltéiʃən]

n. 자문, 상담

The initial consultation is free.
초기 상담은 무료이다.

■ confer
[kənfə́:r]

v. 협의하다, 의논하다

n. conference 회의

Currently enrolled undergraduates should confer with their faculty advisers.
현재 등록된 학부생들은 그들의 지도 교수와 상의해야 한다.

- ◐ currently ad. 현재에
- ◐ enrolled a. 등록된
- ◐ undergraduate n. 학부생
- ◐ faculty n. 교수진, 능력
- ◐ adviser n. 조언자, 자문

■ talk
[tɔ:k]

v. 말하다, 상의하다

n. 이야기, 담화

- ⑪ talk to+사람 ~에게 이야기하다
- ⑪ talk with+사람 ~와 이야기하다
- ⑪ talk about+내용 ~에 대해서 이야기하다
- ⑪ talk over ~하면서 이야기하다

Let's talk it over a cup of coffee.
커피나 한잔하면서 그것에 대해 이야기하자.

Do not talk to anybody about my grades.
나의 성적에 대해서 아무에게도 말하지 마라.

■ compromise
[ká:prəmaiz]

v. 타협하다

n. 타협

They need to compromise to solve the territorial problem.
그들은 영토 문제를 해결하기 위해 타협해야 한다.

- ◐ territorial a. 영토의

■ counsel
[káunsəl]

v. 상담하다, 충고하다

n. 상담, 충고

n. counselor 상담가

Without a friend to counsel, he decided everything alone.
상담할 친구 없이 그는 혼자 모든 걸 결정했다.

Counseling is a way of resolving issues.
상담은 문제를 해결하는 방식이다.

- ◐ resolve v. 해결하다, 다짐하다
  - n. resolution 결의안, 해결, 해상도

■ **arbitrate**
[ɑ́:rbitreit]

v. 중재하다

n. arbitration 중재

n. arbitrator 중재인

It is not easy to arbitrate between two parties.
쌍방 간에 중재하는 것은 쉽지 않다.

○ party n. 정당, 당사자, 파티

■ **mediate**
[mí:dieit]

v. 중재하다

n. mediation 중재

n. mediator 중재인

The parties agreed to mediate the dispute.
정당들은 분쟁을 중재하는데 합의했다.

○ dispute n. 분쟁, 논쟁

Mediation is a fair way to reach an agreement.
중재는 합의에 이르는 공정한 방식이다.

○ fair a. 공정한
　　 n. 박람회

›› ⊤ the job fair 직업 박람회

○ reach an agreement phr. 합의에 이르다

■ **argue**
[ɑ́:rgjuː]

v. 논쟁하다, 주장하다

n. argument 주장

a. argumentative 논쟁을 좋아하는

›› ⊤ not to be argumentative 논쟁적이지 않도록

Some people still argue that global warming is not caused by human activities.
일부 사람들은 아직도 지구온난화가 인간의 활동에 의해 발생하는 게 아니라고 주장한다.

■ **controversial**
[kɑ̀:ntrəvə́:rʃəl]

a. 논쟁의 여지가 있는

It is considered controversial.
그것은 논쟁의 여지가 있다고 여겨진다.

Must-know Vocab

■ **calmly**
[kɑ́:mli]

ad. 침착하게, 차분하게

a. calm 침착한, 차분한

›› ⊤ calmly and politely 침착하고 공손하게

dedicate [dédikeit]
v. 전념하다, 바치다
n. dedication 전념, 헌신, 바침
>> ① dedicate oneself to ~가 ~에 전념(헌신)하다

delighted [diláitid]
a. 기쁜
>> ① we are delighted to announce ~를 발표하게 되어 기쁘다

expectation [èkspektéiʃən]
n. 기대
v. expect 기대하다
>> ① above one's expectation ~의 기대를 넘어서서
>> ① have high expectations 높은 기대를 갖고 있다

aim [eim]
n. 목표
v. 목표하다
>> ① be aimed at ~를 목표로 하다

atrium [éitriəm]
n. 안마당, 뜰 안쪽의 공간, 아트리움
>> ① a spacious atrium 넓은 아트리움

cancellation [kænsəléiʃən]
n. 취소
v. cancel 취소하다
>> ① be subject to cancellation 취소될 수 있다
>> ① cancel one's reservation 예약을 취소하다

curb [kəːrb]
n. 도로변, 연석
v. 제한하다
>> ① stop at the curb 도로변에 멈추다
>> ① curb growth 성장을 억제하다

subscriber [səbskráibər]
n. 구독자, 기부자, (서비스) 이용자
v. subscribe 구독하다, 가입하다, 기부하다
n. subscription 구독, 가입, 기부
>> ① a subscriber to ~의 구독자
>> ① subscribe to ~를 구독하다

mounting [máuntiŋ]
a. 증가하는
v. mount 서서히 증가하다, 올라타다
>> ① mounting pressure 점차 늘어가는 압박

Let's Drill

>> Answer p.330

>> **A.** 다음 영영풀이에 해당하는 단어를 보기에서 고르세요.

〈보기〉 curb   resemble   consult   atrium   operation   resolve

>> **1.** _____ : to look like someone

>> **2.** _____ : to get information or advice from a person, book, etc.

>> **3.** _____ : the way that parts of a machine or system work together

>> **4.** _____ : to solve or end a problem or difficulty

>> **5.** _____ : a very large room, often with glass walls or roof

>> **6.** _____ : the edge of a raised path nearest the road

>> **B.** 다음 구문의 빈칸을 채우세요.

>> **1.** 합의에 이르다 _____ an agreement

>> **2.** 직업 박람회 the job _____

>> **3.** ~를 방해하다 interfere _____

>> **4.** 점차 늘어가는 압박 _____ pressure

>> **C.** 다음 문장의 빈칸에 적합한 단어를 고르세요.

>> **1.** Rob is working as a _____ in the team.
   a. consultation   b. consultant   c. consulting   d. consulted

>> **2.** The Prime Minister was _____ with his advisers.
   a. consulting   b. understanding   c. saying   d. conference

>> **3.** They _____ the terms of the contract.
   a. talked   b. discussed   c. said   d. argued

>> **4.** An outside adviser has been brought in to _____ the dispute.
   a. arbitrate   b. agree   c. consensus   d. argue

>> **5.** Republicans and Democrats _____ on the issue.
   a. compromised   b. consulted   c. counseled   d. discussed

Vocab Tool

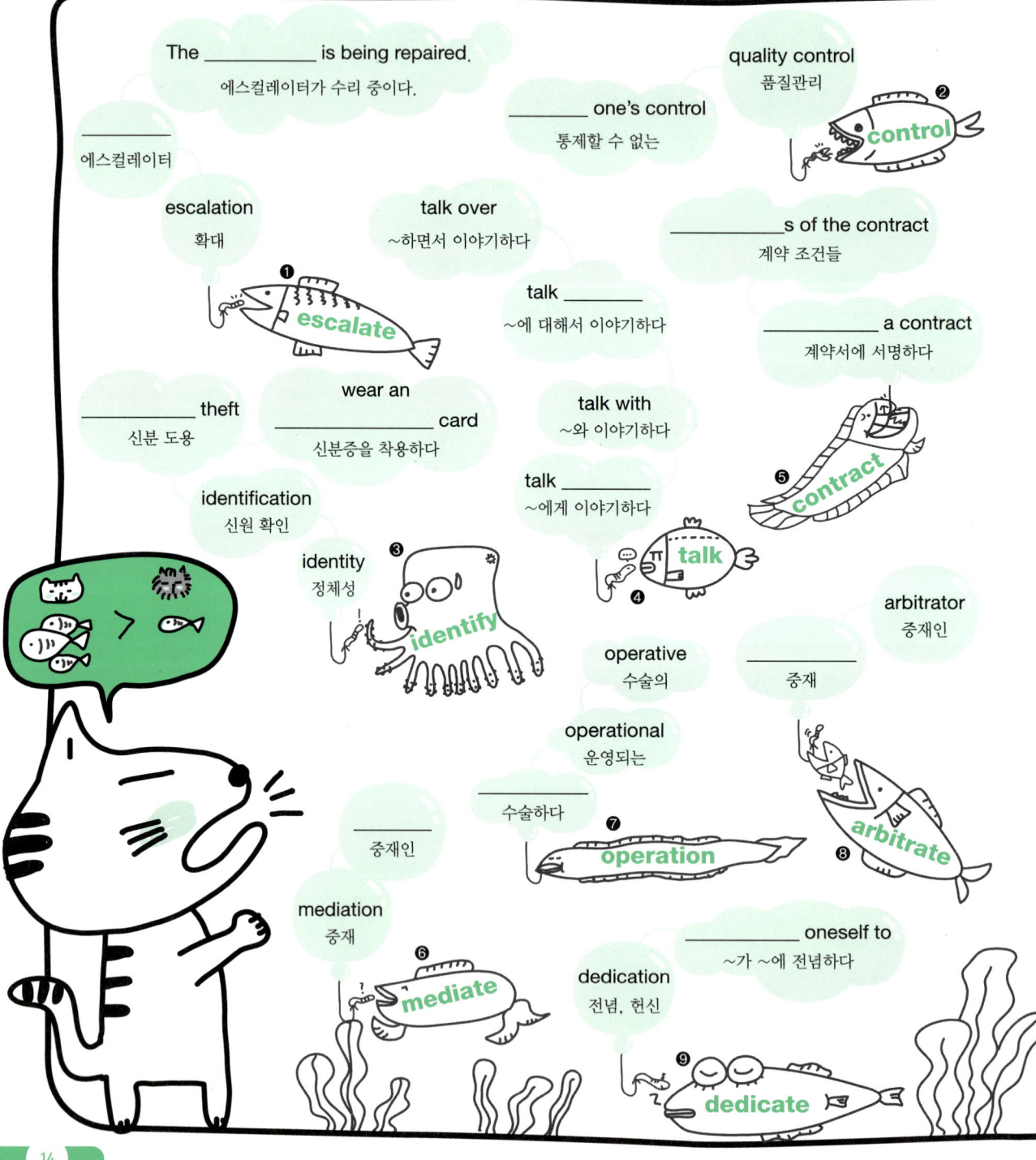

The _____ is being repaired.
에스컬레이터가 수리 중이다.

_____
에스컬레이터

escalation
확대

❶ escalate

_____ theft
신분 도용

wear an
_____ card
신분증을 착용하다

identification
신원 확인

identity
정체성

❸ identify

talk over
~하면서 이야기하다

talk _____
~에 대해서 이야기하다

talk with
~와 이야기하다

talk _____
~에게 이야기하다

❹ talk

operative
수술의

operational
운영되는

_____
수술하다

❼ operation

quality control
품질관리

_____ one's control
통제할 수 없는

❷ control

_____s of the contract
계약 조건들

_____ a contract
계약서에 서명하다

❺ contract

arbitrator
중재인

_____
중재

❽ arbitrate

_____
중재인

mediation
중재

❻ mediate

dedication
전념, 헌신

_____ oneself to
~가 ~에 전념하다

❾ dedicate

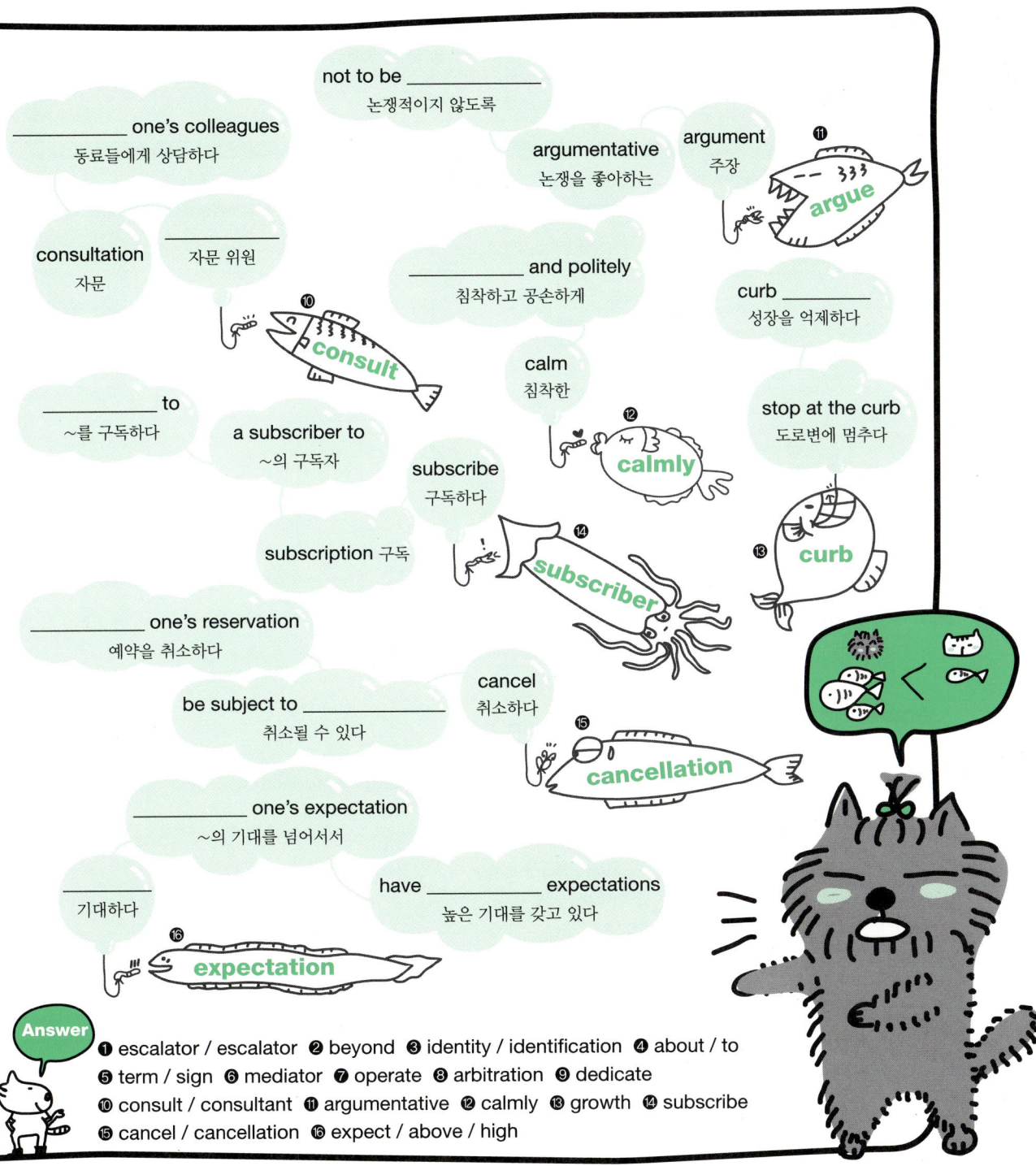

_____ one's colleagues
동료들에게 상담하다

not to be _____
논쟁적이지 않도록

argumentative
논쟁을 좋아하는

argument
주장

⑪ argue

consultation
자문

_____
자문 위원

_____ and politely
침착하고 공손하게

curb _____
성장을 억제하다

⑩ consult

calm
침착한

stop at the curb
도로변에 멈추다

_____ to
~를 구독하다

a subscriber to
~의 구독자

subscribe
구독하다

⑫ calmly

⑬ curb

subscription 구독

⑭ subscriber

_____ one's reservation
예약을 취소하다

cancel
취소하다

be subject to _____
취소될 수 있다

⑮ cancellation

_____ one's expectation
~의 기대를 넘어서서

기대하다

have _____ expectations
높은 기대를 갖고 있다

⑯ expectation

Answer
❶ escalator / escalator ❷ beyond ❸ identity / identification ❹ about / to
❺ term / sign ❻ mediator ❼ operate ❽ arbitration ❾ dedicate
❿ consult / consultant ⑪ argumentative ⑫ calmly ⑬ growth ⑭ subscribe
⑮ cancel / cancellation ⑯ expect / above / high

새로움·낡음
수리

Day 02

Run an anti-virus software package on your PC and keep the virus files up-to-date. Most packages automate the virus update process. Also, plan to renew any virus file services after your product goes off it's initial warranty period.

당신 컴퓨터에 항 바이러스 소프트웨어 패키지를 가동시키고 바이러스 파일을 최신의 것으로 유지해라. 대부분의 패키지는 바이러스 업데이트 과정을 자동화한다. 또한 상품이 초기 보증기간을 넘긴 후에는 바이러스 파일 서비스를 갱신할 계획을 세워라.

Basic Vocab

>> ⓣ = **TOEIC 빈출 표현**

run
[rʌn]
v. 가동하다, 운영하다, 도망치다
phr. run away 도주하다
cf. runway 활주로
>> ⓣ in the long run 결국에
>> ⓣ hit-and-run 뺑소니

package
[pǽkidʒ]
n. 소포, 패키지 상품, 일괄 프로그램
v. 포장하다
>> ⓣ benefits package 복리 후생 제도

up-to-date
[ʌ̀ptədéit]
a. 최신의
>> ⓣ keep+사람+up-to-date on ~에게 ~에 대해 최신 정보를 알려주다

automate
[ɔ́ːtəmeit]
v. 자동화하다
n. automation 자동화

The company is investing in automating all production lines.
그 회사는 모든 생산 제품을 자동화하는데 투자하고 있다.

　◐ invest v. 투자하다(in)
　　　　n. investment 투자
　　　　n. investor 투자자
　◐ production n. 생산
　　　　n. productivity 생산성
　　　　n. produce 농산물
　　　　v. produce 생산하다
>> ⓣ examine some produce 일부 농산품을 살펴보다
　　　　◐ line n. 상품의 종류, 선, 줄
>> ⓣ in a line 한 줄로
>> ⓣ line up 줄을 서다

16

We want to implement factory automation.

우리는 공장 자동화를 실행하기를 원한다.

○ implement v. 실행하다 (= carry out)

　　　　　　n. 도구

›› ⓣ implement the plan 계획을 실행하다

■ process
[prά:ses]

v. 가공 처리하다

n. 과정, 공정

›› ⓣ process product orders 상품 주문을 처리하다

›› ⓣ process water 물을 가공 처리하다

■ renew
[rinjú:]

v. 갱신하다

n. renewal 갱신

›› ⓣ renew one's passport 여권을 갱신하다

We deal with season-ticket renewals here.

우리는 여기서 정기권 갱신을 담당합니다.

○ deal with phr. 처리하다

■ initial
[iníʃəl]

a. 초기의, 처음의

ad. initially 처음에

v. initiate 시작하다

›› ⓣ initial order 첫 주문

›› ⓣ initiate the project 프로젝트를 착수하다

■ warranty
[wɔ́:rənti]

n. 품질 보증서

cf. warrant 영장

›› ⓣ The warranty is expired. 품질 보증서가 만기되다.

■ antique
[æntí:k]

n. 골동품

a. 골동품의

The antique clock dating back to the 16th century is said to be worth $50,000.

16세기까지 거슬러 올라가는 골동품 시계는 5만 달러의 가치가 있다고 한다.

○ date back to phr. ~로 거슬러 올라가다

■ outdated
[àutdéitid]

a. 낡은

v. outdate 구식이 되게 하다

syn. out-of-date

The term "party" has been outdated already for quite a long time.

'파티'란 용어는 꽤 오랫동안 이미 구식이 되었다.

○ quite ad. 정말, 상당히

›› ⓣ Not quite. 그렇지 않다.

■ **dilapidated**
[dilǽpideitid]

a. 남루한, 파손된

n. dilapidation 파손

It is virtually impossible to estimate the cost of demolishing dilapidated buildings.
낡은 건물들을 허무는 비용을 견적내는 것은 사실 불가능하다.

   ◉ demolish v. 파괴하다, 부수다
          n. demolition 파괴

›› ⓣ demolish the building 건물을 부수다

■ **recycle**
[rìːsáikl]

v. 재생하다, 재활용하다

n. recycling 재활용, 재생

›› ⓣ recycle scrap paper 폐지를 재활용하다

It is company policy to use recycled paper.
재생 종이를 사용하는 것이 회사의 정책이다.

■ **innovative**
[ínəveitiv]

a. 혁신적인

n. innovation 혁신, 개혁

v. innovate 혁신하다, 개혁하다

›› ⓣ the innovative web browser 혁신적인 웹 브라우저

The company failed because it refused to innovate and lacked future vision.
그 회사는 개혁을 거부했고 미래의 비전이 없어 실패했다.

   ◉ lack v. 부족하다
          n. 부족

›› ⓣ a lack of ~의 부족

■ **novelty**
[náːvəlti]

n. 새로움, 신제품

a. novel 새로운, 신기한

The company's novelty pens are encased in crystal barrels.
회사의 신제품 펜이 크리스탈 통에 넣어졌다.

   ◉ encase v. 감싸다

›› ⓣ be encased in ~에 싸여지다

■ **fresh**
[freʃ]

a. 신선한, 새로운, 상쾌한

v. freshen 새롭게 하다

›› ⓣ fresh skills 새로운 기술들

The quality of fresh meat can be judged by firmness and texture.
신선한 육류의 품질은 단단함과 육질로 평가될 수 있다.

   ◉ firmness n. 견고함, 단단함
   ◉ texture n. 감촉, 질감, 조화

›› ⓣ create the texture in her work 그녀의 작품에 조화를 이루어내다

■ stale
[steil]

a. 신선하지 않은, 낡은, 퀴퀴한

n. staleness 상함, 진부함

The bread was stale and could no longer be eaten.

그 빵은 상해서 더 이상 먹을 수 없었다.

○ no longer phr. 더 이상 ~ 않다

The air was stale in the room.

방안의 공기가 퀴퀴하였다.

■ obsolete
[àːbsəlíːt]

a. 쓸모없게 된, 진부한

n. obsoleteness 진부함

The machinery had become obsolete with the invention of new technology.

그 기계는 새로운 기술의 개발과 함께 쓸모없는 것이 되어 버렸다.

■ deteriorate
[ditíriəreit]

v. 악화되다, 더 나빠지다

n. deterioration 악화

” ⓣ continue to deteriorate 계속 악화되다

Her health deteriorated suddenly.

그녀의 건강이 갑자기 악화되었다.

■ shabby
[ʃǽbi]

a. 다 낡은, 허름한

She wore a shabby old skirt.

그녀는 낡고 오래된 스커트를 입었다.

■ upgrade
[ʌ́pgreid]

v. (제품의 가격, 품질을) 올리다, 개량하다

n. 업그레이드

He paid $400 to upgrade his computer.

그는 그의 컴퓨터를 업그레이드하기 위해 400달러를 지불했다.

○ pay v. 지불하다

　　 n. 급료, 보수

　　 a. payable 지불할 수 있는

” ⓣ pay for ~에 대해 지불하다
” ⓣ pay in cash 현금으로 지불하다
” ⓣ pay by credit card 신용 카드로 지불해야 하다
” ⓣ make a payment 지불하다
” ⓣ payable to ~앞으로 지불해야 하는

■ modernize
[máːdərnaiz]

v. 현대화하다

n. modernization 현대화

” ⓣ modernize our facilities 우리 시설을 현대화하다

He plans to modernize the production process.

그는 생산 공정을 현대화할 계획이다.

■ fix
[fiks]

v. 고치다, 수리하다

syn. mend, repair

›› ⓣ call a technician to fix it 그것을 고치기 위해 기술자를 부르다

He fixed the copy machine that broke down.
그는 고장 난 복사기를 고쳤다.

○ break down phr. 고장 나다

■ repair
[ripeər]

v. 수리하다

n. 수리

›› ⓣ make repairs 수리하다

The car was so old that it wasn't worth repairing.
자동차가 너무 낡아 고칠 가치가 없었다.

○ worth a. ~의 값어치를 하는, ~의 가치가 있는

›› ⓣ worth the expense 비용을 들일 가치가 있는

■ renovate
[rénəveit]

v. 새 것으로 만들다, 개조하다

n. renovation 경신, 쇄신

›› ⓣ renovate her home 그녀의 집을 개조하다

We provide quality home renovations with guaranteed workmanship.
우리는 보증된 솜씨로 양질의 주택 개조를 해드립니다.

○ quality n. 질, 고급
         a. 양질의

›› ⓣ quality control check 품질관리 검사

○ guaranteed a. 보장된
○ workmanship n. 솜씨, 기술, 기량

›› ⓣ defects in materials and workmanship 재료와 기술상의 결함

■ restore
[ristɔ́ːr]

v. 회복하다, 복원하다

n. restoration 복원

›› ⓣ restore the building to its original condition 건물을 원상태로 복원하다

We should restore our natural heritage and historic heritage.
우리는 자연 유산과 역사 유산을 복원해야 한다.

■ refresh
[rifréʃ]

v. 기분을 새롭게 하다, 기운 나게 하다

a. refreshed 재충전된

a. refreshing 재충전시키는

cf. refreshment 다과

›› ⓣ feel refreshed 기분이 상쾌하다

She refreshed herself sufficiently with sleep.
그녀는 수면으로 충분히 재충전하였다.

○ sufficiently ad. 충분히

>> ⓣ sufficiently strong 충분히 강한

She felt refreshed after her long shower.
그녀는 오랫동안 샤워를 한 후 재충전된 기분을 느꼈다.

■ proofread
[prúːfriːd]
v. 교정하다

★★ 과거, 과거완료도 proofread이며 read만 '[riːd]'에서 '[reːd]'로 발음이 바뀐다.

She proofread the press release before releasing it.
그녀는 보도 자료를 발표하기 전에 교정을 보았다.

○ release v. 발표하다, 풀어주다, (영화를) 개봉하다, 출시하다
n. 발표, 석방, 개봉, 출시, 출간

>> ⓣ release one's product 상품을 출시하다

■ revise
[riváiz]
v. 정정하다, 교정하다
n. revision 교정

>> ⓣ revise one's proposal 제안서를 수정하다

The government announced plans to revise its immigration policy.
정부는 이민 정책을 개정한다는 계획을 발표했다.

○ announce v. 발표하다
○ immigration n. 이민

■ update
[ʌpdéit]
v. 최신 것으로 만들다, 쇄신하다
n. 최신 정보
a. updated 쇄신된

>> ⓣ update+사람+on ~에 대해 ~에게 최신 정보를 알려주다

The engineer updated the computer software.
그 기술자는 컴퓨터 소프트웨어를 갱신하였다.

■ revolutionary
[rèvəlúːʃəneri]
a. 혁명적인, 획기적인
n. revolution 혁명

>> ⓣ a revolutionary product 획기적인 제품

This is a revolutionary product.
이것은 획기적인 제품이다.

Must-know Vocab

■ narrow
[nǽrou]
a. 좁은
v. 좁히다

>> ⓣ narrow down to ~로 좁히다
>> ⓣ narrow the gap 격차를 좁히다

pass
[pæs]

v. 통과하다, 건네주다
n. 통행증, 출입증
>> ⓣ pass the salad 샐러드를 건네주다
>> ⓣ the security pass 보안증

list
[list]

n. 목록, 명단
★★ 주로 전치사를 묻는 문제로 출제된다.
>> ⓣ on the waiting list 대기자 명단에 있는

refrain
[rifréin]

v. 삼가다
>> ⓣ refrain from -ing ~하는 것을 삼가다

throughout
[θruːáut]

prep. ~동안 내내, 도처에
>> ⓣ throughout the day 하루 종일
>> ⓣ throughout the world 전 세계에 거쳐

prospective
[prəspéktiv]

a. 장래의, 유망한
>> ⓣ a prospective employee 채용될 가능성이 높은 사원

thoroughly
[θɔ́ːrəli]

ad. 철저하게
>> ⓣ read the contract thoroughly 계약서를 철저하게 읽다

recognize
[rékəgnaiz]

v. 인정하다, 인식하다, 알다
n. recognition 인정, 인식
>> ⓣ recognize the problem 문제를 알다

maturity
[mətjúrəti]

n. 성숙함, (보험 등의) 만기
a. mature 성숙
ant. immature 미성숙한
>> ⓣ reach full maturity 완전히 성숙한 상태가 되다

chronological
[krɑ̀ːnəlɑ́ːdʒikəl]

a. 연대기의
ad. chronologically 연대기적으로
n. chronology 연대기
>> ⓣ in chronological sequence 연대기 순으로

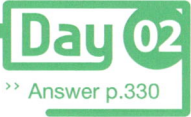
>> **A.** 다음 영영풀이에 해당하는 단어를 보기에서 고르세요.

<보기> novelty   proofread   restore   chronological   upgrade   revise

>> **1.** _____ : to bring back to an original condition

>> **2.** _____ : to raise to a higher grade

>> **3.** _____ : the quality of being new and unusual

>> **4.** _____ : to read in order to find errors

>> **5.** _____ : to prepare a newly edited version

>> **6.** _____ : related the order in which a series of events happened

>> **B.** 다음 구문의 빈칸을 채우세요.

>> **1.** 복리 후생 제도 _____ package

>> **2.** 결국에 in the long _____

>> **3.** 일부 농산품을 살펴보다 examine some _____

>> **4.** 대기자 명단에 있는 _____ the waiting list

>> **C.** 다음 문장의 빈칸에 적합한 단어를 고르세요.

>> **1.** The old school had been _____ into a guest house.
a. restored   b. renovated   c. updated   d. automated

>> **2.** After a good meal and a cold drink he felt _____.
a. repaired   b. refreshed   c. renovated   d. modernized

>> **3.** She asked her secretary if she would _____ the document before she sent them to the publishers.
a. modernize   b. upgrade   c. renew   d. proofread

>> **4.** Most people _____ their computers after about 2 years.
a. revise   b. renew   c. upgrade   d. restore

>> **5.** It's her job to _____ the company's website.
a. update   b. advance   c. refresh   d. reboot

Vocab Tool

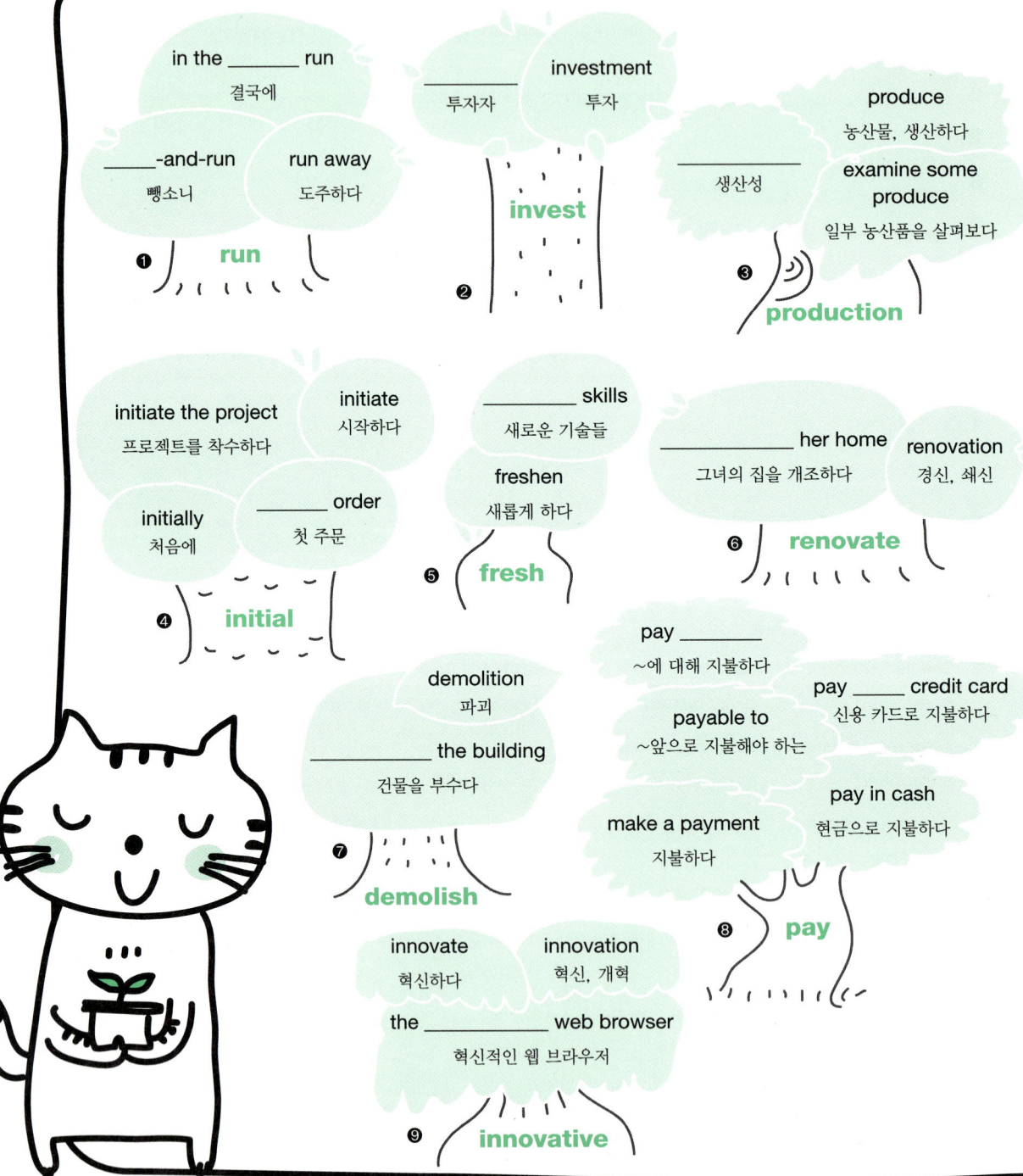

1 run
- in the _____ run 결국에
- _____-and-run 뺑소니
- run away 도주하다

2 invest
- _____ 투자자
- investment 투자

3 production
- produce 농산물, 생산하다
- _____ 생산성
- examine some produce 일부 농산품을 살펴보다

4 initial
- initiate the project 프로젝트를 착수하다
- initiate 시작하다
- initially 처음에
- _____ order 첫 주문

5 fresh
- _____ skills 새로운 기술들
- freshen 새롭게 하다

6 renovate
- _____ her home 그녀의 집을 개조하다
- renovation 경신, 쇄신

7 demolish
- demolition 파괴
- _____ the building 건물을 부수다

8 pay
- pay _____ ~에 대해 지불하다
- payable to ~앞으로 지불해야 하는
- make a payment 지불하다
- pay _____ credit card 신용 카드로 지불하다
- pay in cash 현금으로 지불하다

9 innovative
- innovate 혁신하다
- innovation 혁신, 개혁
- the _____ web browser 혁신적인 웹 브라우저

deterioration
악화

continue to
_____
계속 악화되다

⑩ deteriorate

feel _____
기분이 상쾌하다

_____
다과

refreshed
재충전된

refreshing
재충전시키는

⑪ refresh

revision
교정

_____ one's proposal
제안서를 수정하다

⑫ revise

revolution
혁명

a _____ product
획기적인 상품

⑬ revolutionary

in _____ sequence
연대기 순으로

chronologically
연대기적으로

chronology
연대기

⑭ chronological

narrow ____ to
~로 좁히다

narrow the _____
격차를 줄이다

⑮ narrow

reach full _____
완전히 성숙한 상태가 되다

immature
미성숙한

mature
성숙

⑯ maturity

Answer
❶ long / hit ❷ investor ❸ productivity ❹ initial ❺ fresh ❻ renovate ❼ demolish
❽ for / by ❾ innovative ❿ deteriorate ⑪ refreshed / refreshment ⑫ revise
⑬ revolutionary ⑭ chronological ⑮ down / gap ⑯ maturity

회사

Day 03

NOKO has streamlined its operations in an effort to cut costs. It will continue to move ahead with its merger and acquisition strategy. If private sector businesses fail to make a profit, they will go bankrupt or go out of business.

노코는 비용 절감의 노력 차원에서 운영을 간소화했다. 계속 인수 합병 전략을 진행할 것이다. 개인 사업 부문이 이윤을 내지 못하면, 그들은 파산하거나 폐업할 것이다.

Basic Vocab

”” ⓣ = **TOEIC** 빈출 표현

■ **streamline**
[strí:mlain]

v. 합리화하다, 능률적으로 하다, 근대화하다

The company streamlined operations by replacing old equipment.
그 회사는 오래된 장비를 교체함으로써 작업을 근대화했다.

■ **operate**
[á:pəreit]

v. 운영하다, 수술하다
n. operation 운영, 수술
a. operational 가동되는, 사용될 준비가 갖춰진
a. operative 가동 준비가 된, 수술의

”” ⓣ fully operational 전면 가동되는

■ **effort**
[éfərt]

n. 노력

”” ⓣ in an effort to ~하려는 노력의 일환으로

■ **cost**
[kɔːst]

n. 비용
v. 비용이 ~가 들다

”” ⓣ cost-effective 비용 절감적인

■ **ahead**
[əhéd]

ad. 앞으로, 미리

”” ⓣ ahead of schedule 예정보다 앞서

■ **merge**
[məːrdʒ]

v. 합병하다
n. merger 합병

”” ⓣ merge A with B A와 B를 합병하다
”” ⓣ merge A and B into C A와 B를 C로 합병하다

The company merged with another company two years ago.
회사는 2년 전에 타사와 합병했다.

ABC entered into merger negotiations with Zecer.
ABC는 Zecer와 합병 협상에 돌입했다.

● enter into phr. ~하기 시작하다

acquisition
[æ̀kwizíʃən]

n. 인수, 습득

›› ⑪ merger and acquisition (= M&A) 인수 합병

strategy
[strǽtədʒi]

n. 전략, 계획

›› ⑪ marketing strategy 마케팅 전략
›› ⑪ advertising strategy 광고 전략

sector
[séktər]

n. 부문, 분야

›› ⑪ the energy sector 에너지 부문
›› ⑪ the private sector 민간 부문

profit
[prá:fit]

n. 이익, 수익

v. 이익을 얻다(from)

a. profitable 수지가 남는

›› ⑪ raise profit 수익을 올리다
›› ⑪ net profit 순수익
›› ⑪ make a fair margin of profit 상당한 수익을 올리다
›› ⑪ make handsome[considerable] profit 상당한 수익을 올리다

bankrupt
[bǽŋkrʌpt]

a. 파산한

n. bankruptcy 파산

phr. go bankrupt 파산하다

Some companies went bankrupt because of external factors.
일부 기업들은 외부 요인들로 인해 파산했다.

restructure
[rì:strʌ́ktʃər]

v. 구조조정하다

The office was restructured and ten employees were fired.
회사는 구조조정되었고 10명의 직원이 해고당했다.

○ fire v. 해고하다 (= lay off, dismiss, let ∼ go)

go out of business
phr. 폐업하다

Public schools rarely go out of business.
공립학교는 거의 폐교하지 않는다.

○ rarely ad. 좀처럼 ∼않는

★★ rarely가 문장 맨 앞에 오면 주어와 동사가 도치된다.

Rarely does he study English.
그는 영어공부를 거의 하지 않는다.

established
[istǽbliʃt]

a. 기반을 잡은

v. establish 세우다, 확립하다

n. establishment 확립, 설립, 기관

›› ⓣ newly established division 새로 설립된 부서

The company has been well established for over 26 years.
회사는 26년 이상 동안 기반을 잘 다져 왔다.

found
[faund]

v. 설립하다 (found–founded–founded)

n. foundation 설립

n. founder 설립자

The university was founded in 1746.
그 대학은 1746년에 설립되었다.

headquarters
[hédkwɔ:rtərz]

n. 본사 (= HQ)

cf. branch 지사

subsidiary 자회사

The company's headquarters is based in Seoul.
회사의 본사는 서울에 있다.

subsidiary
[səbsídieri]

n. 자회사

cf. parent company 모회사

A subsidiary is controlled by another company.
자회사는 다른 회사가 통제한다.

strike
[straik]

n. 파업

›› ⓣ go on strike 파업하다

Tens of millions of workers went on strike on Tuesday.
수천만 명의 직원들이 화요일에 파업했다.

● tens of millions of phr. 수천만의

expedite
[ékspədait]

v. 더 신속히 처리하다, 촉진시키다, 발송하다

›› ⓣ expedite the shipment 선적을 신속히 처리하다

We offer expedited overseas service.
우리는 신속한 해외 서비스를 제공합니다.

expertise
[èkspə:rtí:z]

n. 전문성, 전문 지식

n. expert 전문가

a. expert 전문가의, 전문적인

›› ⓣ thanks to the combined experience and expertise
경험과 전문성을 겸비한 덕택에

>> ⊤ expertise in ~에 대한 전문 지식

■ **manage**
[mǽnidʒ]

v. 경영하다, 관리하다, 간신히 해내다

n. management 경영, 관리

>> ⊤ under the new management of ~의 새로운 경영 하에

He manages a small business.
그는 소기업을 경영한다.

Tip 회사와 관련된 단어들: a company(회사), a corporation(법인), a limited company(유한 회사),
a trading company(무역 회사), work for a company(회사에 근무하다),
join a company(회사에 입사하다), early retirement(조기 은퇴)

Must-know Vocab

■ **otherwise**
[ʌ́ðərwàiz]

ad. 그렇지 않으면, 달리

>> ⊤ Unless otherwise stated, do not assume anything.
달리 언급되지 않았다면 아무 것도 추측하지 마라.

● unless con. ~하지 않는다면

■ **lag behind**

phr. 뒤처지다 (= fall behind)

The Japanese economy lagged behind East Asia last year.
작년 일본 경제가 동아시아보다 뒤쳐졌다.

■ **luggage**
[lʌ́gidʒ]

n. 짐, 수하물 (= baggage)

>> ⊤ check the second piece of the luggage 두 번째 짐을 점검하다
>> ⊤ unable to locate her luggage 그녀의 짐을 찾지 못하는

■ **out of print**

phr. 절판된

cf. out of stock 재고가 없는

Her biography is out of print.
그녀의 전기는 절판되었다.

■ **amazement**
[əméizmənt]

n. (대단한) 놀라움

v. amaze 놀라게 하다

a. amazing 놀라운

>> ⊤ an amazing recovery 놀라운 회복력
>> ⊤ constant amazement 지속적인 놀라움

cognizant
[kά:gnizənt]

a. 인지하고 있는

›› ⓣ be cognizant of ~를 인지하다

above all

phr. 무엇보다도, 특히

He is a great boss; above all, he is a great person.
그는 훌륭한 상사이다. 특히, 그는 훌륭한 사람이다.

continuity
[kὰːntinjúːəti]

n. 지속성

v. continue 계속하다, 지속되다

a. continuous 지속적인

ad. continuously 지속적으로

›› ⓣ be continuously available 지속적으로 구할 수 있다

description
[diskrípʃən]

n. 설명, 묘사

v. describe 설명하다, 묘사하다

›› ⓣ defy description 이루 형언할 수 없다

›› ⓣ contain a concise and accurate description
간결하고 정확한 설명을 담고 있다

fiscal
[fískəl]

a. 국고의, 재정상의

›› ⓣ by the end of this fiscal year 이 회계연도 말에

Let's Drill

›› Answer p.330

>> **A.** 다음 영영풀이에 해당하는 단어를 보기에서 고르세요.

〈보기〉 bankrupt   streamline   subsidiary   established   go out of business   expedite

›› **1.** _____ : to make an organization more efficient by removing unnecessary parts of it

›› **2.** _____ : a company controlled or owned by another company

›› **3.** _____ : settled firmly in a position

›› **4.** _____ : to no longer carry on commercial transactions

›› **5.** _____ : to cause to be done more quickly

›› **6.** _____ : financially ruined

>> **B.** 다음 구문의 빈칸을 채우세요.

›› **1.** 전면 가동되는 fully _____

›› **2.** 마케팅 전략 marketing _____

›› **3.** 상당한 수익을 올리다 make a fair margin of _____

›› **4.** 절판된 _____ of print

>> **C.** 다음 문장의 빈칸에 적합한 단어를 고르세요.

›› **1.** He went _____ after only a year in business.
   a. bankrupt   b. streamlined   c. restructured   d. established

›› **2.** The company was _____ in 1987.
   a. established   b. found   c. bankruptcy   d. stroke

›› **3.** Nationwide Life is a(n) _____ of Nationwide Society.
   a. sibling   b. subsidiary   c. auxiliary   d. relative

›› **4.** The company plans to _____ its international markets.
   a. go bankrupt   b. restructure   c. retire   d. on a strike

›› **5.** The company was _____ with DELTA Corp.
   a. streamlined   b. operated   c. resigned   d. merged

Vocab Tool

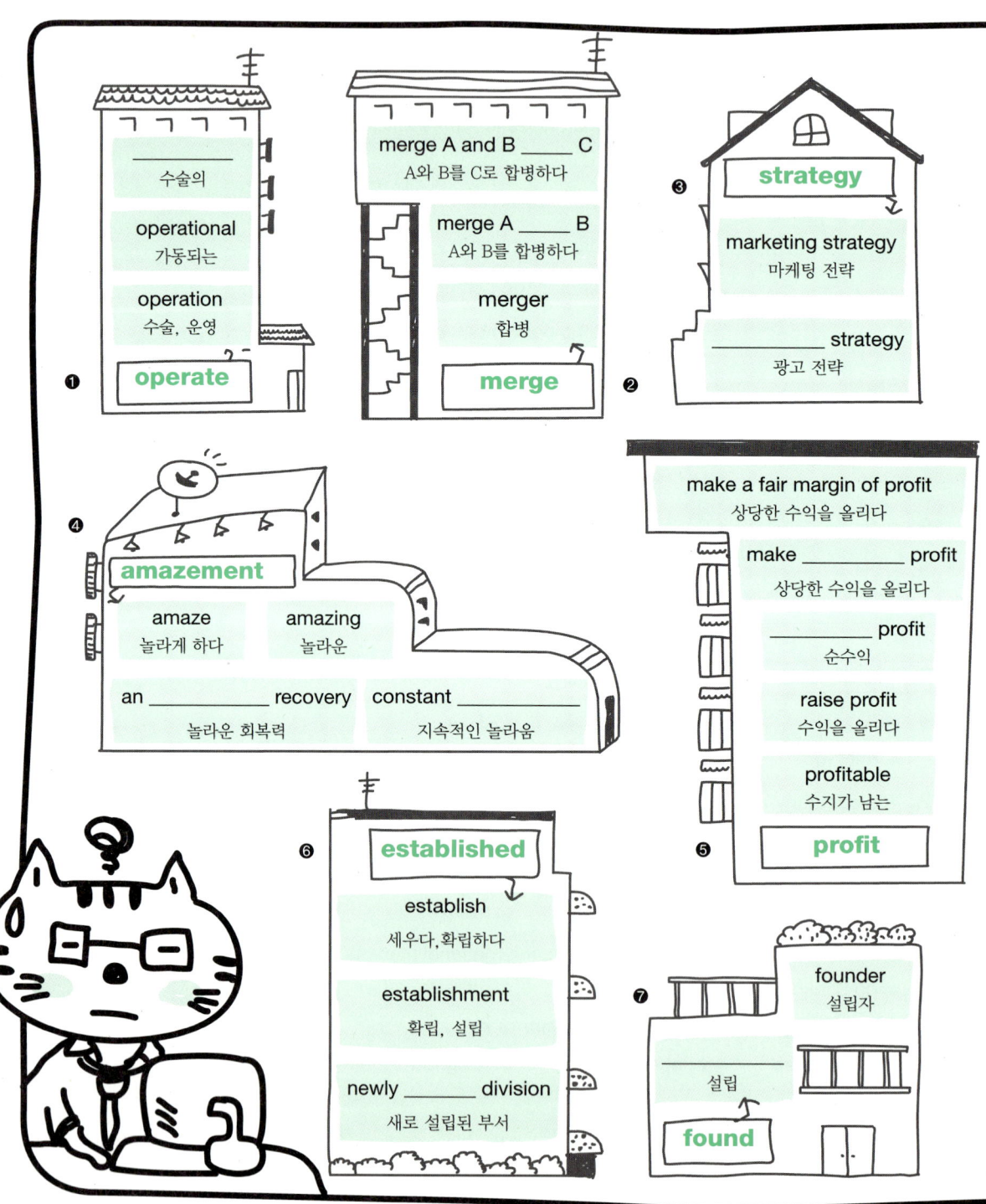

① operate

_____ 수술의

operational 가동되는

operation 수술, 운영

② merge

merge A and B _____ C
A와 B를 C로 합병하다

merge A _____ B
A와 B를 합병하다

merger 합병

③ strategy

marketing strategy 마케팅 전략

_____ strategy 광고 전략

④ amazement

amaze 놀라게 하다

amazing 놀라운

an _____ recovery 놀라운 회복력

constant _____ 지속적인 놀라움

⑤ profit

make a fair margin of profit 상당한 수익을 올리다

make _____ profit 상당한 수익을 올리다

_____ profit 순수익

raise profit 수익을 올리다

profitable 수지가 남는

⑥ established

establish 세우다, 확립하다

establishment 확립, 설립

newly _____ division 새로 설립된 부서

⑦ found

founder 설립자

_____ 설립

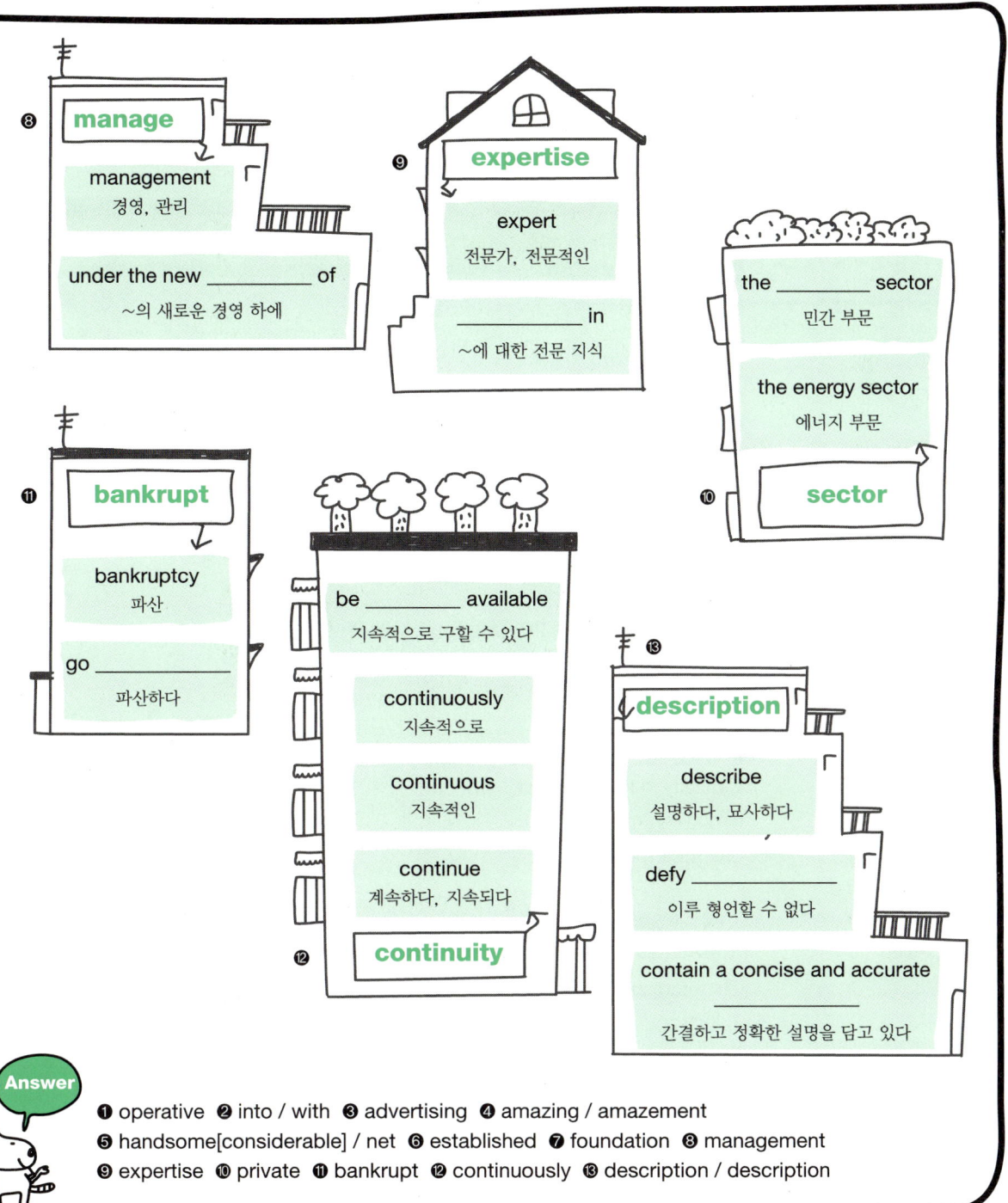

❽ **manage**

management
경영, 관리

under the new _____ of
~의 새로운 경영 하에

❾ **expertise**

expert
전문가, 전문적인

_____ in
~에 대한 전문 지식

the _____ sector
민간 부문

the energy sector
에너지 부문

❿ **sector**

⓫ **bankrupt**

bankruptcy
파산

go _____
파산하다

be _____ available
지속적으로 구할 수 있다

continuously
지속적으로

continuous
지속적인

continue
계속하다, 지속되다

⓬ **continuity**

⓭ **description**

describe
설명하다, 묘사하다

defy _____
이루 형언할 수 없다

contain a concise and accurate
_____
간결하고 정확한 설명을 담고 있다

Answer

❶ operative ❷ into / with ❸ advertising ❹ amazing / amazement
❺ handsome[considerable] / net ❻ established ❼ foundation ❽ management
❾ expertise ❿ private ⓫ bankrupt ⓬ continuously ⓭ description / description

Day 04

Direct Education Inc. is looking to employ qualified, experienced directors to assume administrative responsibilities. If chosen, the candidates are to undertake the duties of the coordinator of the programs. Upon hiring, the Incorporation will take on any relocating responsibilities where applicable.

다이렉트 에듀케이션 기업은 행정 책임을 맡을 자격을 갖춘 경험 있는 이사를 고용하려 찾고 있다. 뽑혀지면 지원자는 프로그램의 코디네이터 역할을 맡게 된다. 고용 즉시 회사는 적절한 곳으로 재배치하는 책임을 맡을 것이다.

Basic Vocab

”ⓣ = **TOEIC** 빈출 표현

■ **employ**
[implɔ́i]

v. 고용하다 (= hire), 사용하다 (= harness, utilize)
n. employment 고용
n. employer 고용주
n. employee 고용인

She has been employed as a stockroom assistant.
그녀는 창고 보조로 고용되어 왔다.

ⓞ assistant n. 보조, 조수
     v. assist 돕다

A few methods have been employed to conduct the survey.
조사를 하기 위하여 몇 가지 방법이 이용되었다.

ⓞ conduct a survey phr. 조사를 하다

■ **qualified**
[kwá:lifaid]

a. 자격을 갖춘
v. qualify 자격을 갖추게 하다
n. qualification 자격

” ⓣ qualified for the post 직책에 자격을 갖춘

■ **assume**
[əsú:m]

v. (책임 따위를) 떠맡다, 추측하다
n. assumption 가정, 인수

The secretary assumes responsibility for the running of the office.
그 비서는 사무실 운영에 대한 책임을 떠맡고 있다.

We can't assume the suspects to be guilty.
우리는 용의자들이 유죄라고 추정할 수 없다.

ⓞ suspect n. 용의자
     v. 의심하다
     a. 의심스러운
ⓞ guilty a. 유죄인, 죄책감이 드는

■ **administrative**   a. 관리상의, 행정의
[ədmínistreitiv] ›› ⊤ administrative personnel 행정직 직원

■ **candidate**   n. 입후보자, 지원자
[kǽndideit] ›› ⊤ an ideal candidate for the position 직책에 대한 적합한 후보자
›› ⊤ evaluate her suitability as a candidate 그녀가 후보자로 적합한지 평가하다

■ **undertake**   v. 시작하다, 착수하다
[ʌ̀ndərtéik] ›› ⊤ undertake assessment 평가를 시작하다
›› ⊤ undertake the position 직위를 맡아 시작하다

■ **duty**   n. 의무, 직무, 세금
[djúːti] ›› ⊤ customs duties 관세
›› ⊤ on duty 근무 중인

■ **coordinator**   n. 조정자, 진행 담당자
[kouɔ́ːrdənèitər]   v. coordinate 조정하다, 조직화하다
n. coordination 조직, 합동, 조화
Bill is in charge of coordinating the project.
Bill은 프로젝트를 조정하는 일을 맡고 있다.

■ **hire**   v. 채용하다
[háiər]   n. hiring 채용
phr. hiring freeze 고용 동결
We decided to hire a public relations consultant.
우리는 홍보 자문 위원을 고용하기로 결정했다.
◐ public relations n. 홍보

■ **take on**   phr. 책임을 떠맡다
She is going to take on the managerial position soon.
그녀는 곧 매니저의 직책을 맡을 것이다.

■ **relocate**   v. 재배치하다, 이동하다
[rìːloukéit]   n. relocation 재배치, 이동
Headquarters is being relocated to London next year.
본사는 내년에 런던으로 옮겨질 예정이다.
◐ be relocated to phr. ~로 재배치되다

■ **applicable**

[əplíkəbl]

a. 해당되는, 적용되는

›› ⓣ applicable sales tax 적절한 판매세
›› ⓣ applicable to ~에 적용되는

■ **wage**

[weidʒ]

n. 임금

The boss fired him last month without wages.
사장은 지난달에 임금도 주지 않고 그를 해고했다.

■ **career**

[kəríər]

n. 경력, 직업, 이력

The reporter got fired but he went on to a terrific career.
기자는 해고당했지만 계속 훌륭한 이력을 쌓아 갔다.

○ terrific a. 아주 좋은, 훌륭한, 엄청난

›› ⓣ That sounds like a terrific idea. 아주 좋은 생각 같네요.

■ **quit**

[kwit]

v. 퇴직하다, 떠나다, 그만두다

She quit her job after being with the company for only two days.
그녀는 겨우 이틀 동안 회사에서 일한 뒤 일을 그만두었다.

○ job n. 직장, 일자리

›› ⓣ job opening 공석, 빈 자리
›› ⓣ get a job 일자리를 얻다

■ **resign**

[rizáin]

v. 사임하다, 퇴직하다

n. resignation 사임

He resigned from the government in protest of the new policy.
그는 새로운 정책에 대한 항의로 정부 직책에서 사임했다.

○ in protest of phr. ~에 항의하여

›› ⓣ protest about ~에 대해 항의하다

■ **retire**

[ritáiər]

v. 은퇴하다, 퇴직하다

n. retirement 은퇴

After over 30 years of service, he finally retired.
그는 30년 이상 근무를 한 후에 마침내 은퇴했다.

○ service n. 서비스, 근무, 봉사, 차량, 기계의 점검, 복무

›› ⓣ complimentary service 무료 서비스

■ **promote**

[prəmóut]

v. 승진하다, 홍보하다, 판촉하다

n. promotion 승진, 홍보

The employee could not promote to the managerial position.
그 직원은 매니저의 직위로 승진할 수 없었다.

○ managerial a. 매니저의

Every product should be promoted.
모든 상품은 홍보되어야 한다.

■ transfer
[trænsfə́:r]

v. 이동하다, 옮기다

n. 이동, 전근

He had been transferred from the production department to the purchasing department.
그는 생산부에서 구매부로 이동되었다.

You will have to transfer to the orange line at the next station.
다음 역에서 오랜지색 라인(3호선)으로 갈아타야 합니다.

■ leave
[liːv]

n. 휴가

›› ⓣ paid leave 유급휴가
›› ⓣ unpaid leave 무급휴가
›› ⓣ maternity leave 출산휴가
›› ⓣ on leave 휴가 중인

She had been given two weeks paid leave.
그녀는 2주 동안의 유급휴가를 받았다.

■ absence
[ǽbsəns]

n. 결근, 부재

a. absent 부재중인

›› ⓣ be absent from ~에 불참하다

In her absence two new secretaries had been employed.
그녀가 없는 사이에 두 명의 새로운 비서가 고용되었다.

You must answer the phone when the manager is absent.
매니저가 없으면 당신이 전화를 받아야 한다.

○ answer the phone phr. 전화를 받다

■ tardy
[tɑ́:rdi]

a. 지각한, 늦은

n. tardiness 지각

Dinner was delayed on account of David's tardy arrival.
David의 늦은 도착으로 저녁이 지연되었다.

○ delay v. 지체시키다
　　　 n. 지연, 지체

›› ⓣ an unexpected delay 예기치 못한 지체
›› ⓣ substantial delay in service 서비스의 상당한 지연

dismiss
[dismís]

v. 해고하다, 해산시키다, 묵살하다, 기각시키다

n. dismissal 해고, 해산, 묵살, 기각

” ⓣ dismiss an employee 직원을 해고하다

He was unfairly dismissed.
그는 불공정하게 해고당했다.

○ unfairly ad. 불공정하게

calculation
[kæ̀lkjuléiʃən]

n. 계산

v. calculate 계산하다

First we have to calculate the consumption rate.
먼저 우리는 소비율을 계산해야 한다.

draft
[dræft]

n. 원고, 초안, 수표

v. 초안을 작성하다, 선발하다

” ⓣ the first draft 초안

” ⓣ draft the marketing plan 마케팅 계획의 초안을 작성하다

The draft contract is attached.
초안 계약서가 첨부되었다.

development
[divéləpmənt]

n. 개발, 신개발품, 발전

v. develop 개발하다, 발전하다, 발전시키다, 사진을 현상하다

” ⓣ develop the photo 사진을 현상하다

” ⓣ under development 개발 중인

They developed energy efficient devices.
그들은 에너지 절감 장치를 개발했다.

collate
[kəléit]

v. (정보를) 수집하여 분석하다

We need to collate data from various sources.
우리는 다양한 출처에서 정보를 수집해야 한다.

specification
[spèsifikéiʃən]

n. 설명서, 명세서, 사양

” ⓣ A specifiation has been drawn up. 명세서가 작성되었다.

○ draw up phr. 작성하다

sale
[seil]

n. 판매, 매출, 영업

” ⓣ be available for sale 판매되다

” ⓣ on sale 세일 중인

” ⓣ be ready for sale 판매 준비가 되다

There will be a big sale at the department store next Sunday.
다음 일요일에 백화점에서 대규모 세일이 있을 것이다.

■ organize
[ɔ́ːrgənaiz]

v. 조직하다, 구성하다, 체계화하다

n. organization 조직, 기구, 체계화

›› ⓣ organize the company dinner 회사 만찬을 준비하다
›› ⓣ an organization dedicated to ~에 전념하는 단체

  ◐ dedicate v. 바치다, 헌신하다, 전념하다, 헌정하다
         n. dedication 전념, 헌신

›› ⓣ be dedicated to -ing ~하는 데 바쳐지다
›› ⓣ dedicate oneself to ~가 ~에 헌신하다, 전념하다

I spent all day organizing my tax information.
난 하루 종일 세금 정보를 준비하며 보냈다.

  ◐ tax n. 세금

›› ⓣ sales tax 판매세

Must-know Vocab

■ in light of

phr. ~를 비추어 보아, ~를 고려하여

In light of the bad weather, we will have to cancel the hiking trip.
안 좋은 기상을 고려하여, 우리는 하이킹 여행을 취소해야 할 것이다.

■ in particular

phr. 특히, 특별히

syn. particularly

Powell mentioned nothing in particular.
Powell은 특별히 아무 말도 언급하지 않았다.

■ exposure
[ikspóuʒər]

n. 노출, 폭로, 알려짐

v. expose 노출시키다, 알려지게 하다

›› ⓣ be exposed to ~에 노출되다
›› ⓣ prolonged exposure 장기 노출
›› ⓣ exposure to the sun 태양에 대한 노출

■ indication
[ìndikéiʃən]

n. 말, 암시, 조짐

v. indicate 나타내다, 암시하다

›› ⓣ there is every indication that ~라는 징조가 농후하다
›› ⓣ indicate the cost of the selected items 선택된 품목의 가격을 표시하다

There is every indication that the economy will improve by next summer.
경제가 내년 여름까지 나아질 거라는 징조가 농후하다

unwavering
[ʌnwéivəriŋ]

a. 변함없는, 확고한

The prime minister has the unwavering support of his fellow politicians.
수상은 동료 정치인들의 확고한 지지를 받는다.

○ fellow n. 동료

» ⓣ some fellow researchers 몇몇 동료 연구원들

unclaimed
[ʌnkléimd]

a. 주인이 나서지 않는

» ⓣ numerous bags unclaimed at the lost and found
분실물 보관소에서 주인이 찾아가지 않은 수많은 가방들

○ numerous a. 무수한
○ the lost and found phr. 분실물 보관소

thereafter
[ðèəræftər]

ad. 그 후에

» ⓣ shortly thereafter 그 후에 곧

Thereafter, we will all go to the final meeting.
그 후에, 우리 모두 마지막 회의에 갈 것이다.

widely
[wáidli]

ad. 널리

» ⓣ be widely believed 널리 믿어지다
» ⓣ be widely advertised 널리 광고되다

visit
[vízit]

n. 방문

v. 방문하다

» ⓣ visit one of authorized dealers 공인 중개인 중 한 명을 방문하다
» ⓣ visit a colleague 동료를 방문하다

take into account
phr. 참작하다, 고려하다

syn. take into consideration

» ⓣ take into account the importance of financial planning
재정 계획의 중요성을 고려하다

>> **A.** 다음 영영풀이에 해당하는 단어를 보기에서 고르세요.

〈보기〉 relocate   collate   specification   unwavering   tardy   promote

›› **1.** _____ : strong and firm

›› **2.** _____ : a requirement which is clearly stated

›› **3.** _____ : to gather information and examine it

›› **4.** _____ : later than expected

›› **5.** _____ : to try to increase the popularity of a product

›› **6.** _____ : to move to a different place

>> **B.** 다음 구문의 빈칸을 채우세요.

›› **1.** 사진을 현상하다 _____ the photo

›› **2.** 서비스의 상당한 지연 substantial _____ in service

›› **3.** 초안 the first _____

›› **4.** 태양에 대한 노출 _____ to the sun

>> **C.** 다음 문장의 빈칸에 적합한 단어를 고르세요.

›› **1.** In Davis' _____ the assistant assumed the role of purchasing manager.
   a. absence   b. absent   c. present   d. presence

›› **2.** John _____ from his position as purchasing manager.
   a. resigned   b. employed   c. hired   d. assumed

›› **3.** He is hoping to be _____ to higher management.
   a. transferred   b. promoted   c. dismissed   d. quit

›› **4.** The new branch will be _____ to India to save on costs.
   a. relocated   b. hired   c. left   d. destroyed

›› **5.** Global Soc Ltd. has announced a(n) _____ freeze due to a severe loss in profits.
   a. employing   b. job   c. career   d. hiring

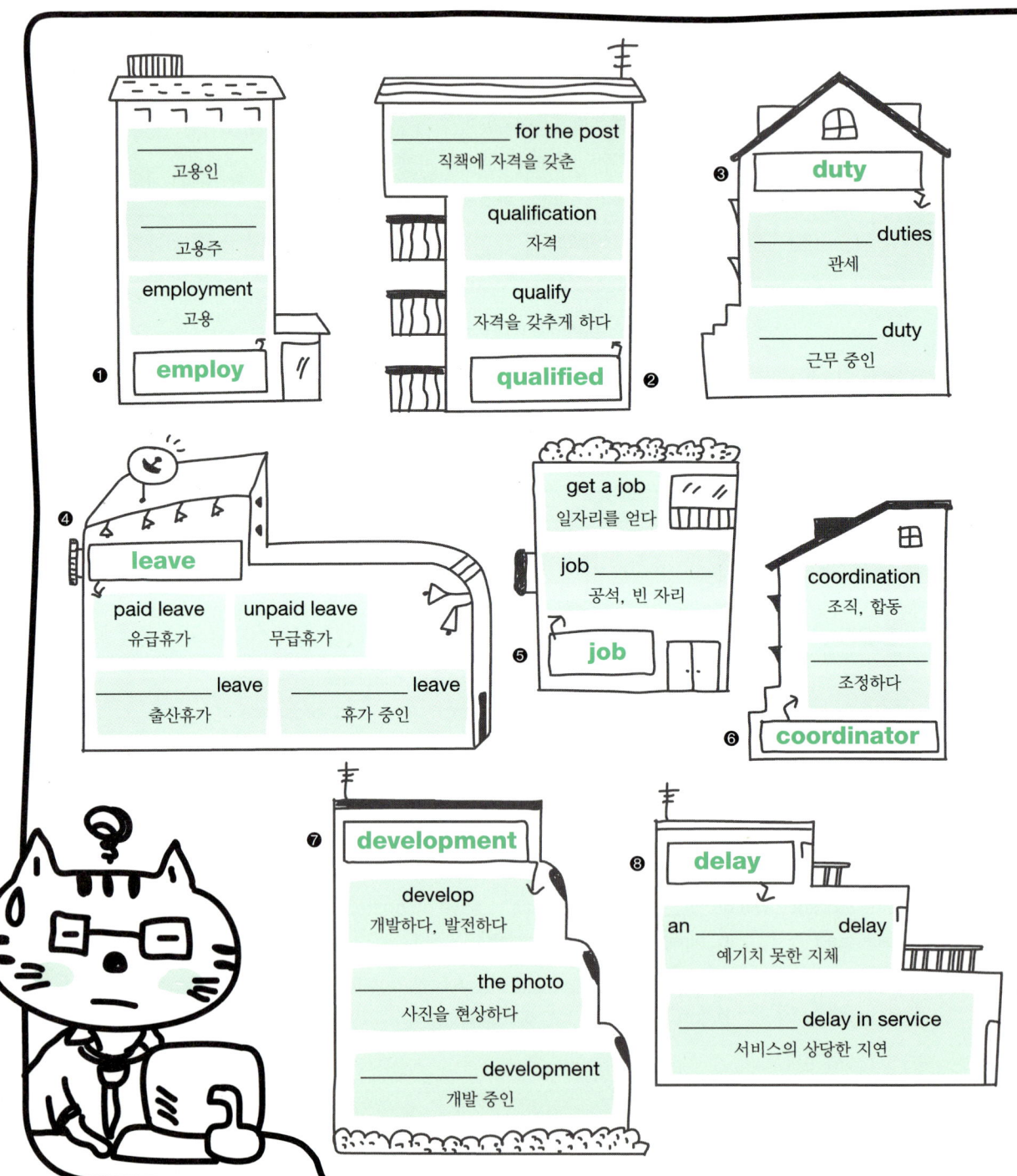

1 employ

_____ 고용인

_____ 고용주

employment 고용

2 qualified

_____ for the post 직책에 자격을 갖춘

qualification 자격

qualify 자격을 갖추게 하다

3 duty

_____ duties 관세

_____ duty 근무 중인

4 leave

paid leave 유급휴가

unpaid leave 무급휴가

_____ leave 출산휴가

_____ leave 휴가 중인

5 job

get a job 일자리를 얻다

job _____ 공석, 빈 자리

6 coordinator

coordination 조직, 합동

_____ 조정하다

7 development

develop 개발하다, 발전하다

_____ the photo 사진을 현상하다

_____ development 개발 중인

8 delay

an _____ delay 예기치 못한 지체

_____ delay in service 서비스의 상당한 지연

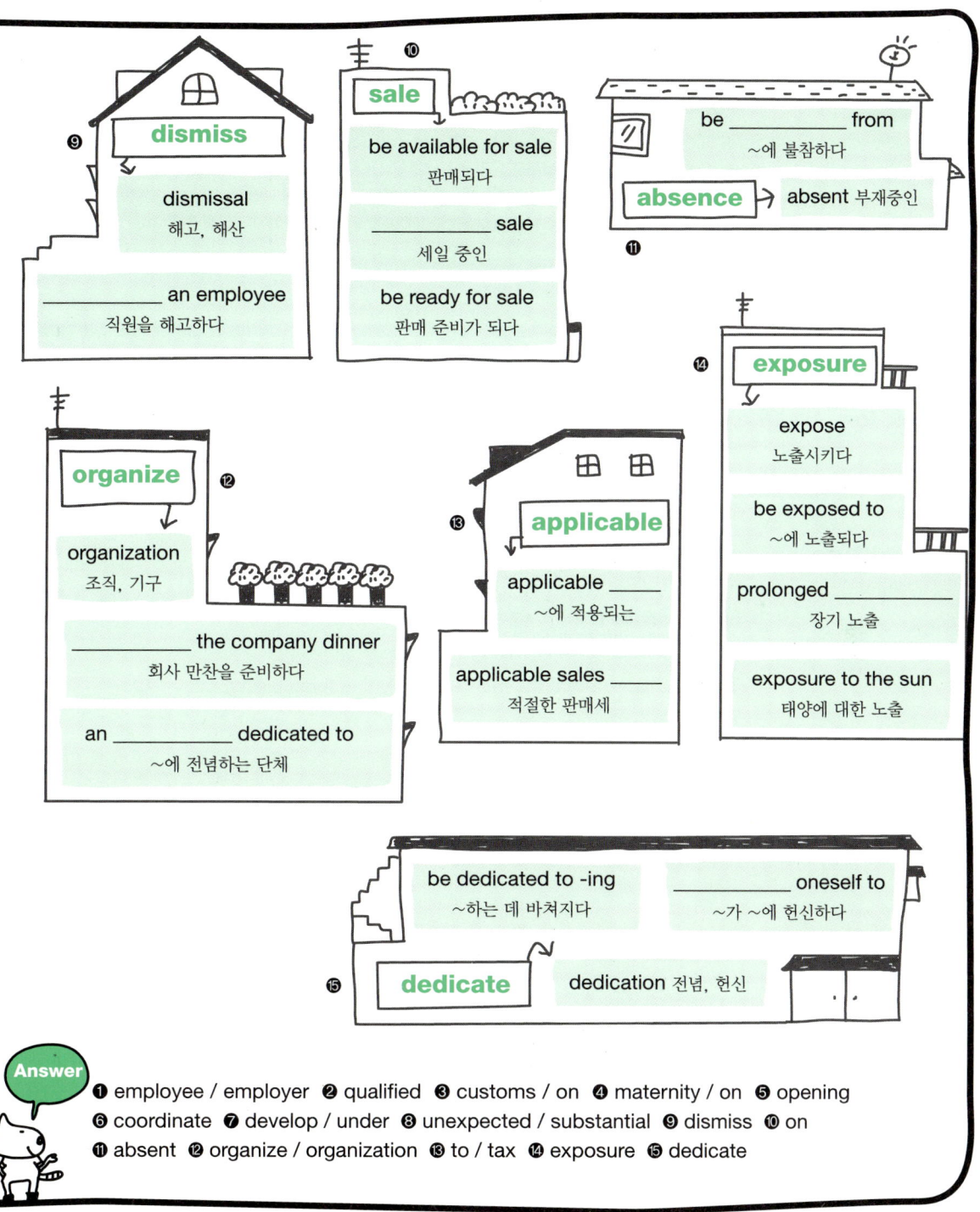

dismiss
⑨

dismissal
해고, 해산

_____ an employee
직원을 해고하다

sale
⑩

be available for sale
판매되다

_____ sale
세일 중인

be ready for sale
판매 준비가 되다

be _____ from
~에 불참하다

absence → absent 부재중인
⑪

exposure
⑭

expose
노출시키다

be exposed to
~에 노출되다

prolonged _____
장기 노출

exposure to the sun
태양에 대한 노출

organize
⑫

organization
조직, 기구

_____ the company dinner
회사 만찬을 준비하다

an _____ dedicated to
~에 전념하는 단체

applicable
⑬

applicable _____
~에 적용되는

applicable sales _____
적절한 판매세

be dedicated to -ing
~하는 데 바쳐지다

_____ oneself to
~가 ~에 헌신하다

dedicate
⑮

dedication 전념, 헌신

Answer
❶ employee / employer ❷ qualified ❸ customs / on ❹ maternity / on ❺ opening
❻ coordinate ❼ develop / under ❽ unexpected / substantial ❾ dismiss ❿ on
⑪ absent ⑫ organize / organization ⑬ to / tax ⑭ exposure ⑮ dedicate

변경·교환
단계·상태

Day 05

We are looking for qualified substitute teachers to replace our staff in August. If you are interested, email your resume to Erica at Erica@teach.org. Alternative methods of applying include faxing your resume to 555-5555, or apply in person at 656 Elm Road, Mississauga. Upon selection, an exchange of email addresses will take place between you and the teacher you are replacing for any questions about the materials.

우리는 8월에 우리 직원을 대체해줄 자격 있는 대리 교사를 찾고 있습니다. 관심이 있으면 Erica@teach.org로 Erica에게 이력서를 메일로 보내주세요. 다른 신청 방법은 이력서를 555-5555의 팩스로 보내거나 직접 미시소거의 엘름가 656번지를 방문하는 것입니다. 선정되자마자, 자료에 대한 질문을 위해 당신이 대체하게 될 교사와 당신 간에 이메일 주소 교환이 이루어질 것입니다.

Basic Vocab

'' ⓣ = **TOEIC 빈출 표현**

■ **look for**

phr. ~를 찾다

The department is looking for a part-timer.
그 부서는 시간제 직원을 구하고 있다.

■ **substitute**

[sʌ́bstitjuːt]

v. 교체하다

n. 교체

phr. substitute B for A A를 B로 교체하다

phr. substitute A with B A를 B로 교체하다

The band substituted the male singer with a female singer.
밴드는 남성 가수를 여성 가수로 교체했다.

■ **replace**

[ripléis]

v. 교체하다, (새 것으로) 대체하다

n. replacement 대체

She replaced the broken vase with a new one.
그녀는 깨진 꽃병을 새로운 것으로 바꾸었다.

■ **interested**

[íntəristid]

a. 관심 있는

n. interest 관심

v. interest 관심 갖게 하다

a. interesting 재미있는, 관심 갖게 하는

'' ⓣ be interested in ~에 관심 있다

■ **resume**

[rézəmei]

n. 이력서

cf. cover letter 자기소개서, 첨부 편지

44

›› ⓣ Send your resume via e-mail. 이메일로 이력서를 보내라.

■ alternative
[ɔ:ltə́:rnətiv]

n. 대체, 대안

a. 대안의

›› ⓣ an alternative to ~에 대한 대안

Voice recognition software is an alternative to using the keyboard.
목소리 인식 소프트웨어는 키보드를 사용하는 것에 대한 대안이다.

○ recognition n. 인식
　　　　v. recognize 인식하다, 알아보다

■ apply
[əplái]

v. 지원하다, 신청하다, 적용하다, 바르다

n. application 지원, 신청, 적용, 도포

›› ⓣ apply for ~에 지원하다
›› ⓣ apply ~ to ~를 ~에 적용하다

■ in person

phr. 몸소, 직접

He visited me in person.
그는 나를 직접 방문했다.

■ selection
[silékʃən]

n. 선택, 선발

v. select 고르다, 선택하다

›› ⓣ a wide selection of 아주 다양한

■ exchange
[ikstʃéindʒ]

v. 교환하다

n. 교환

›› ⓣ stock exchange 증권 거래소
›› ⓣ exchange rate 환율
›› ⓣ in exchange for ~와 교환으로
›› ⓣ exchange A for B A를 B로 교환하다

I need to exchange dollars for euros.
난 달러를 유로로 바꿔야 한다.

■ switch
[switʃ]

v. 바꾸다, 전환하다

›› ⓣ switch off 전원을 끄다
›› ⓣ switch on 전원을 켜다

The thief switched the genuine Picasso with a fake.
그 도둑은 피카소 진품을 모조품으로 바꿨다.

○ genuine a. 진짜의, 진품의, 진실한
○ fake a. 가짜의, 모조의
　　　　n. 모조품

swap
[swɑ:p]

v. 맞바꾸다, 교환하다

›› ⓣ currency swap 통화 스와프

Paul swapped his jeans and T-shirt for a suit.
Paul은 청바지와 티셔츠를 정장으로 바꾸었다.

alternate
[ɔ́:ltərnət/-neit]

a. 교대의

v. 교대로 하다, 번갈아 하다

›› ⓣ an alternate route 우회로

›› ⓣ alternate seats 한 자리 건너 띈 좌석들

I alternate school and work.
난 학교와 직장을 번갈아 간다.

Private cars are banned from the city on alternate days.
개인 자동차는 격일제로 도시에서 금지된다.

ⓞ ban v. 금지하다(from)
　　　 n. 금지(on)

shift
[ʃift]

n. 교체, 교대 근무

v. 교체하다, 옮기다

›› ⓣ day shift 주간 교대 근무

›› ⓣ night shift 야간 교대 근무

People who work on the night shift are paid more.
야간 교대 근무를 하는 사람들이 돈을 더 많이 받는다.

Media attention has shifted to other issues.
미디어 관심이 다른 문제들로 돌려졌다.

ⓞ attention n. 관심

›› ⓣ draw one's attention 관심을 끌다

›› ⓣ pay attention to ~에 주목하다

in turn

phr. 차례대로

Each foreign delegation was announced in turn.
각각의 외국 사절단이 차례대로 발표되었다.

ⓞ foreign a. 외국의
ⓞ delegation n. (집단으로서의) 대표단
　　　 cf. delegate (개개의) 대표

›› ⓣ everybody in the delegation 대표단의 모두

modify
[mά:difai]

v. 변경하다, 수정하다

n. modification 수정

We need to modify these files.
우리는 이 파일들을 수정해야 한다.

They sent a plan for building modification to us.
그들이 우리에게 건물 수정 설계도를 보냈다.

○ plan n. 계획, 설계도
　　　v. 계획하다, 구상하다

›› ⓣ plan to+동사원형 ~할 계획이다
›› ⓣ plan on+동명사/명사 ~할 계획이다
›› ⓣ plan for+명사 ~에 대한 계획

■ **amend**
[əménd]

v. (법 등을) 개선하다, 수정하다

n. amendment 개선, 수정

Congress amended the law.
의회가 법을 수정하였다.

○ congress n. 의회

■ **alter**
[ɔ́:ltər]

v. 변경하다, 개조하다, 의복을 고쳐 만들다

n. alteration 변경, 개조

cf. altercation 언쟁

›› ⓣ alter one's itinerary 여행 일정을 바꾸다

I took the pants to the shop to have it altered.
난 바지를 수선하기 위해 가게에 가지고 갔다.

We reserve our right to alter design without notice.
우리는 통보하지 않고 디자인을 바꿀 권한이 있다.

○ reserve v. 예약하다, 따로 잡아두다, 보유하다
　　　n. 비축물, 예비물
○ notice n. 알아챔, 통고, 공고문
　　　v. 알아채다, 주목하다
　　　cf. notify 통고하다, 알리다

›› ⓣ attach a notice to the board 게시판에 공지문을 붙이다

■ **phase**
[feiz]

n. 단계, 국면

›› ⓣ at the last phase of ~의 마지막 단계에

You might feel some slight pain in the initial phase of recovery.
회복 초기 단계에서 약간의 통증을 느낄 수도 있다.

○ initial a. 초기의
○ recovery n. 회복
　　　v. recover 회복하다(from)

step
[step]

n. 단계, 조치

  ›› ⓣ take a step 조치를 취하다

There are several steps in the process of choosing a college.
대학 선택 과정에는 몇 개의 단계가 있다.

  ○ choose v. 고르다, 선택하다

  ›› ⓣ choose between A and B A와 B 중에서 고르다
  ›› ⓣ choose A from B B에서 A를 고르다

procedure
[prəsíːdʒər]

n. 절차, 방법

  ›› ⓣ collection procedure 징수 절차
  ›› ⓣ office procedure 사무 절차

The medical procedure was covered by insurance.
의학 시술은 보험으로 처리되었다.

  ○ cover v. 보험으로 보장하다, 덮다, 취재하다, 자리를 비운 사람의 일을 대신하다
           n. 덮개, 보장
           n. coverage 취재, 보험 보장

  ›› ⓣ insurance coverage 보험 보장

stage
[steidʒ]

n. 단계, 무대

v. 개최하다

  ›› ⓣ at the first stage of ~의 첫 단계에
  ›› ⓣ on the stage 무대에서

They are in the final stage of preparations.
그들은 준비의 마지막 단계에 있다.

status
[stéitəs]

n. 상태, 상황

  ›› ⓣ marital status 결혼 상태(여부)

What is the status of the project?
프로젝트의 상황은 어떤가?

state
[steit]

n. 상태, 국가, 주

v. 정식으로 말하다, 명시하다

She has been in a bad state since her dog dies.
그녀는 그녀의 개가 죽은 이후로 상태가 안 좋았다.

Must-know Vocab

beside
[bisáid]
prep. ~의 옆에
cf. besides 게다가
» ⓣ beside the path 오솔길 옆에

brief
[bri:f]
a. 간단한
v. 보고하다
» ⓣ brief on ~에 대해 간단히 보고하다

by means of
phr. ~에 의해서
» ⓣ by means of a written notice 서면 통보에 의해서

handcrafted
[hǽndkræftid]
a. 손으로 만들어진
» ⓣ The product is handcrafted. 그 제품은 수제품이다.

implication
[ìmplikéiʃən]
n. 영향, 결과, 함축, 암시
v. imply 넌지시 나타내다, 암시하다
What will be the implication of changing the interest rate?
이율을 변경하면 어떤 영향을 미칠 것인가?

hesitantly
[hézətəntli]
ad. 주저하며, 망설이며
» ⓣ rather hesitantly 좀 주저하면서

on the wane
phr. 시들해지는 중인
The popularity of that style is on the wane.
그 스타일의 인기가 줄어들고 있다.
◐ popularity n. 인기
a. popular 인기 있는

patronize
[péitrənaiz]
v. (식당 등을) 애용하다, 후원하다
» ⓣ patronize a store 가게의 단골이다

receptacle
[riséptəkl]
n. 그릇, 용기
» ⓣ the trash receptacle 쓰레기통

■ nominal

[nάːmənəl]

a. 명목상의, 이름뿐인, 얼마 안 되는

›› Ⓣ a nominal change in prices 가격의 미미한 변화
›› Ⓣ a nominal fee 소액의 수수료

>> **A.** 다음 영영풀이에 해당하는 단어를 보기에서 고르세요.

〈보기〉 handcrafted patronize status alter alternative alternate

›› **1.** _____ : happening or following in turns

›› **2.** _____ : the choice between two mutually exclusive possibilities

›› **3.** _____ : to change the size of clothes

›› **4.** _____ : an accepted or official position, especially in a social group

›› **5.** _____ : made in a traditional way with the hands

›› **6.** _____ : to be a regular customer of a shop or restaurant, etc.

>> **B.** 다음 구문의 빈칸을 채우세요.

›› **1.** ~에 대한 대안 an alternative _____

›› **2.** ~와 교환으로 in exchange _____

›› **3.** 야간 교대 근무 night _____

›› **4.** 관심을 끌다 draw one's _____

>> **C.** 다음 문장의 빈칸에 적합한 단어를 고르세요.

›› **1.** The lawmakers _____ the bill yesterday.

    a. exchanged   b. modified   c. alternated   d. swapped

›› **2.** She _____ between night and day shifts.

    a. replaces   b. alternatives   c. exchanges   d. alternates

›› **3.** A good _____ to beer is non-alcoholic soft drinks.

    a. alternate   b. alternative   c. replace   d. shift

›› **4.** She _____ the batteries with new ones.

    a. replaced   b. altered   c. refunded   d. charged

›› **5.** Our company was _____ to the Midwest last year.

    a. returned   b. shifted   c. relocated   d. removed

Vocab Tool

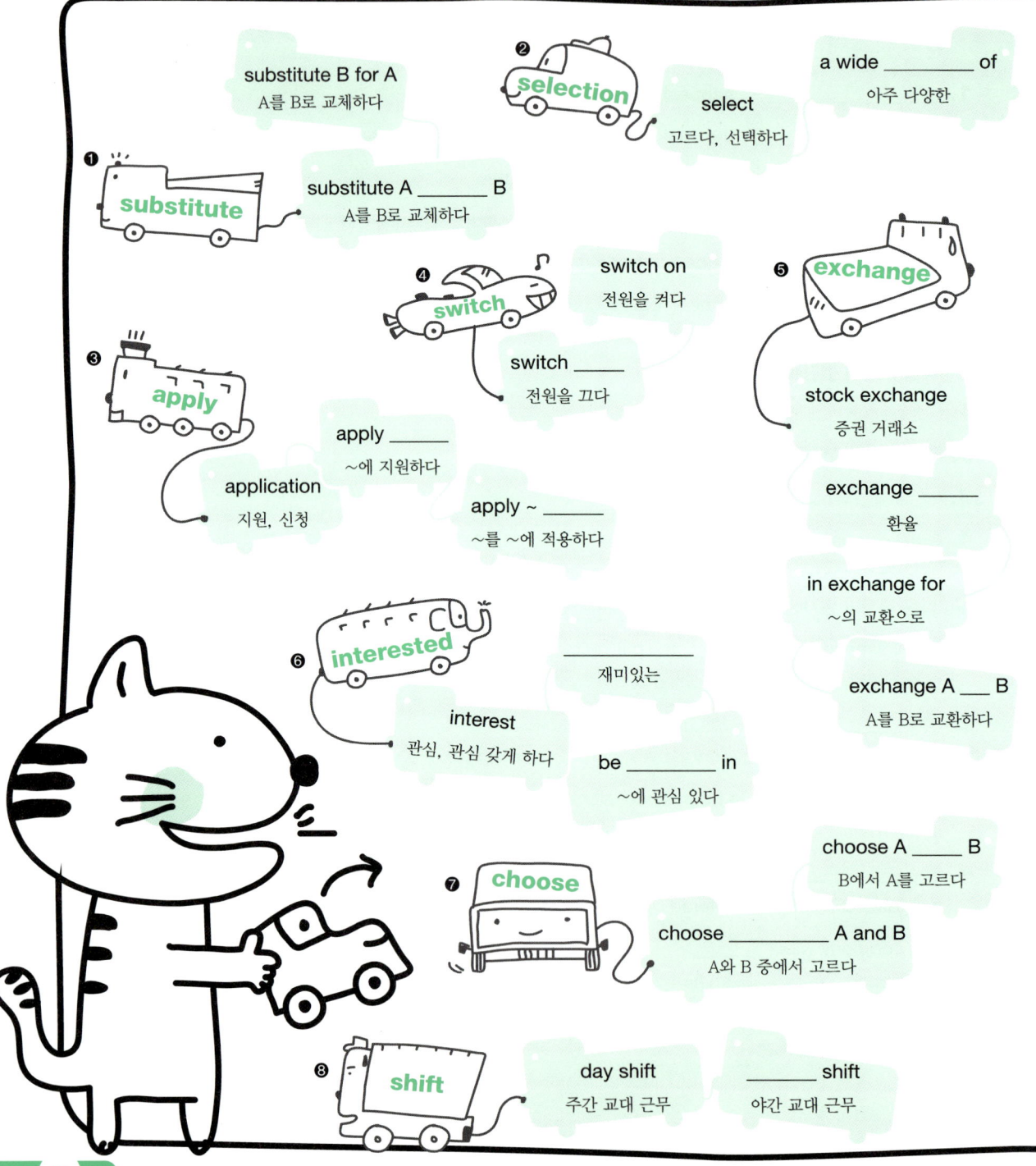

substitute B for A
A를 B로 교체하다

❷ selection
select
고르다, 선택하다

a wide _____ of
아주 다양한

❶ substitute
substitute A _____ B
A를 B로 교체하다

❹ switch
switch on
전원을 켜다

❺ exchange

switch _____
전원을 끄다

stock exchange
증권 거래소

❸ apply
apply _____
~에 지원하다

exchange _____
환율

application
지원, 신청

apply ~ _____
~를 ~에 적용하다

in exchange for
~의 교환으로

❻ interested
_____
재미있는

exchange A ___ B
A를 B로 교환하다

interest
관심, 관심 갖게 하다

be _____ in
~에 관심 있다

choose A _____ B
B에서 A를 고르다

❼ choose
choose _____ A and B
A와 B 중에서 고르다

❽ shift
day shift
주간 교대 근무

_____ shift
야간 교대 근무

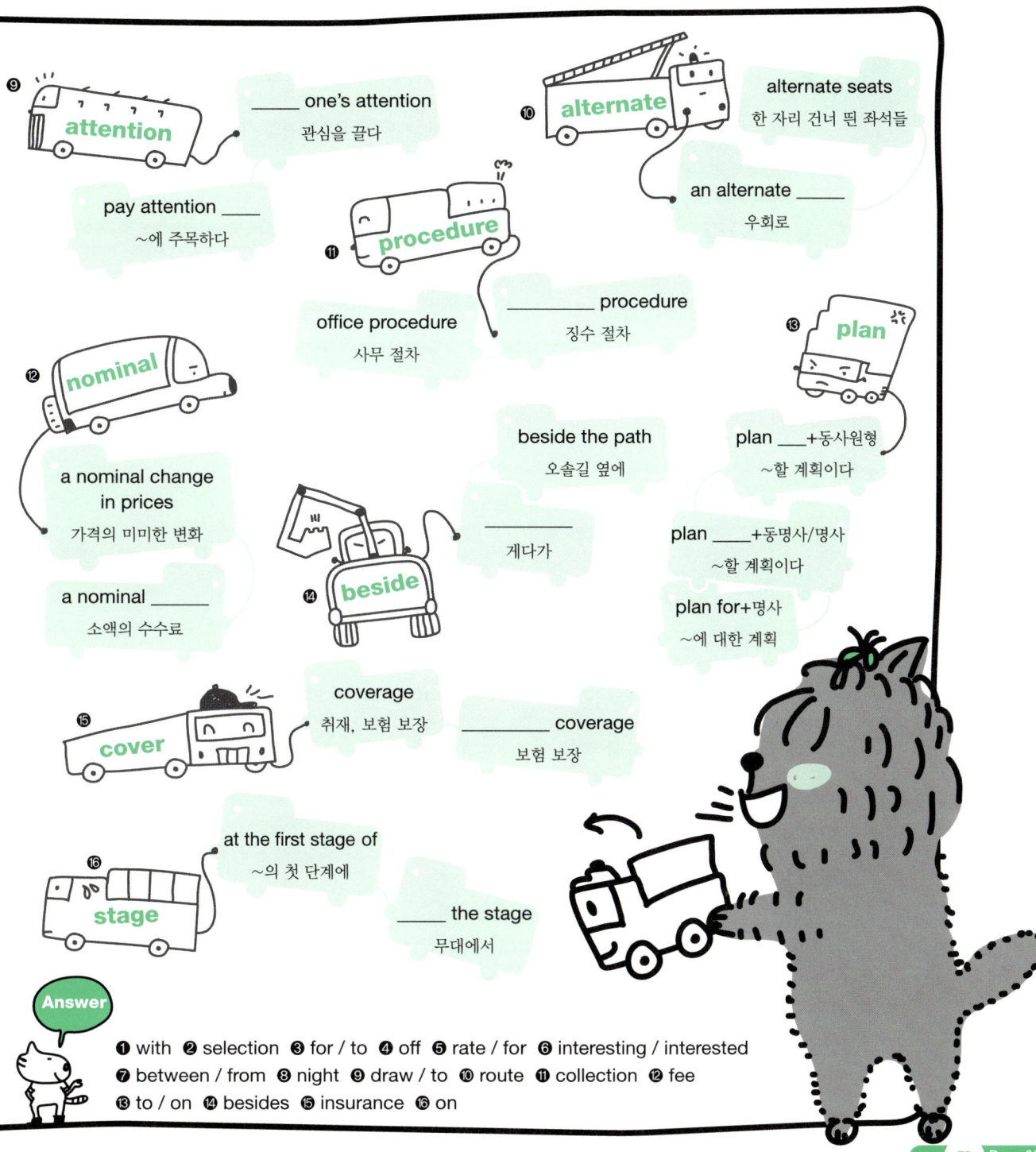

⑨ **attention**

_____ one's attention
관심을 끌다

pay attention _____
~에 주목하다

⑩ **alternate**

alternate seats
한 자리 건너 띈 좌석들

an alternate _____
우회로

⑪ **procedure**

office procedure
사무 절차

_____ procedure
징수 절차

⑬ **plan**

plan ___+동사원형
~할 계획이다

plan ____+동명사/명사
~할 계획이다

plan for+명사
~에 대한 계획

⑫ **nominal**

a nominal change
in prices
가격의 미미한 변화

a nominal _____
소액의 수수료

beside the path
오솔길 옆에

_____
게다가

⑭ **beside**

⑮ **cover**

coverage
취재, 보험 보장

_____ coverage
보험 보장

⑯ **stage**

at the first stage of
~의 첫 단계에

_____ the stage
무대에서

Answer

❶ with ❷ selection ❸ for / to ❹ off ❺ rate / for ❻ interesting / interested
❼ between / from ❽ night ❾ draw / to ❿ route ⑪ collection ⑫ fee
⑬ to / on ⑭ besides ⑮ insurance ⑯ on

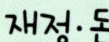

Day 06

We are sorry to inform you that due to your outstanding balance of $2,000, your file will be transferred to Collections Canada. Your balance has been overdue for a year, and has not been paid yet. If you cannot afford your monthly payments, it is worth noting that it is your responsibility to contact Collections Canada.

2천 달러의 미결제 때문에 귀하의 파일이 캐나다 징수국으로 보내질 것임을 알려드리게 되어 유감입니다. 귀하의 미결제 금액은 1년 동안 연체되었고 아직 지불되지 않았습니다. 매월 납부금을 내실 수 없으면, 캐나다 징수국에 연락하는 것이 귀하의 의무임을 유념해두시는 것이 좋겠습니다.

Basic Vocab

>> ⓣ = **TOEIC 빈출 표현**

■ **inform**
[infɔ́:rm]

v. 통고하다, 알리다

★★ 'inform+사람+that+주어+동사' 혹은 'inform+사람+of+내용'으로 쓰인다.

The director informed us of the restructuring plan.
그 임원은 우리에게 구조조정안을 통고했다.

■ **due to**

phr. ~로 인하여

The company lost many employees due to the strike.
회사는 파업으로 인해 많은 직원을 잃었다.

■ **outstanding**
[àutstǽndiŋ]

a. 미결제의, 눈에 띄는

>> ⓣ outstanding debts 미결제된 부채
>> ⓣ outstanding strategies 뛰어난 전략들

The company still has $450 million in outstanding debts.
회사는 아직도 미결제된 부채가 4억 5천만 달러나 된다.

○ debt n. 부채

>> ⓣ in debt 빚진

The company was outstanding among its peers this year.
회사는 올해 같은 업계 회사들 중에서 두드러졌다.

○ peer n. 동배, 동년배
  v. ~를 자세히 들여다보다(into)

>> ⓣ peer pressure 또래 집단으로부터 받는 사회적 압력

■ **balance**
[bǽləns]

n. 잔액, 잔고, 균형
v. 균형을 잡다(on)

>> ⓣ one's account balance 계좌 잔고

overdue

[òuvərdjúː]

a. 지불 기한이 지난, 이미 늦어진

›› Ⓣ the overdue book 반납 기한이 지난 책
›› Ⓣ The rent is overdue. 임대료가 연체되었다.

Payment on his mortgage was long overdue.
대출금 납부가 오랫동안 체납되어 있었다.

○ mortgage n. 대출, 융자
　　　　　　　 v. 저당 잡히다

afford

[əfɔ́ːrd]

v. ~할 (자금적) 여유가 있다

a. affordable 여유가 있는

›› Ⓣ can afford to+동사원형 ~할 여유가 있다

Some of our employees are unable to afford the insurance.
우리 직원들 일부는 보험료를 낼 능력이 없다.

○ be unable to phr. ~할 수 없다

insurance

[inʃúrəns]

n. 보험

v. insure 보험에 가입하다

Don't drive a car that is not insured.
보험에 가입하지 않은 차를 운전하지 마시오.

monthly

[mʌ́nθli]

a. 매월의

ad. 매월마다

›› Ⓣ a monthly promotional event 월 판촉 행사

note

[nout]

n. 메모, 기록, 지폐, 음표

v. 주목하다, 언급하다

›› Ⓣ promissory note 약속어음
›› Ⓣ bank note 은행권, 은행지폐

responsibility

[rispàːnsəbíləti]

n. 책임

a. responsible 책임이 있는

›› Ⓣ be responsible for ~에 책임이 있다
›› Ⓣ take responsibility of ~에 책임을 지다
›› Ⓣ assume the responsibility for ~에 대한 책임을 맡다

contact

[káːntækt]

v. 연락하다

n. 연락, 접촉

›› Ⓣ contact ~ immediately 즉시 ~에게 연락하다

delinquent
[dilíŋkwənt]

a. 체납된, 직무 태만의, 비행을 저지른

n. delinquency 비행

He was refused a mortgage due to his delinquent credit accounts.
그는 체납된 외상 계좌 때문에 대출을 거절당했다.

○ refuse v. 거절하다

›› ⓣ refuse to+동사원형 ~를 거절하다

○ credit account n. 신용 계좌, 외상 계좌

due
[djuː]

a. 예정인, 기한인, 응당 치러야 할

›› ⓣ Tuition is due by the 10th day of the term.
수업료는 학기 개강 후 10일째까지가 납부 기한이다.

○ tuition n. 수업료

fee
[fiː]

n. 요금, 수수료

›› ⓣ the parking fee 주차료
›› ⓣ the towing fee 견인료

The towing fee will include a minimum daily storage fee.
견인비는 최소 일일 보관료를 포함할 것이다.

○ minimum a. 최저의, 최소한의
　　　　　　 n. 최소한도

›› ⓣ an absolute minimum 절대적 최소한도
›› ⓣ a minimum of 최소한의
›› ⓣ minimum wage 최저 임금

fare
[feər]

n. 차비, 운임

v. 잘하다, 잘못하다

›› ⓣ airfare 항공료

The passenger fare for a return ticket is 60,000 won.
왕복 티켓의 승객 운임은 6만원이다.

○ return ticket n. 왕복표

worth
[wəːrθ]

n. 가치, 값어치(of)

a. worthy 가치 있는

›› ⓣ 10 dollars' worth of 10달러 가격 상당의

The porcelain was not worth the $500.
그 도자기는 500달러도 되지 않았다.

○ porcelain n. 도자기

Recycling is worth the effort since it helps to conserve natural resources.
재활용은 천연자원 보존에 도움이 되기 때문에 노력할 가치가 있다.

○ conserve v. 보존하다, 아껴 쓰다

○ resource n. 자원, 재료

›› ⓣ the human resources department 인사부

■ expense
[ikspéns]

n. 지출, 경비

a. expensive 비싼

v. expend 지출하다

›› ⓣ travel expenses 여행 경비

›› ⓣ at one's expense ~가 부담한 경비로

›› ⓣ overhead expenses 경상비

○ overhead a. 머리 위의, 간접비의

›› ⓣ the overhead compartment[rack] 머리 위의 짐칸

■ cost
[kɔːst]

n. 비용

v. 비용이 ~가 들다

›› ⓣ cost ~ a lot of money ~에게 많은 돈이 들다

How much does the trip from LA to New York cost?
로스앤젤레스에서 뉴욕까지의 여행은 비용이 얼마나 드니?

○ trip n. 여행

v. 발을 헛디디다, 발을 걸어 넘어뜨리다

›› ⓣ go on a trip 여행을 가다

›› ⓣ on one's trip to ~로 여행을 간 동안에

›› ⓣ a round trip 왕복 여행

›› ⓣ trip over ~에 걸려 발을 헛디디다

■ free
[friː]

a. 자유로운, ~이 없는, 공짜인

›› ⓣ for free 공짜로

›› ⓣ free of charge 공짜로

›› ⓣ duty-free shop 면세점

›› ⓣ feel free to 마음껏 ~하다

›› ⓣ sugar-free 설탕이 들어 있지 않은

We will install your washing machine free of charge[for free].
세탁기를 무료로 설치해 드리겠습니다.

○ install v. 설치하다

n. installation 설치

■ installment
[instɔ́ːlmənt]

n. 할부, 분납

›› ⓣ the monthly installment plan 할부 판매

We have only one more installment before the car is fully paid for.
우리가 자동차 할부금을 완납하려면 한 번만 더 분납하면 된다.

○ fully ad. 완전히

■ **refund**

[ríːfʌnd]

n. 환불

v. 상환하다, 환불하다

” ⓣ get[receive] a full refund 전액 환불받다

She got a refund for the faulty stereo.
그녀는 결함이 있는 스테레오를 환불받았다.

If the product is defective, the company will refund any payment made with the order.
그 상품에 결함이 있으면, 회사에서 주문으로 생기는 납부 금액을 환불해줄 것이다.

■ **spend**

[spend]

v. 지출하다, 소비하다

” ⓣ spend+시간+-ing ~하는 데 시간을 들이다
” ⓣ spend+돈+on ~ ~에 돈을 지출하다

Don't spend more than you can afford.
여유가 되는 것 이상으로 지출하지 마라.

◐ afford v. (시간적, 경제적) 여유가 되다

” ⓣ cannot afford to ~할 여유가 없다

■ **credit**

[krédit]

v. 입금하다, 공으로 인정하다

n. 신용거래, 입금, 신용도, 인정

” ⓣ be credited with ~의 공헌을 인정받다
” ⓣ credit card 신용 카드
” ⓣ good credit standing 좋은 신용 상태

Will you pay by credit card or in cash?
카드로 지불하실 건가요, 현금으로 지불하실 건가요?

◐ in cash phr. 현금으로

■ **redemption**

[ridémpʃən]

n. 상환, 구원

You will receive a redemption payment for any excess charges.
초과 요금에 대해선 상환받을 것이다.

◐ excess n. 과잉, 초과
　　　 a. excessive 지나친
◐ charge n. 요금, 고발, 책임

” ⓣ free of charge 무료로
” ⓣ in charge of ~를 담당하는

Must-know Vocab

■ **for the sake of** phr. ~를 돕기 위하여, ~때문에
>> ⑦ for the sake of her daughter's education 그녀의 딸의 교육을 위하여

■ **characteristic** n. 특징
[kæriktərístik] a. 특유의
cf. character 성격, 등장인물
>> ⑦ characteristic of ~의 특징

■ **accommodate** v. 수용하다, 부응하다
[əká:mədeit] n. accommodation 숙소
>> ⑦ accommodate more than 200 people 200명 이상을 수용하다

■ **utmost** a. 최고의, 극도의
[ʌ́tmoust] n. 최대한도
>> ⑦ do one's utmost 최선을 다하다

■ **maximum** a. 최고의
[mǽksiməm] n. 최고, 최대
>> ⑦ maximum security 최대의 안전

■ **instantly** ad. 즉시
[ínstəntli] >> ⑦ instantly recognizable 즉시 알아볼 수 있는

■ **liable** a. 법적 책임이 있는, ~하기 쉬운
[láiəbl] >> ⑦ be liable[likely] to ~하기 쉽다
The company is liable to pay a large fine for its illegal actions.
회사는 불법행위에 대해 많은 벌금을 지불할 법적 책임이 있다.
○ illegal a. 불법적인
○ action n. 행위
>> ⑦ take action 조치를 취하다

■ **morale** n. 사기, 의욕
[mərǽl] >> ⑦ build morale 사기를 돋우다
>> ⑦ improve morale 사기를 향상시키다

■ have something in common phr. 뭔가 공통점이 있다

They have virtually nothing in common.

그들은 사실상 공통점이 없다.

○ virtually ad. 사실상

■ attire

[ətáiər]

n. 의복, 복장

syn. apparel, garment, outfit, clothes

›› ⓣ formal business attire 비즈니스 정장

›› ⓣ wear appropriate business attire 적절한 비즈니스 정장을 착용하다

Let's Drill

>> **A.** 다음 영영풀이에 해당하는 단어를 보기에서 고르세요.

〈보기〉　for free　outstanding　fare　refund　fee　expense

>> **1.** _____ : not paid yet

>> **2.** _____ : a fixed charge for professional services

>> **3.** _____ : the money paid for a journey on a vehicle

>> **4.** _____ : money spent to perform work and usually reimbursed by an employer

>> **5.** _____ : to give back, especially money

>> **6.** _____ : free of charge

>> **B.** 다음 구문의 빈칸을 채우세요.

>> **1.** ~할 여유가 있다 can _____ to

>> **2.** 약속어음 promissory _____

>> **3.** 즉시 알아볼 수 있는 _____ recognizable

>> **4.** 사기를 향상시키다 improve _____

>> **C.** 다음 문장의 빈칸에 적합한 단어를 고르세요.

>> **1.** The shopkeeper told him that he could not get goods on credit since there was a(n) _____ charge on last month's bill.

a. outstanding　　b. expensive　　c. affordable　　d. fare

>> **2.** Extra trips and excursions beyond company business would be made _____ your own expense.

a. at　　b. on　　c. by　　d. with

>> **3.** To promote their new product the Big Banana Corp. was handing out music CDs _____ free on all major high streets.

a. on　　b. of　　c. at　　d. for

>> **4.** Domestic air _____ has been substantially reduced by 10~15 percent.

a. fee　　b. fare　　c. cost　　d. expense

>> **5.** If a book is returned after the due date it is _____ and subject to fines.

a. overdue　　b. procrastinated　　c. late　　d. tardy

Vocab Tool

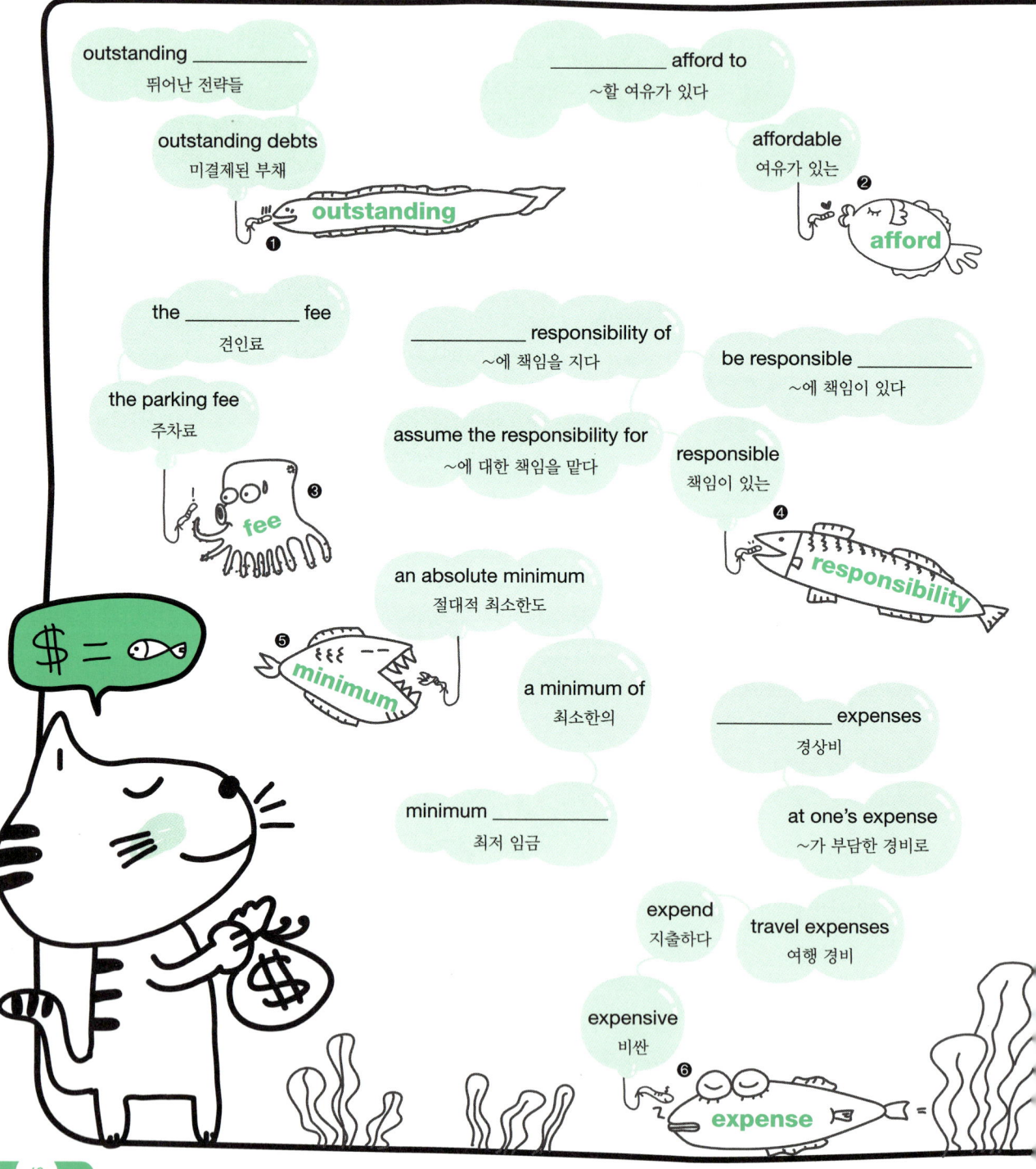

outstanding _____
뛰어난 전략들

outstanding debts
미결제된 부채

outstanding ❶

_____ afford to
~할 여유가 있다

affordable
여유가 있는

afford ❷

the _____ fee
견인료

the parking fee
주차료

fee ❸

_____ responsibility of
~에 책임을 지다

assume the responsibility for
~에 대한 책임을 맡다

be responsible _____
~에 책임이 있다

responsible
책임이 있는

responsibility ❹

an absolute minimum
절대적 최소한도

minimum ❺

a minimum of
최소한의

minimum _____
최저 임금

_____ expenses
경상비

at one's expense
~가 부담한 경비로

expend
지출하다

travel expenses
여행 경비

expensive
비싼

expense ❻

$ = 🐟

62

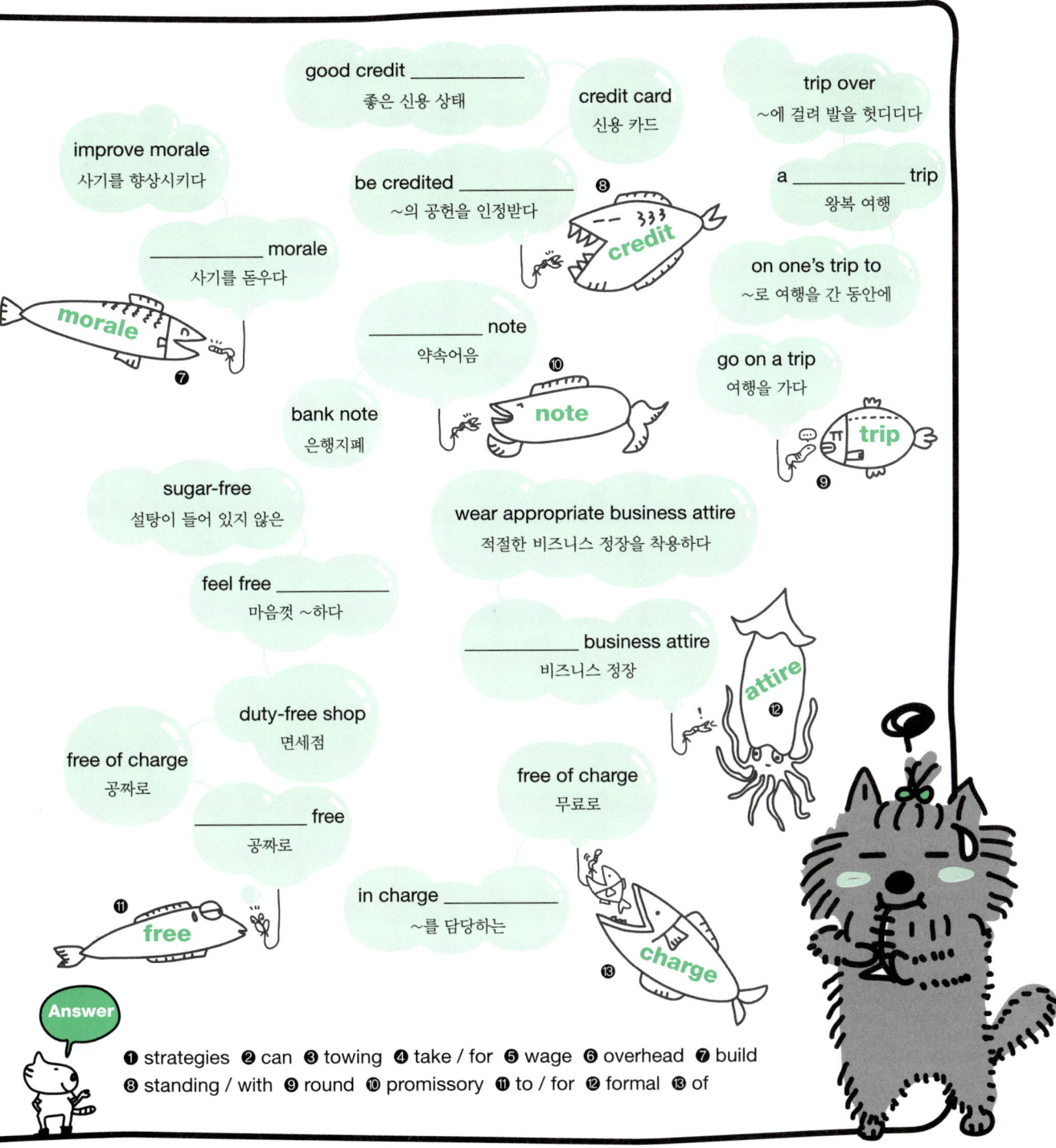

good credit ___________
좋은 신용 상태

credit card
신용 카드

be credited ___________
~의 공헌을 인정받다

❽

improve morale
사기를 향상시키다

___________ morale
사기를 돋우다

❼

trip over
~에 걸려 발을 헛디디다

a ___________ trip
왕복 여행

on one's trip to
~로 여행을 간 동안에

go on a trip
여행을 가다

❾

___________ note
약속어음

bank note
은행지폐

❿

sugar-free
설탕이 들어 있지 않은

feel free ___________
마음껏 ~하다

duty-free shop
면세점

free of charge
공짜로

___________ free
공짜로

⓫

wear appropriate business attire
적절한 비즈니스 정장을 착용하다

___________ business attire
비즈니스 정장

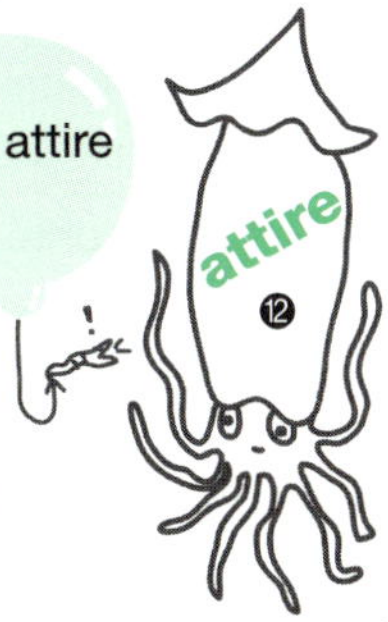

⓬

free of charge
무료로

in charge ___________
~를 담당하는

⓭

❶ strategies ❷ can ❸ towing ❹ take / for ❺ wage ❻ overhead ❼ build
❽ standing / with ❾ round ❿ promissory ⓫ to / for ⓬ formal ⓭ of

재정·돈

Day 07

The Relief Campaign manager is trying to raise money to compensate the families that were affected by the recent disaster. Some of the money generated will be set aside to pay for the expenses of the campaign.

구제 캠페인 매니저는 최근 재난에 피해를 입은 가족들에게 보상하기 위해 모금을 하고 있다. 모금된 돈의 일부는 캠페인 비용을 지불하기 위해 비축될 것이다.

Basic Vocab

>> ⓣ = **TOEIC** 빈출 표현

■ **relief**
[rilíːf]

n. 안도, 완화, 재정 지원, 구호품, 기분 전환
v. relieve 없애주다, 완화하다
>> ⓣ a sense of relief 안도감

■ **raise**
[reiz]

v. 들어 올리다, 인상하다, 모으다
n. 인상
>> ⓣ pay raise 임금 인상
>> ⓣ raise money 모금하다

■ **pay for**

phr. ~에 대해 지불하다
Consumers will have to pay for mobile content.
소비자들은 휴대전화 컨텐츠 비용을 지불해야 할 것이다.
○ content n. 내용
         a. 만족하는

■ **affect**
[əfékt]

v. 영향을 미치다
cf. effect 영향(on)
>> ⓣ adversely affect the situation 상황에 불리하게 영향을 미치다

■ **recent**
[ríːsnt]

a. 최근의
>> ⓣ a recent survey 최근의 한 조사

■ **disaster**
[dizǽstər]

n. 재난, 재앙
>> ⓣ result in disaster 재앙을 초래하다

generate
[dʒénəreit]

v. 낳다, 발생시키다, 야기하다, 조성하다

n. generation 세대, 발생

›› ⓣ generate funds 자금을 조성하다

The foundation is trying to generate funds to run its anti-pollution campaign.
재단은 오염 반대 운동을 하기 위해 자금을 모으고 있다.

⊙ campaign n. 캠페인
　　　　　v. 캠페인을 벌이다

›› ⓣ a highly competitive marketing campaign 매우 치열한 마케팅 캠페인

set aside

phr. 비축하다

The company had set aside a cash reserve for unexpected setbacks.
회사는 예상치 않은 차질에 대비해 현금 보유고를 마련해 두었다.

⊙ cash reserve phr. 현금 보유고
⊙ unexpected a. 예기치 못한
　　　　　ad. unexpectedly 뜻밖에, 갑자기

›› ⓣ an unexpected delay 예기치 못한 지체
›› ⓣ unexpectedly busy 예상치 못하게 바쁜

compensate
[ká:mpənseit]

v. 보상하다

n. compensation 보상

›› ⓣ compensate for (= make up for) ~를 보상하다

I will be willing to compensate him for his consulting time.
난 그의 상담 시간에 대해 기꺼이 보상해줄 것이다.

complimentary
[kà:mpliméntəri]

a. 무료의, 경의를 표하는

n. compliment 칭찬, 찬사

v. compliment 칭찬하다

›› ⓣ complimentary refreshment 무료 다과
›› ⓣ complimentary breakfast 무료 조찬
›› ⓣ complimentary Internet services 무료 인터넷 서비스

As a token of gratitude, the wine company gave John a complimentary bottle of wine.
감사 표시로, 와인 회사는 John에게 공짜 와인을 한 병 주었다.

⊙ as a token of phr. ~의 표시로
⊙ gratitude n. 감사

›› ⓣ express one's gratitude 감사를 표현하다

gratis
[grǽtis]

a. 무료인

ad. 무료로 (= free of charge)

cf. gratuitous 쓸데없는, 불필요한

The parking permit was issued gratis to me.
주차 허가증이 내게 무료로 발급되었다.

    ○ issue n. 쟁점, 사안, 문제, (잡지 등의) 호
            v. 발표하다, 발급하다

» ⓣ the date of issue 발행일
» ⓣ the current issue 현재의 사안

■ quote
[kwout]

v. 시세를 말하다, 견적을 내다, 인용하다

The garage quoted him $500 for repairs.
자동차 수리점은 수리에 대해 500달러의 견적을 내주었다.

    ○ garage n. 차고, 차량 정비소

He quoted a passage from *Macbeth*.
그는 '맥베스'의 한 구절을 인용하였다.

■ pay off

phr. 빚을 다 갚다

John said he would pay off all of their debts from the sale of his boat.
John은 자신의 보트를 팔아 그들의 모든 빚을 청산할 것이라고 말했다.

■ reimburse
[rìːimbə́ːrs]

v. 상환하다, 변상하다

n. reimbursement 상환, 배상

cf. refund 환불하다

Shareholders were reimbursed for losses the company incurred through bad investments.
주주들은 회사가 잘못된 투자로 인해 초래한 손실에 대해 변상받았다.

    ○ incur v. 초래하다, 발생시키다

■ finance
[fáinæns]

v. 자금을 대다

n. 자금

a. financial 재정의

a. financed 자금이 지원된

The company financed his graduate degree.
회사는 그의 대학원 학자금을 대주었다.

    ○ graduate n. 대학 졸업자
            v. 졸업하다(from)

» ⓣ a graduate student 대학원생

    ○ degree n. 학위, (온도의) 도, 정도

» ⓣ a bachelor's degree 학사 학위
» ⓣ a master's degree 석사 학위
» ⓣ to a certain degree 어느 정도

subsidy

[sʌ́bsidi]

n. (국가의) 보조금, 장려금

v. subsidize 보조금을 지급하다

The national museum would not be able to open its doors without government subsidies.

국립 박물관은 정부의 보조금 없이는 개관할 수 없을 것이다.

make money

phr. 돈을 벌다 (= earn money)

They have to make money to support their family.

그들은 가족을 부양하기 위해 돈을 벌어야 한다.

owe

[ou]

v. 빚지고 있다, 신세지고 있다

›› ⓣ owe A to B A는 B의 덕분이다

I owe everything to my parents.

난 부모님께 모든 것을 신세지고 있다.

I owe you an apology.

네게 사과할 게 있다.

○ apology n. 사과

›› ⓣ accept one's apology ~의 사과를 받아들이다

Must-know Vocab

follow

[fɑ́:lou]

v. 따르다, ~에 뒤이어 ~를 하다

a. following 다음의, 뒤이어 오는

›› ⓣ follow up on ~에 이어 후속 조치를 취하다

›› ⓣ the following day 다음날

cf. the upcoming event 다가오는 행사

three consecutive days 3일 연속

enlightening

[inláitəniŋ]

a. 계몽적인, 깨우치는

The documentary was very enlightening.

다큐멘터리는 매우 계몽적이었다.

delegate

[déligeit/-gət]

v. 위임하다, 대표를 뽑다

n. 대표

n. delegation 대표단

›› ⓣ delegate the work to the right people 일을 적임자에게 위임하다

acquaint
[əkwéint]

v. 익히다, 숙지하다

n. acquaintance 아는 사이

›› ⓣ acquaint with ~에 정통하다, ~와 알고 지내다

›› ⓣ have many friends and some acquaintances 많은 친구와 몇몇 지인이 있다

inhalation
[ìnhəléiʃən]

n. 흡입, 흡입제

v. inhale 흡입하다, 들이마시다

ant. exhalation 발산, 숨을 내쉼

Sometimes lung diseases are caused by inhaling dust.
때때로 폐질환은 먼지 흡입으로 인해 발생된다.

inherently
[inhérəntli]

ad. 본질적으로, 내재하여

›› ⓣ inherently risky 본질적으로 위험한

gate
[geit]

n. 문, 정문, 출입구

›› ⓣ the boarding gate 탑승구

Please enter through gate number five.
5번 게이트로 들어가세요.

neutrality
[nju:trǽləti]

n. 중립

›› ⓣ maintain total neutrality 완벽한 중립을 지키다

objective
[əbdʒéktiv]

n. 목표

a. 객관적인

The main objective is to reduce costs.
주 목표는 비용 절감이다.

leave
[li:v]

v. 떠나다, 남기다, 두고 오다

n. 휴가

›› ⓣ sick leave 병가

›› ⓣ maternity leave 출산휴가

›› ⓣ leave for ~를 향해 떠나다

When will you be leaving for vacation?
넌 언제 휴가를 떠날 거니?

>> **A.** 다음 영영풀이에 해당하는 단어를 보기에서 고르세요.

> 〈보기〉 quote   finance   reimburse   generate   subsidy   compensate

>> **1.** _____ : to pay someone money in exchange for something

>> **2.** _____ : to give a price

>> **3.** _____ : to pay back for some expense incurred

>> **4.** _____ : to provide the money needed for something

>> **5.** _____ : a grant paid by a government to an enterprise that benefits the public

>> **6.** _____ : to cause something to begin

>> **B.** 다음 구문의 빈칸을 채우세요.

>> **1.** 병가 sick _____

>> **2.** ~에 이어 후속 조치를 취하다 _____ up on

>> **3.** ~의 사과를 받아들이다 accept one's _____

>> **4.** 무료 다과 _____ refreshment

>> **C.** 다음 문장의 빈칸에 적합한 단어를 고르세요.

>> **1.** Free journals were issued _____ to the news agency that month.
   a. freely   b. gratis   c. complimentary   d. complementary

>> **2.** _____ newspapers are left outside rooms for all hotel guests.
   a. Financial   b. Complementary   c. Complimentary   d. Finance

>> **3.** Summer sales will hopefully _____ the company for a recent loss in profits.
   a. reimburse   b. compensate   c. afford   d. pay off

>> **4.** The government estimated that 3 million dollars could be _____ from the sale of disused buildings.
   a. afforded   b. generated   c. quoted   d. expended

>> **5.** They had _____ some money for their summer holiday that year.
   a. set aside   b. set off   c. set up   d. set along

>> **6.** Farmers were offered a _____ from the government in an effort to prevent them from raising prices again that summer.
   a. subsidy   b. donation   c. cost   d. denomination

Vocab Tool

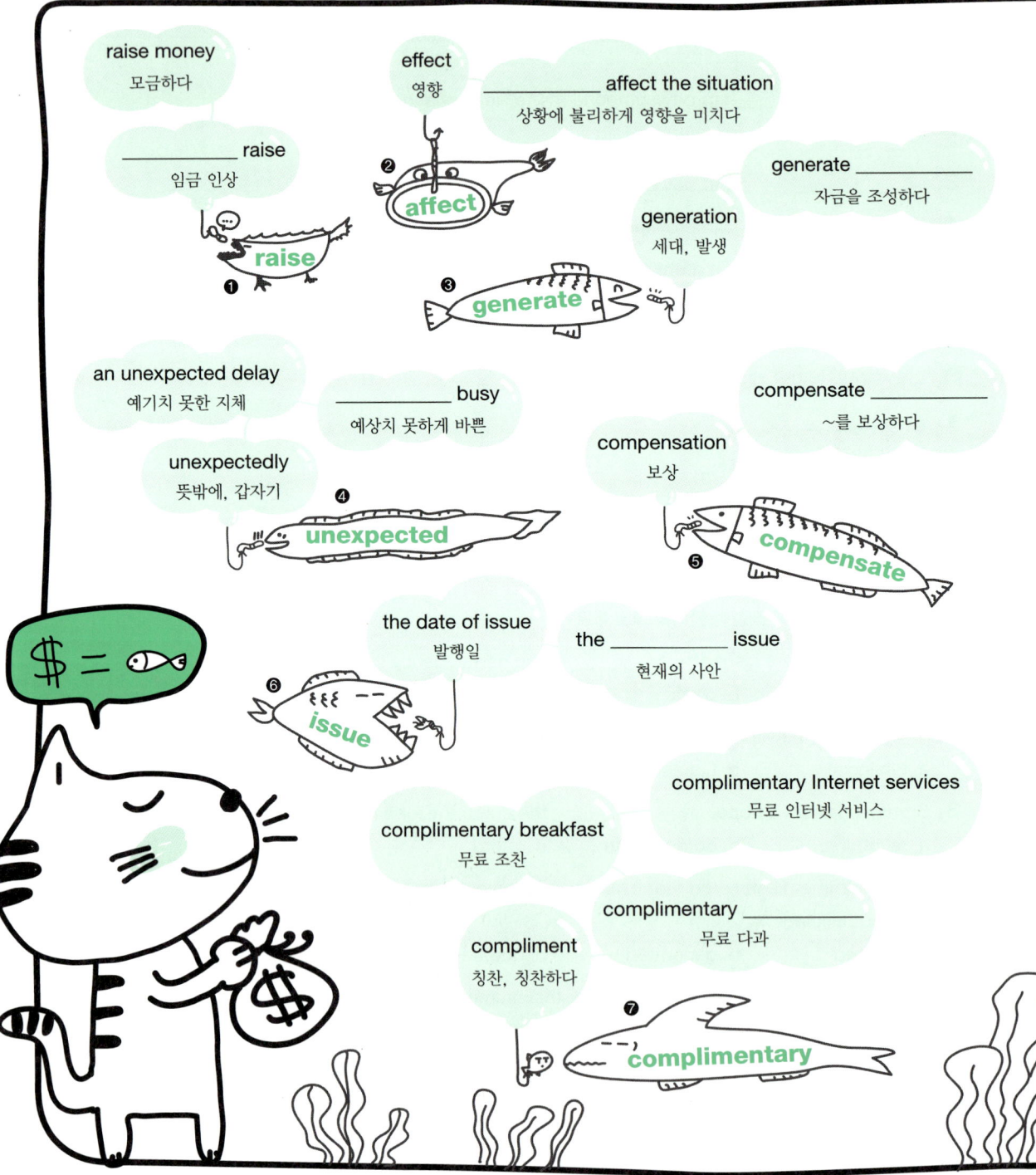

raise money
모금하다

_____ raise
임금 인상

raise ➊

effect
영향

affect ➋

_____ affect the situation
상황에 불리하게 영향을 미치다

generate _____
자금을 조성하다

generation
세대, 발생

generate ➌

an unexpected delay
예기치 못한 지체

_____ busy
예상치 못하게 바쁜

unexpectedly
뜻밖에, 갑자기

unexpected ➍

compensate _____
~를 보상하다

compensation
보상

compensate ➎

$ = 🐟

the date of issue
발행일

issue ➏

the _____ issue
현재의 사안

complimentary Internet services
무료 인터넷 서비스

complimentary breakfast
무료 조찬

complimentary _____
무료 다과

compliment
칭찬, 칭찬하다

complimentary ➐

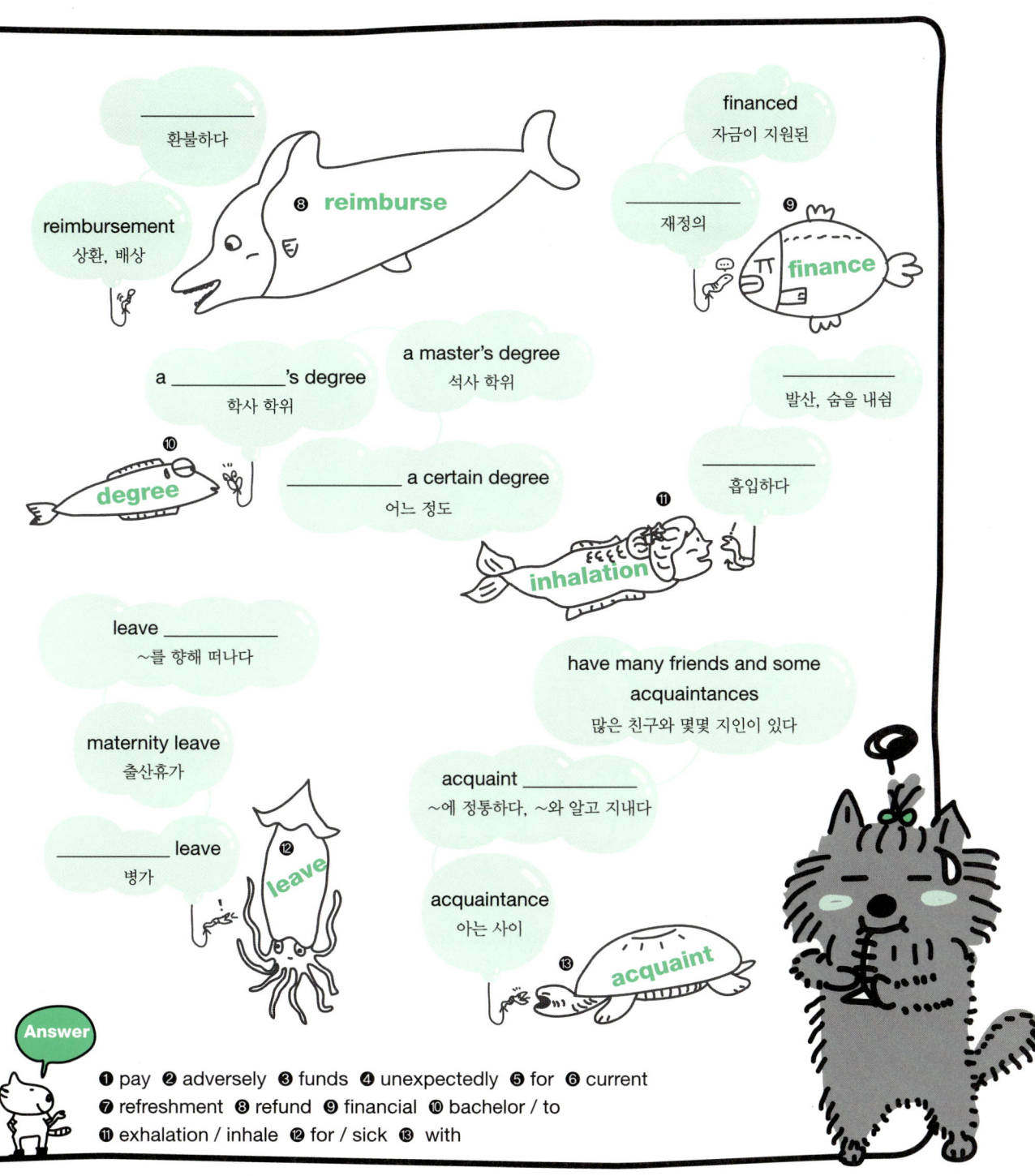

_____
환불하다

⑧ reimburse

reimbursement
상환, 배상

financed
자금이 지원된

_____
재정의

⑨ finance

a _____'s degree
학사 학위

a master's degree
석사 학위

_____
발산, 숨을 내쉼

_____ a certain degree
어느 정도

_____
흡입하다

degree ⑩

inhalation ⑪

leave _____
~를 향해 떠나다

have many friends and some
acquaintances
많은 친구와 몇몇 지인이 있다

maternity leave
출산휴가

acquaint _____
~에 정통하다, ~와 알고 지내다

_____ leave
병가

leave ⑫

acquaintance
아는 사이

acquaint ⑬

Answer

❶ pay ❷ adversely ❸ funds ❹ unexpectedly ❺ for ❻ current
❼ refreshment ❽ refund ❾ financial ❿ bachelor / to
⓫ exhalation / inhale ⓬ for / sick ⓭ with

71 Day_ 07

Day 08

Everyday there are hundreds of losses and injuries due to driving under the influence in spite of many attempts to lower that number by many agencies. Just yesterday an impaired driver was slightly injured along with 5 severely wounded passengers. Drunk drivers could destroy not only their lives, but other people's lives too.

매일 많은 기관들이 음주운전 수를 낮추려고 많은 노력을 하고 있지만 음주운전으로 인한 손해와 부상은 수백 건에 이른다. 어제만 하더라도 다섯 명의 중상 환자와 더불어 장애 운전자가 약간의 부상을 입었다. 음주운전자들은 자신의 인생만 망치는 것이 아니라 다른 사람들의 인생도 망치는 것이다.

Basic Vocab

›› ⓣ = **TOEIC** 빈출 표현

■ **hundreds of** phr. 수백의

Hundreds of firms plan to open a branch in Beijing.
수백 개의 기업들이 북경에 지사를 개설할 계획이다.

■ **loss** n. 손실, 인명 손실
[lɔ:s] v. lose 잃다, 손해보다, 줄다, 지다

›› ⓣ at a loss 어쩔 줄 몰라
›› ⓣ lose one's temper 화내다
›› ⓣ lose weight 체중이 줄다
›› ⓣ lose elasticity 탄력을 잃다

■ **injury** n. 부상
[índʒəri] v. injure 상처를 입히다

An injured knee spoiled her chances of winning the match.
다친 무릎 때문에 그녀가 그 시합에서 이길 수 있는 기회를 망쳐버렸다.

○ match n. 시합, 경기, 아주 잘 어울리는 것
　　　　v. 어울리다

›› ⓣ match A with[to] B A와 B를 연결시키다

The injury resulted from the accident.
그 부상은 사고로 발생했다.

○ result from phr. ~에서 초래되다, 야기되다

■ **influence** n. 영향(on)
[ínfluəns] v. 영향을 미치다

›› ⓣ have bad influence on ~에 나쁜 영향을 미치다
›› ⓣ under the influence of ~의 영향 하에

■ **in spite of** phr. ~에도 불구하고 (= despite)

In spite of the economic downturn, the demand is still high.
경제 침체에도 불구하고, 수요는 여전히 높다.

■ **attempt**
[ətémpt]
n. 시도
v. 시도하다
›› ⓣ make every attempt to ~하려고 모든 시도를 해보다
›› ⓣ attempt to+동사원형 ~하려고 시도하다

■ **lower**
[lóuər]
v. 낮추다
›› ⓣ lower the cost 비용을 낮추다
cf. a lower price 더 낮은 가격

■ **agency**
[éidʒənsi]
n. 대리점, 대행사
cf. agent 대행인
›› ⓣ a travel agency 여행사
›› ⓣ a real estate agent 부동산 중개인

■ **impair**
[impeər]
v. 손상을 주다
n. impairment 손상

Listening to loud music can impair one's hearing.
시끄러운 음악을 듣는 것은 청각에 손상을 줄 수 있다.

　　◐ loud a. 시끄러운, 야단스러운, 야한
　　　　　ad. 크게, 시끄럽게
›› ⓣ loud conversations 시끄러운 대화

■ **slightly**
[sláitli]
ad. 약간, 다소
›› ⓣ improve slightly 다소 나아지다

■ **severely**
[səvíərli]
ad. 심하게, 혹독하게, 엄하게
a. severe 극심한, 혹독한, 엄격한
›› ⓣ severely reprimanded 심하게 견책받은

■ **wound**
[wuːnd]
n. 부상
v. 상처를 입히다
a. wounded 부상당한, 상처를 입은

He was wounded by a bomb.
그는 폭탄에 맞아 부상을 입었다.

They said her wounds were self-inflicted.
그녀의 상처는 자해한 것이라고 그들이 말했다.

> ◯ self-inflicted a. 자해한

■ destroy
[distrɔ́i]

v. 파괴하다

n. destruction 파괴

a. destructive 파괴적인

›› ⓣ be destroyed by ~에 의해 파괴되다

The manuscripts were destroyed by fire.
원고가 화재로 전소되었다.

The severe storm was destructive on its own.
심한 폭풍은 그 자체가 파괴적이었다.

■ spoil
[spɔil]

v. 망치다

a. spoiled 망가진, 버릇없어진

The oil spill has spoiled the whole beautiful coastline.
기름 유출이 아름다운 해안 전체를 망쳤다.

> ◯ spill n. 유출
> v. 흘리다, 엎지르다, 흐르다

›› ⓣ oil spill 석유 유출

> ◯ whole a. 전체의, 온전한
> n. 전체

›› ⓣ as a whole 대체로

■ damage
[dǽmidʒ]

n. 피해

v. 피해를 주다

a. damaged 손상된

Severe physical damage leads to life-threatening illnesses.
심한 신체적 손상은 생명을 위협하는 병을 초래한다.

> ◯ physical a. 신체적인, 물리적인

›› ⓣ a physical examination 신체검사
›› ⓣ severe physical damage 심한 물리적 파손

> ◯ lead to phr. ~를 초래하다

The problem has damaged the company's reputation.
그 문제는 회사의 평판에 손상을 입혔다.

> ◯ reputation n. 평판, 명성

›› ⓣ earn[gain] one's reputation ~의 명성을 얻다

■ ruin
[rú:in]

n. 폐허, 잔해

v. 파멸시키다

cf. ruins 유적

The old church is a ruin now.
오래된 교회는 이제 폐허가 되었다.

Smoking can ruin your health.
흡연은 건강을 해칠 수 있다.

○ health n. 건강
　　a. healthy 건강한

" ⓣ health insurance premiums 건강보험료
" ⓣ harmful to health 건강에 해로운

■ collapse
[kəlǽps]

v. 무너지다, 쇠약해지다, 쓰러지다

n. 붕괴, 쇠약

" ⓣ at the brink of collapse 붕괴되기 직전인

She collapsed after running 8 miles.
그녀는 8마일을 뛴 후 쓰러졌다.

Some floors, which was under renovation, collapsed yesterday.
보수 중이었던 몇 개 층이 어제 무너졌다.

○ under prep. ～중인, ～아래에

" ⓣ under construction 건설 중인
" ⓣ under investigation 조사 중인
" ⓣ under cover of ~를 틈타
" ⓣ under consideration 고려 중인
" ⓣ under treatment 치료 중인

■ harm
[hɑ:rm]

v. 해를 끼치다

n. 피해

" ⓣ do harm to ~에 피해를 주다

Smoking when pregnant can harm the unborn child.
임신했을 때 담배를 피우는 것은 태아에 피해를 줄 수 있다.

○ pregnant a. 임신한
　　n. pregnancy 임신

Some people say coffee may do harm.
어떤 이들은 커피가 해로울 수 있다고 말한다.

hurt
[həːrt]

v. 다치게 하다, 아프다

He had been seriously hurt during the fight.
그는 싸움을 하는 동안 심하게 다쳤다.

She criticized my appearance and that hurt.
그녀는 내 외모를 비판했고 그것은 상처가 되었다.

○ criticize v. 비난하다, 비판하다
         n. criticism 비판
         n. critic 비평가
         a. critical 비판적인

›› ⓣ criticize A for B B에 대해 A를 비난하다
›› ⓣ be critical of ~에 대해 비판적이다

casualty
[kǽʒuəlti]

n. 사상자

The motorcyclist casualty rate is getting higher.
오토바이 운전자의 치사율이 더 높아지고 있다.

inflict
[inflíkt]

v. (고통을) 가하다

n. infliction (고통, 타격을) 가함

›› ⓣ inflict a bad wound 심한 부상을 입히다

The suffering inflicted on the employees was unimaginable.
직원들이 입은 고통은 상상을 초월할 정도였다.

○ unimaginable a. 상상할 수도 없는

trace
[treis]

n. 흔적, 자취, 극미량

v. 추적하다

›› ⓣ trace the package 소포(의 위치)를 추적하다

There was no trace of the robber following the burglary.
절도 다음에 강도 행각의 흔적은 없었다.

○ robber n. 강도
○ burglary n. 절도

dent
[dent]

n. 찌그러진 곳

v. 찌그러지게 하다

I noticed a small dent on the side of the car.
자동차 측면에 작은 흠집을 발견했다.

○ notice v. 알아채다
         n. 주목, 알아챔, 공고문, 통고

›› ⓣ until further notice 다음 통지가 있을 때까지
›› ⓣ without prior notice 사전 통고 없이

crack

[kræk]

n. 갈라진 금, 좁은 틈

v. 갈라지다, 때려잡다

›› ⓣ crack down on ~를 단속하다

The glass cracked because of the extremely cold weather.

매우 추운 날씨로 인해 유리에 금이 갔다.

○ because of phr. ~때문에
○ extremely ad. 매우

scar

[skɑːr]

n. 흉터, 마음의 상처

v. 흉터를 남기다, 마음의 상처를 남기다

I have a small scar on my left hand.

난 왼손에 작은 흉터가 하나 있다.

scratch

[skrætʃ]

v. 긁다, 할퀴다

n. 긁힌 자국, 찰과상

›› ⓣ scratch paper 메모 용지
›› ⓣ start from scratch 처음부터 시작하다

The laptop is in perfect condition, except for a small scratch on the outside.

노트북 컴퓨터는 겉의 작은 긁힌 자국을 제외하곤 완벽한 상태이다.

○ in perfect condition phr. 완벽한 상태인
○ except for phr. ~를 제외하고

Must-know Vocab

concerning

[kənsə́ːrniŋ]

prep. ~에 관한, 관련된

syn. regarding, about, as to

›› ⓣ concerning the late payment 체납금에 대하여

error

[érər]

n. 실수, 오류

›› ⓣ in error 잘못한
›› ⓣ trial and error 시행착오

inspiration

[ìnspəréiʃən]

n. 영감, 영감을 주는 것

v. inspire 고무하다, 격려하다, 고취시키다

›› ⓣ the major source of inspiration 영감의 주요 원천

individually

[ìndivídʒuəli]

ad. 낱개로, 개개로

›› ① be individually wrapped 낱개 포장되다

Each piece is individually made by expert craftsmen.
각 작품은 전문 공예가에 의해 각각 따로 만들어진다.

○ expert a. 전문적인
　　　　　n. 전문가
○ craftsman n. 공예가

sense

[sens]

n. 감각, 감, 지각, 일리

v. 감지하다

›› ① make sense 의미가 통하다, 이해가 되다

›› ① common sense 상식

›› ① in a sense 어떤 의미로는

precaution

[prikɔ́ːʃən]

n. 예방책

›› ① safety precautions 안전 예방책

Please follow all safety precautions when operating the machine.
기계를 작동할 때엔 모든 안전 예방책을 준수하세요.

react to

phr. ~에 반응하다

They reacted to the news immediately.
그들은 뉴스에 즉시 반응을 보였다.

relation

[riléiʃən]

n. 관계

v. relate 관련시키다

n. relative 친척

›› ① be related to ~와 관련되다

›› ① in relation to ~에 관하여

on behalf of

phr. ~를 대신하여

I would like to thank you on behalf of our entire staff.
우리 전 직원을 대신하여 감사드리고 싶습니다.

○ entire a. 전체의
○ staff n. 직원

once

[wʌns]

con. 일단 ~하자마자

ad. 한 번

Once you arrive at the station, please give me a call.
일단 역에 도착하자마자, 내게 전화를 주세요.

Let's Drill

>> **A.** 다음 영영풀이에 해당하는 단어를 보기에서 고르세요.

〈보기〉 collapse   wound   inflict   inspiration   damage   casualty

>> **1.** _____ : harm or injury to property or a person

>> **2.** _____ : to break down suddenly in strength or health

>> **3.** _____ : an injury

>> **4.** _____ : one injured or killed in an accident

>> **5.** _____ : to force someone to experience something very unpleasant

>> **6.** _____ : a feeling of enthusiasm you get from someone or something

>> **B.** 다음 구문의 빈칸을 채우세요.

>> **1.** 사전 통고 없이 without prior _____

>> **2.** 의미가 통하다 make _____

>> **3.** ~와 관련되다 be related _____

>> **4.** 처음부터 시작하다 start from _____

>> **C.** 다음 문장의 빈칸에 적합한 단어를 고르세요.

>> **1.** All _____ goods had been returned to the factory for disposal.
   a. injured   b. damaged   c. wounded   d. collapsed

>> **2.** She had suffered from _____ vision since early childhood and had to wear glasses.
   a. impaired   b. damaged   c. inflicted   d. spoiled

>> **3.** He was a(n) _____ of company downsizing.
   a. injury   b. harm   c. infliction   d. casualty

>> **4.** Heavy drinking can _____ the liver.
   a. harm   b. collapse   c. injury   d. trauma

>> **5.** Her dreams of winning the championship had been _____ by her opponent.
   a. destroyed   b. wounded   c. damaged   d. impaired

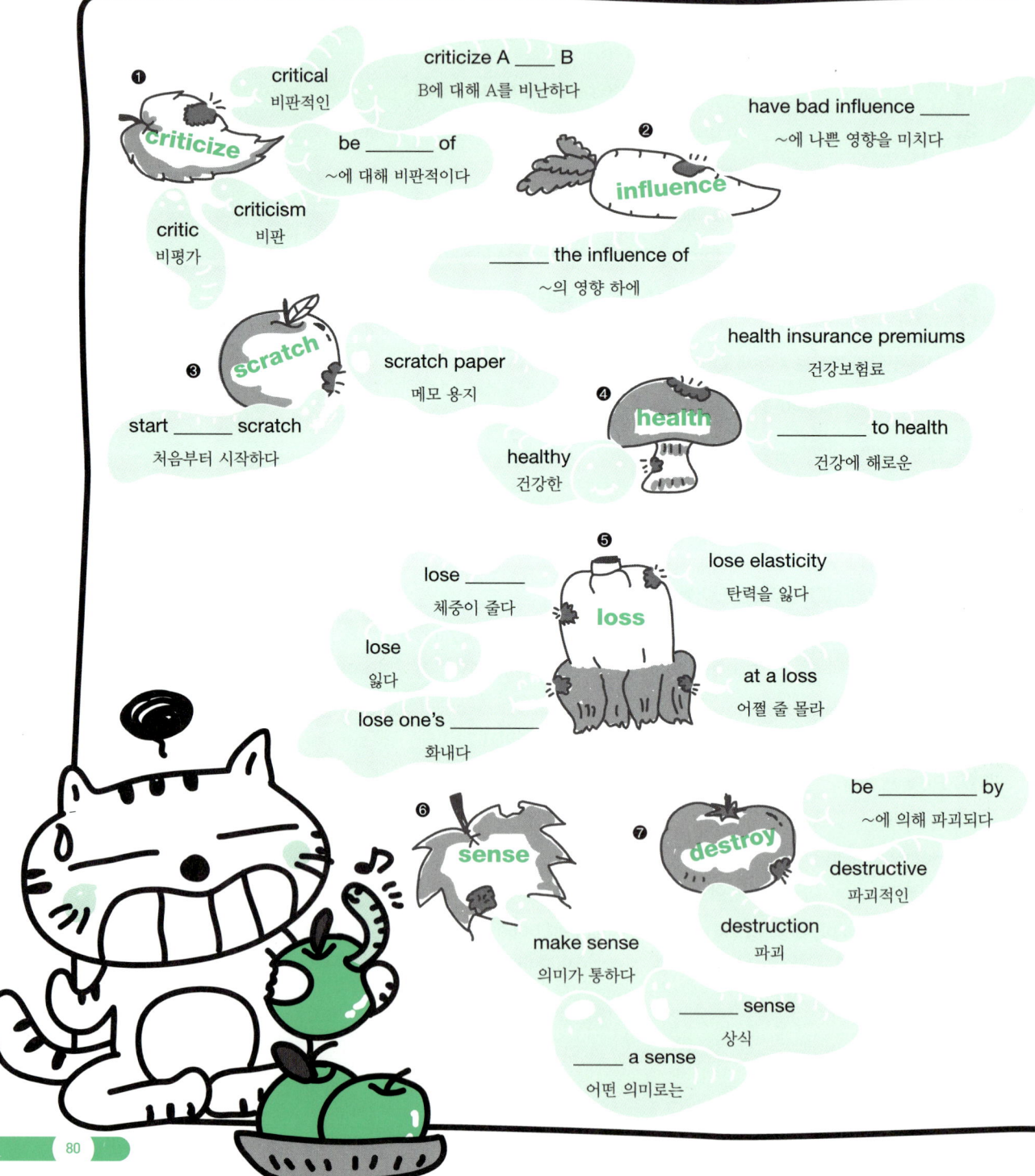

❶ **criticize**

critical
비판적인

criticize A _____ B
B에 대해 A를 비난하다

be _____ of
~에 대해 비판적이다

criticism
비판

critic
비평가

❷ **influence**

have bad influence _____
~에 나쁜 영향을 미치다

_____ the influence of
~의 영향 하에

❸ **scratch**

scratch paper
메모 용지

start _____ scratch
처음부터 시작하다

❹ **health**

health insurance premiums
건강보험료

_____ to health
건강에 해로운

healthy
건강한

❺ **loss**

lose _____
체중이 줄다

lose elasticity
탄력을 잃다

lose
잃다

lose one's _____
화내다

at a loss
어쩔 줄 몰라

❻ **sense**

make sense
의미가 통하다

_____ sense
상식

_____ a sense
어떤 의미로는

❼ **destroy**

be _____ by
~에 의해 파괴되다

destructive
파괴적인

destruction
파괴

under _____
조사 중인

under treatment
치료 중인

under construction
건설 중인

under cover of
~를 틈타

❽ under

under _____
고려 중인

be _____ to
~와 관련되다

relative
친척

_____ and error
시행착오

_____ error
잘못한

❿ error

relate
관련시키다

❾ relation

in _____ to
~에 관하여

inflict a bad _____
심한 부상을 입히다

inflict a bad _____
심한 부상을 입히다

⓬ notice

inflict

infliction
(고통을) 가함

⓫ inflict

until _____ notice
다음 통지가 있을 때까지

without _____ notice
사전 통고 없이

severe physical _____
심한 물리적 파손

a physical examination
신체검사

physical

⓭

agency

⓮

agent
대행인

a travel _____
여행사

a real estate _____
부동산 중개인

치료·회복
구조·도움

Day 09

In spite of the advances in medicine, there is still no cure for migraines. Doctors discourage patients from taking doses of unperceived pills for they might have some long or short-term side-effects.

의학 발전에도 불구하고 편두통에 대한 치료책은 여전히 없다. 의사들은 장기 혹은 단기 부작용이 있을 수 있으므로 알지 못하는 약은 복용하지 말라고 한다.

Basic Vocab

>> ⓣ = **TOEIC** 빈출 표현

■ **advance**
[ədvǽns]

n. 발전, 진보, 선불
v. 다가가다, 진보하다, 선불을 주다
a. 사전의

>> ⓣ online advance registration 온라인 사전 등록
>> ⓣ in advance 미리
>> ⓣ the widespread advances in IT technology IT 기술의 폭넓은 발전

■ **medicine**
[médisən]

n. 약
a. medical 의학의
a. medicinal 약의

Take some medicine to bring down your temperature.
체온을 떨어뜨리기 위해 약을 좀 먹어라.

○ temperature n. 온도, 체온

>> ⓣ take one's temperature 열을 재다

■ **cure**
[kjuər]

v. 치료하다, 고치다
n. 치유, 치료법

There is no cure for cancer.
암에는 치료법이 없다.

The treatment cured the boy's acne.
그 치료법이 소년의 여드름을 치료하였다.

○ acne n. 여드름 (= pimple)
    cf. rash(뾰루지), freckle(주근깨)

■ **migraine**
[máigrein]

n. 편두통
cf. headache 두통

Migraine is caused by various factors.
편두통은 다양한 요인에 의해 야기된다.

discourage
[diskə́:ridʒ]

v. 좌절시키다, 말리다, 막다

n. discouragement 좌절, 방지

a. discouraging 좌절감을 주는

>> ⓣ have a discouraging effect on ~에 대해 좌절감을 주는 영향을 미치다

>> ⓣ discourage A from -ing A가 ~하는 것을 막다

patient
[péiʃənt]

n. 환자

a. 참을성 있는

>> ⓣ hand a prescription to a patient 환자에게 처방전을 건네다

dose
[dous]

n. 1회 분량, 복용량

cf. dosage 투약, 조제

>> ⓣ a daily dose 일일 복용량

>> ⓣ a dose of medication 일회 약물 복용량

The label says to take one dose three times a day.
라벨에는 하루에 세 번씩 1회분을 복용하라고 적혀있다.

unperceived
[ʌnpərsí:vd]

a. 눈에 띄지 않는

ant. perceived 지각된, 감지된

The change was so slow that it was unperceived.
변화가 매우 더뎌서 감지되지 않았다.

pill
[pil]

n. 알약

The emergency pill can cause headaches.
비상약은 두통을 초래할 수 있다.

○ emergency n. 비상

>> ⓣ in case of emergency 비상 시에

side-effect

n. 부작용

>> ⓣ against side-effects 부작용에 대하여

heal
[hi:l]

v. 치유하다, 낫게 하다

n. healing 치유

She healed him completely and he returned to his land.
그녀는 그를 완전히 치료하였고 그는 고국으로 돌아갔다.

○ completely ad. 완전히
    a. complete 완벽한, 완전한
    v. complete 완성하다, 끝마치다

>> ⓣ completely destroy 완전히 파괴하다
>> ⓣ complete the visa application 비자 신청을 마치다
>> ⓣ the complete plan 완벽한 계획
>> ⓣ submit one's completed paperwork 완성된 작업을 제출하다

■ treat
[triːt]

v. 치료하다, 대우하다, 처리하다

n. treatment 치료, 대우

The doctor treated many patients in the emergency room.
의사는 응급실에서 많은 환자를 치료했다.

He has always treated me specially.
그는 언제나 나를 특별 대접하였다.

○ specially ad. 특별히

>> ⓣ specially developed 특별히 개발된

■ remedy
[rémədi]

n. 치료, 요법

v. 치료하다

a. remedial 치료의, 구제의

Before a new treatment or remedy is tried, it should be investigated.
새로운 치료나 치료법을 시도하기 전에 조사되어야 한다.

○ try v. 노력하다, 해보다, 재판하다

>> ⓣ try on 입어 보다
>> ⓣ try out 시험 삼아 사용해 보다

○ investigate v. 수사하다, 살피다, 조사하다
　　　　　　 n. investigation 수사, 조사

>> ⓣ conduct an investigation 조사를 하다

■ recover
[rikʌ́vər]

v. 회복하다, 되찾다

n. recovery 회복

>> ⓣ recover from ~에서 회복하다
>> ⓣ an alarming recovery 놀라운 회복력

It took her a long while to recover after her heart operation.
그녀는 심장 수술 후 회복하는데 오랜 시간이 걸렸다.

○ while n. 잠깐, 동안
　　　 con. ~하는 동안에, ~인데 반하여

>> ⓣ for a while 잠시 동안

■ get over

phr. 회복하다 (= recover from)

Eventually, the company got over many difficulties.
마침내 회사는 많은 어려움을 극복했다.

○ eventually ad. 마침내
　　syn. consequently, finally, ultimately

■ rehabilitate
[rì:həbíləteit]

v. 재활하다

n. rehabilitation 재활

We have patients who are rehabilitating from injuries.
우리는 부상에서 재활 중인 환자들이 있다.

■ salvage
[sǽlvidʒ]

n. 인양, 구조

v. 인양하다, 구조하다

The salvage of the shipwreck earned the divers a lot of money.
난파선 인양으로 다이버들은 많은 돈을 벌었다.

○ shipwreck n. 난파선
○ earn money phr. 돈을 벌다

■ rescue
[réskjuː]

v. 구조하다, 구하다

n. 구조, 구제

⟩⟩ ⓣ rescue worker 구조대원

The people were rescued from the burning building.
사람들이 불타는 건물에서 구조되었다.

■ help
[help]

n. 도움

v. 돕다

a. helpful 도움이 되는

★★ 'help+목적어+to부정사' 또는 'help+목적어+동사원형'의 어순으로 사용된다.
⟩⟩ ⓣ ask for help 도움을 요청하다
⟩⟩ ⓣ be helpful to seek advice 조언을 구하는 것이 도움이 된다

Do you need any help moving the furniture?
가구를 옮기는데 도움이 필요하니?

○ furniture n. 가구 (셀 수 없는 명사)

■ assist
[əsíst]

v. 돕다, 도움이 되다

n. assistance 도움, 원조, 지원

n. assistant 조수, 보조원

⟩⟩ ⓣ assistance with any technical difficulties 기술적 문제에 대한 원조
⟩⟩ ⓣ work as an assistant 조수로 일하다

Can you kindly assist me with my luggage?
제 짐을 옮기는 걸 좀 도와주시겠어요?

○ kindly ad. (격식을 갖춰 부탁할 때) 제발

○ luggage n. 짐, 수하물

★★ luggage는 equipment, clothing, machinery, jewelry와 더불어 집합적 물질명사(셀 수 없는 명사)로 구별된다.

” ⓣ damaged luggage 파손된 짐

■ **aid**
[eid]

n. 원조, 도움

v. 돕다

cf. aide 보좌관

” ⓣ financial aid 재정 원조
” ⓣ first aid 응급처치

The military provided a lot of aid after the earthquake.
지진 후에 군대가 많은 원조를 제공했다.

○ earthquake n. 지진

Must-know Vocab

■ **regrettably**
[rigrétəbli]

ad. 유감스럽게도

” ⓣ regrettably, I have to inform that 유감스럽게도 ~를 알려드립니다
” ⓣ regrettably announce 유감스럽게도 발표하다

■ **scent**
[sent]

n. 향기, 냄새

cf. odor(냄새, 악취), stench(악취)

” ⓣ a fresh scent 상쾌한 내음
” ⓣ have a pleasant scent 상쾌한 냄새가 나다

The perfume has the scent of fresh roses.
향수는 산뜻한 장미 향이 난다.

■ **aroma**
[əróumə]

n. 향기, 방향

a. aromatic 향이 좋은

” ⓣ the aroma of freshly baked bread 갓 구운 빵 냄새

○ freshly ad. 새로이, 신선하게
○ bake v. (빵을) 굽다

■ **randomly**
[rǽndəmli]

ad. 무작위로

a. random 무작위의, 닥치는 대로의

” ⓣ be randomly selected 무작위로 선발되다

The contestants were randomly chosen from the audience.
참가자들은 청중 중에서 무작위로 선택되었다.

    ○ contestant n. 참가자
              n. contest 시합
              v. contest 시합을 벌이다

    ⓣ compete in the contest 시합에서 경쟁하다

■ unbiased
[ʌnbáiəst]

a. 편견 없는, 편파적이지 않은

  ⓣ offer unbiased advice 편견 없는 조언을 하다
  ⓣ unbiased opinion 편견 없는 의견
  ⓣ remain unbiased 편파적이지 않다

■ sign
[sain]

v. 서명하다

n. 서명

cf. autograph 자필 서명

  ⓣ sign out 퇴실하며 서명하다
  ⓣ sign in 도착 시 서명하다
  ⓣ sign up for ~에 등록하다
  ⓣ sign one's initials 이니셜을 서명하다

■ dramatically
[drəmǽtikli]

ad. 극적으로

  ⓣ increase dramatically 엄청나게 증가하다
  ⓣ rise dramatically 엄청나게 상승하다

■ compatible
[kəmpǽtəbl]

a. 호환이 되는, 양립할 수 있는, 조화로운, 사이좋게 지낼

  ⓣ be compatible with ~와 호환이 되다, 조화가 되다

She was not compatible with her new roommate.
그녀는 자신의 새 룸메이트와 사이좋게 지내지 못했다.

■ every hour on the hour
phr. 매시 정각에

The express train leaves every hour on the hour.
급행열차는 매시 정각에 출발한다.

    ○ express a. 급행의, 신속한
             v. (감정을) 표현하다

  ⓣ express one's gratitude 감사를 표하다

■ recommend

[rèkəménd]

v. 추천하다

n. recommendation 추천

★★ 'recommend, suggest, request, insist, urge, demand, require, order, suggest+that+주어+(should) 동사원형'의 형태로 쓰인다.

'' ⓣ on the recommendation of ~의 추천으로

'' ⓣ recommend that you spread the paint 페인트를 펴 바를 것을 권하다

Let's Drill

>> Answer p.333

>> **A.** 다음 영영풀이에 해당하는 단어를 보기에서 고르세요.

〈보기〉 randomly unbiased treat dose pill recover

>> **1.** _____ : to give medical aid

>> **2.** _____ : to regain a normal or usual condition

>> **3.** _____ : a measured amount of something such as medicine

>> **4.** _____ : a small solid piece of medicine

>> **5.** _____ : fair and unlikely to support one particular person or group

>> **6.** _____ : without a definite plan or pattern

>> **B.** 다음 구문의 빈칸을 채우세요.

>> **1.** 열을 재다 take one's _____

>> **2.** ~에 대해 좌절감을 주는 영향을 미치다 have a _____ effect on

>> **3.** 환자에게 처방전을 건네다 hand a _____ to a patient

>> **4.** ~에 등록하다 _____ up for

>> **C.** 다음 문장의 빈칸에 적합한 단어를 고르세요.

>> **1.** Music can help to _____ mental illnesses.
   a. heal   b. recover   c. rehabilitate   d. repair

>> **2.** _____ from a sexual assault is a gradual process that is different for everyone.
   a. Curing   b. Remedial   c. Patient   d. Recovering

>> **3.** It takes a long time to _____ after surgery.
   a. rehabilitate   b. injure   c. damage   d. heal

>> **4.** When using the herbs in a capsule form, the _____ is 3 capsules 3 times daily.
   a. dosage   b. dose   c. pill   d. remedy

>> **5.** The director was hospitalized for extreme _____ and stress.
   a. fatigue   b. sick   c. get-over   d. cure

Vocab Tool

recovery
회복

recover from
~에서 회복하다

the _____ advances in IT technology
IT 기술의 폭넓은 발전

an alarming _____
놀라운 회복력

_____ advance
미리

online advance registration
온라인 사전 등록

advance
❷

recover
❶

discouraging
좌절감을 주는

try out
시험 삼아 사용해 보다

have a _____ effect on
~에 대해 좌절감을 주는 영향을 미치다

try _____
입어 보다

try
❹

discouragement
좌절, 방지

discourage A _____-ing
A가 ~하는 것을 막다

investigation
수사, 조사

discourage
❸

conduct an _____
조사를 하다

a dose of medication
일회 약물 복용량

investigate
❻

a _____ dose
일일 복용량

dosage
투약, 조제

dose
❺

complete the visa application
비자 신청을 마치다

the _____ plan
완벽한 계획

_____ destroy
완전히 파괴하다

complete
완벽한, 완성하다

recommendation
추천

completely
❼

on the _____ of
~의 추천으로

recommend
❽

90

assistant
조수, 보조원

assistance with any technical difficulties
기술적 문제에 대한 원조

assistance
도움, 원조

work as an _____
조수로 일하다

be _____ to seek advice
조언을 구하는 것이 도움이 된다

ask for _____
도움을 요청하다

helpful
도움이 되는

help
⑩

assist
⑨

financial aid
재정 원조

aide
보좌관

_____ aid
응급처치

aid
⑪

autograph
자필 서명

sign in
도착 시 서명하다

sign one's initials
이니셜을 서명하다

random
무작위의

be _____ selected
무작위로 선발되다

sign _____ for
~에 등록하다

sign out
퇴실하며 서명하다

sign
⑫

randomly
⑬

unbiased opinion
편견 없는 의견

_____ unbiased
편파적이지 않다

offer unbiased advice
편견 없는 조언을 하다

⑭ unbiased

When SARS(Severe Acute Respiratory Syndrome) broke out, the world was up on its feet. Unlike other diseases or illnesses, no one knew what to do to prevent SARS in its initial stages before spreading. As it turns out, SARS is a highly contagious and a fatal syndrome if not treated quickly. Many people died while others were ill.

중증 급성 호흡기 증후군이 발발했을 때, 세계는 놀랐다. 다른 질병과는 달리 아무도 중증 급성 호흡기 증후군이 확산되기 전 초기 단계에 어떻게 예방을 해야 하는지 몰랐다. 밝혀진 바대로, 중증 급성 호흡기 증후군은 매우 전염성이 높고 즉시 치료하지 않으면 치명적인 증후군이다. 많은 사람들이 병드는가 하면 많은 사람들이 죽었다.

Basic Vocab

›› Ⓣ = **TOEIC** 빈출 표현

■ acute
[əkjúːt]

a. 급성의

The symptoms for an acute attack of appendicitis might be vague.
급성 맹장염의 증상은 애매할 수 있다.

- ❍ symptom n. (병의) 증상, 징후
- ❍ appendicitis n. 맹장염
- ❍ vague a. 희미한, 애매모호한

›› Ⓣ overly vague 지나치게 애매한

■ respiratory
[réspərətɔːri]

a. 호흡의, 호흡기의
v. respire 호흡하다
n. respiration 호흡

›› Ⓣ SARS(= Severe Acute Respiratory Syndrome) 중증 급성 호흡기 증후군

■ syndrome
[síndroum]

n. 증후군, 일련의 증상

›› Ⓣ AIDS(= Acquired Immune Deficiency Syndrome) 후천성 면역 결핍증

■ break out

phr. 발발하다, 생기다
cf. break down 고장 나다
　　break up 세분하다, 가르다

The price of gold rose after the war broke out.
전쟁이 발발한 후에 금값이 올랐다.

unlike
[ʌnláik]

prep. ~와는 달리

ant. like ~처럼

cf. alike 비슷한

★★ unlike와 like는 전치사이므로 명사를 동반하고 alike는 서술형용사이므로 불완전자동사의 보어로 사용된다.

Unlike other products, this one does not use artificial ingredients.
다른 제품들과는 달리, 이 제품은 인공 원료를 사용하지 않는다.

disease
[dizíːz]

n. 질병

›› ⓣ a string of diseases 일련의 질병들

›› ⓣ heart disease 심장병

Bacterial meningitis is a rare disease.
세균성 뇌막염은 보기 힘든 질병이다.

illness
[ílnəs]

n. 질병

a. ill 아픈

ad. ill 나쁘게

syn. ailment, disease

›› ⓣ a symptom of illness 질병의 증상

›› ⓣ speak ill of ~에 대해 안 좋게 말하다

prevent
[privént]

v. 예방하다, 막다

n. prevention 예방

a. preventive 예방책의

›› ⓣ take preventive steps 예방책을 취하다

›› ⓣ prevent A from -ing A가 ~하는 것을 막다

We must prevent the cancer from spreading.
우리는 암의 확산을 막아야 한다.

Young people were encouraged to use condoms as a preventive measure.
젊은이들은 예방책으로 콘돔을 사용하도록 장려되었다.

○ encourage v. 장려하다, 용기를 주다

›› ⓣ encourage A to+동사원형 A가 ~하도록 장려하다

›› ⓣ be encouraged to wear comfortable shoes 편한 신을 신도록 권해지다

○ measure n. 조치, 방책
　　　　　 v. 치수를 재다, 평가하다

›› ⓣ take measures 방책을 취하다

highly
[háili]

ad. 매우, 대단히, 크게

›› ⓣ highly recommended 매우 권장되는
›› ⓣ highly successful 매우 성공적인
›› ⓣ highly unlikely to 매우 ~할 것 같지 않은

contagious
[kəntéidʒəs]

a. 전염성의

n. contagiousness 전염성

n. contagion 전염

›› ⓣ a highly contagious disease 매우 전염성이 높은 질병

Chicken pox is one of the most common contagious diseases.
수두는 가장 흔한 감염성 질병 중 하나이다.

◎ common a. 흔한, 공동의

›› ⓣ common sense 상식
›› ⓣ have something in common 공통점이 있다

The phenomenon of suicide contagion is demonstrated experimentally.
자살 전염 현상은 실험으로 입증되었다.

◎ phenomenon n. 현상
◎ suicide n. 자살

›› ⓣ commit suicide 자살하다

◎ demonstrate v. 입증하다, 사용법을 보여주다, 시위에 참여하다
　　　　　 n. demonstration 입증, 사용법 설명, 시위

›› ⓣ demonstrate a program 프로그램 사용법을 설명하다

◎ experimentally ad. 실험적으로

fatal
[féitl]

a. 치명적인

n. fatality 죽음, 사망자 수

Lung cancer has been the most fatal cancer in men for decades.
폐암은 수십 년 동안 남성들에게 가장 치명적인 암이었다.

◎ for decades phr. 수십 년 동안

sick
[sik]

a. 아픈

n. sickness 병

›› ⓣ sick leave 병가
›› ⓣ call in sick 병가를 내다

She had been sick with the flu for two weeks.
그녀는 2주 동안 감기 때문에 아팠다.

■ **contract**

[kəntrǽkt]

v. 병에 걸리다, 줄어들다

n. contraction 감염, 수축

He contracted HIV as a result of many risky sexual encounters.

그는 위험한 성적 접촉을 많이 한 결과로 HIV에 감염되었다.

   ◐ as a result of phr. ~의 결과로서

   ◐ risky a. 위험한

›› ⓣ inherently risky 본질적으로 위험한

   ◐ encounter v. 맞닥뜨리다

           n. 만남

›› ⓣ encounter adversity 역경에 부딪히다

The contraction of smooth muscle is generally not under voluntary control.

부드러운 근육의 수축은 일반적으로 자발 조절되지 않는다.

   ◐ voluntary a. 자발적인, 임의적인, 자진한, 자원봉사의

          ad. voluntarily 자발적으로

›› ⓣ voluntary work 자원봉사 업무

›› ⓣ voluntarily recall its defective product 자발적으로 결함이 있는 제품을 회수하다

■ **disorder**

[disɔ́:rdər]

n. 질병, 무질서, 장애

›› ⓣ an inherited disorder 유전병

There seems to be an increasing number of people suffering from mental disorders these days.

요즘 정신병을 앓는 사람들의 수가 증가하고 있는 것 같다.

   ◐ mental a. 정신적인

›› ⓣ mental health 정신 건강

■ **ailment**

[éilmənt]

n. 병

syn. disease, illness

He complained of chest ailments.

그는 흉부가 아프다고 불평했다.

■ **chronic**

[krá:nik]

a. 만성의

ant. acute 급성의

›› ⓣ a chronic disease 만성 질병

Currently, chronic lung disease is the fifth leading cause of death.

현재에 만성 폐병이 다섯 번째 주요 사망 원인이다.

   ◐ death n. 죽음

          v. die 죽다

›› ⓣ put ~ to death 죽이다, 처형하다

■ come down with   phr. ～(의 질병)에 걸리다

He came down with a bad case of food poisoning.
그는 심한 식중독에 걸렸다.

○ poisoning n. 중독, 음독
cf. poison n. 독
v. 독살하다
a. poisonous 유독한, 독이 있는

›› ⓣ poisonous fumes 유독성 연기

■ terminal
[tə́:rminəl]

a. 말기의, 불치의, 구제불능의
n. 종착역, 단말기, 전극

›› ⓣ arrive at the airport terminal 공항 터미널에 도착하다

■ infection
[infékʃən]

n. 감염, 전염병
v. infect 감염시키다
a. infectious 전염성의

›› ⓣ susceptible to infection 감염되기 쉬운
○ susceptible a. 영향받기 쉬운
›› ⓣ an infectious disease 전염병

■ physician
[fizíʃən]

n. 내과 의사
cf. physicist 물리학자

You should see a physician soon.
곧 진찰을 받아야 한다.

■ danger
[déindʒər]

n. 위험
a. dangerous 위험한
v. endanger 위험에 처하게 하다

›› ⓣ in danger of extinction 멸종 위기에 처한

She was arrested for endangering her children.
그녀는 자신의 아이들을 위험에 빠뜨려 체포되었다.

○ arrest v. 체포하다, 관심을 끌다
a. arresting 시선을 사로 잡는, 아주 매력적인

■ hazard
[hǽzərd]

n. 위험, 해
v. ～를 위태롭게 하다
a. hazardous 위험한

›› ⓣ health hazard 건강상의 위험
›› ⓣ hazardous to one's health ～의 건강에 해로운

There are many hazards to overcome when starting a new company.

신규 기업을 시작할 때엔 극복해야 할 위험이 많다.

○ overcome v. 극복하다

■ inveterate

[invétərət]

a. 상습적인, 뿌리깊은, 고질적인

She is an inveterate liar.

그녀는 상습적인 거짓말쟁이이다.

○ liar n. 거짓말쟁이
   v. lie 거짓말하다 (lie–lied–lied)

■ catch

[kætʃ]

v. 잡다, 따라잡다, 잡아타다, 걸리다

›› ⓣ catch up with ~를 따라잡다
›› ⓣ catch the train 기차를 잡아타다
›› ⓣ catch a cold 감기에 걸리다

I caught the last flight out of New York at midnight.

난 자정에 뉴욕 발 마지막 비행기를 잡아탔다.

○ flight n. 비행, 항공편

›› ⓣ a flight attendant 승무원
›› ⓣ book a seat on a flight 항공기에 좌석을 예약하다

○ midnight n. 자정

■ obstacle

[áːbstəkl]

n. 장애

›› ⓣ What is the biggest obstacle to ~? ~하는 데 최대의 장애는 무엇인가?
›› ⓣ overcome obstacles 장애를 극복하다

I am sure you can overcome every obstacle on your path to success.

네가 성공하는 과정에서 모든 장애를 극복할 수 있다고 확신한다.

○ path n. 작은 길, (나아갈) 길

›› ⓣ the path runs 길이 나 있다
›› ⓣ along the path 길을 따라

■ difficulty

[dífikəlti]

n. 어려움, 곤경

a. difficult 어려운

›› ⓣ have difficulty (in) -ing ~하느라 애를 먹다
›› ⓣ technical difficulty 기술적 문제

Did you encounter any difficulty with the work?

작업하는 데 문제가 생겼니?

○ encounter v. 접하다, 맞닥뜨리다

trouble
[trʌbl]

n. 문제, 골칫거리, 곤경

v. 애먹이다, 귀찮게 하다

›› ⓣ have trouble -ing ~하느라 애를 먹다

I had no trouble finding the restaurant.
식당을 찾는데 애를 먹지 않았다.

◐ find v. 찾다, 발견하다 (find–found–found)

›› ⓣ find out 알아내다

barrier
[bǽriər]

n. 장애, 장벽

›› ⓣ as an experimental barrier 실험적 장애로서

There are certain barriers that you must overcome.
네가 극복해야 하는 특정 장애물들이 있다.

Must-know Vocab

majority
[mədʒáːrəti]

n. 대다수, 득표 차

›› ⓣ the majority of 대다수의
›› ⓣ the majority of the population 대다수의 사람들

lately
[léitli]

ad. 최근에, 얼마 전에

syn. recently

cf. late 늦은, 늦게

Lately, her work performance has been unsatisfactory.
최근 그녀의 업무 실적이 만족스럽지 못했다.

◐ performance n. 공연, 실적
◐ unsatisfactory a. 만족스럽지 않은

standby
[stǽndbai]

n. 예비품, 대기자

›› ⓣ place on standby 대기시키다
›› ⓣ on standby 대기하고 있는

We were placed on standby because the flight was overbooked.
항공기가 초과 예약되어 우리는 대기하였다.

◐ overbook v. 초과 예약하다

set
[set]

v. 놓다, 차리다, (시계를) 맞추다, 정하다

n. 세트

- » ⓣ set aside 따로 챙겨두다
- » ⓣ set the table 상을 차리다
- » ⓣ set up 설치하다
- » ⓣ a TV set 텔레비전 세트

collect
[kəlékt]

v. 모으다, 거두다, 모금하다, 수금하다

n. collection 수집, 모금, 수금

- » ⓣ collect information 정보를 수집하다
- » ⓣ toll collection 통행료 징수

noticeable
[nóutisəbl]

a. 뚜렷한, 현저한

- » ⓣ a noticeable rise 현저한 상승
- » ⓣ a noticeable effect on ~에 대한 현저한 영향

attribute to

phr. ~의 탓으로 돌리다

We can attribute it to the bad economy.
우리는 그것을 경제 악화의 탓으로 돌릴 수 있다.

altogether
[ɔ́:ltəgéðər]

ad. 전적으로, 완전히

- » ⓣ avoid altogether 완전히 피하다
  If you want to avoid traffic altogether, it's best to take the subway.
  차량들을 완전히 피하고 싶다면, 지하철을 타는 것이 가장 좋다.

  ○ traffic n. 차량들, 교통량

- » ⓣ heavy traffic 매우 많은 교통량
- » ⓣ The traffic is congested. 교통이 혼잡하다.
- » ⓣ traffic light 신호등
- » ⓣ traffic accident 교통사고

tie
[tai]

v. 묶다, 결부시키다, 동점을 이루다

n. 넥타이, 유대, 동점

- » ⓣ establish stronger ties 더 강한 유대를 확립하다
- » ⓣ your tie goes well with 네 넥타이가 ~와 잘 어울리다
- » ⓣ strengthen ties between the two countries 양국 간의 유대 관계를 강화하다

■ prior to

phr. ~이전에

a. prior 이전의

›› ⓣ prior registration 사전 등록
›› ⓣ without prior notice 사전 통고 없이

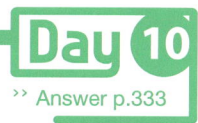
Let's Drill

>> **A.** 다음 영영풀이에 해당하는 단어를 보기에서 고르세요.

〈보기〉 highly   acute   contract   terminal   altogether   noticeable

>> **1.** _____ : sudden and very severe

>> **2.** _____ : extremely or very

>> **3.** _____ : very obvious

>> **4.** _____ : causing death slowly and unable to be cured

>> **5.** _____ : completely

>> **6.** _____ : become ill

>> **B.** 다음 구문의 빈칸을 채우세요.

>> **1.** 방책을 취하다 take _____

>> **2.** 매우 전염성이 높은 질병 a highly _____ disease

>> **3.** 병가를 내다 call in _____

>> **4.** 더 강한 유대를 확립하다 establish stronger _____

>> **C.** 다음 문장의 빈칸에 적합한 단어를 고르세요.

>> **1.** He nearly died from a(n) _____ infection of the liver.
   a. chronic   b. sick   c. ill   d. terminal

>> **2.** The woman has _____ a lung disease.
   a. contacted   b. suffered   c. contracted   d. recovered

>> **3.** She _____ from fatigue and a stress-related illness.
   a. contracted   b. suffered   c. contagion   d. disease

>> **4.** The boy was kept home from school that day because his condition was known to be
   _____.
   a. contagious   b. acute   c. chronic   d. sick

>> **5.** Vaccinations are given to children to _____ them from developing diseases.
   a. prevent   b. preventive   c. prevented   d. prevention

>> **6.** He was rushed to hospital with a(n) _____ case of appendicitis.
   a. sick   b. chronic   c. ill   d. acute

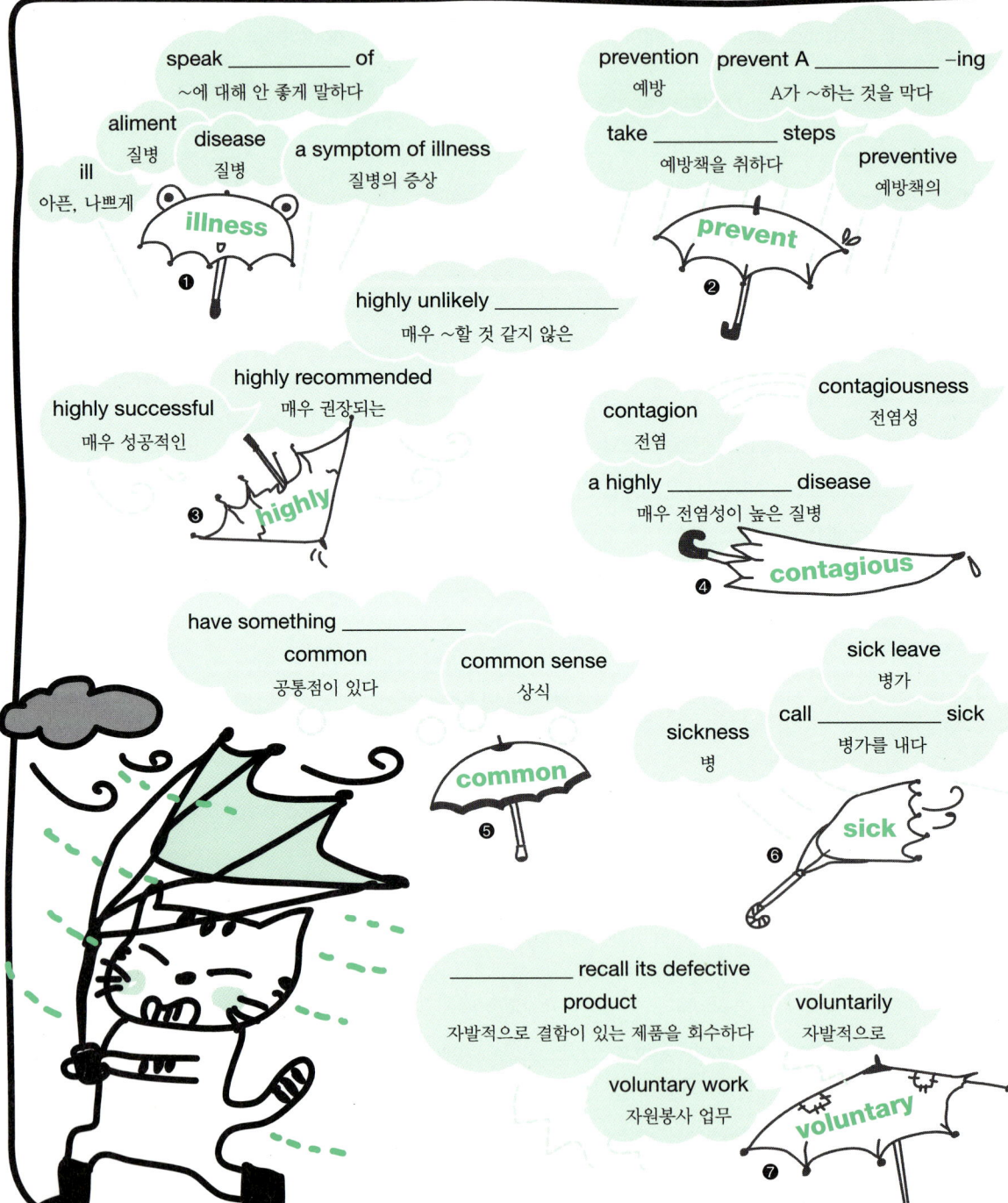

speak _____ of
~에 대해 안 좋게 말하다

aliment
질병

disease
질병

a symptom of illness
질병의 증상

ill
아픈, 나쁘게

illness ❶

prevention
예방

prevent A _____ –ing
A가 ~하는 것을 막다

take _____ steps
예방책을 취하다

preventive
예방책의

prevent ❷

highly unlikely _____
매우 ~할 것 같지 않은

highly recommended
매우 권장되는

highly successful
매우 성공적인

❸ **highly**

contagion
전염

contagiousness
전염성

a highly _____ disease
매우 전염성이 높은 질병

❹ **contagious**

have something _____
common
공통점이 있다

common sense
상식

sickness
병

sick leave
병가

call _____ sick
병가를 내다

common ❺

❻ **sick**

_____ recall its defective
product
자발적으로 결함이 있는 제품을 회수하다

voluntarily
자발적으로

voluntary work
자원봉사 업무

voluntary
❼

102

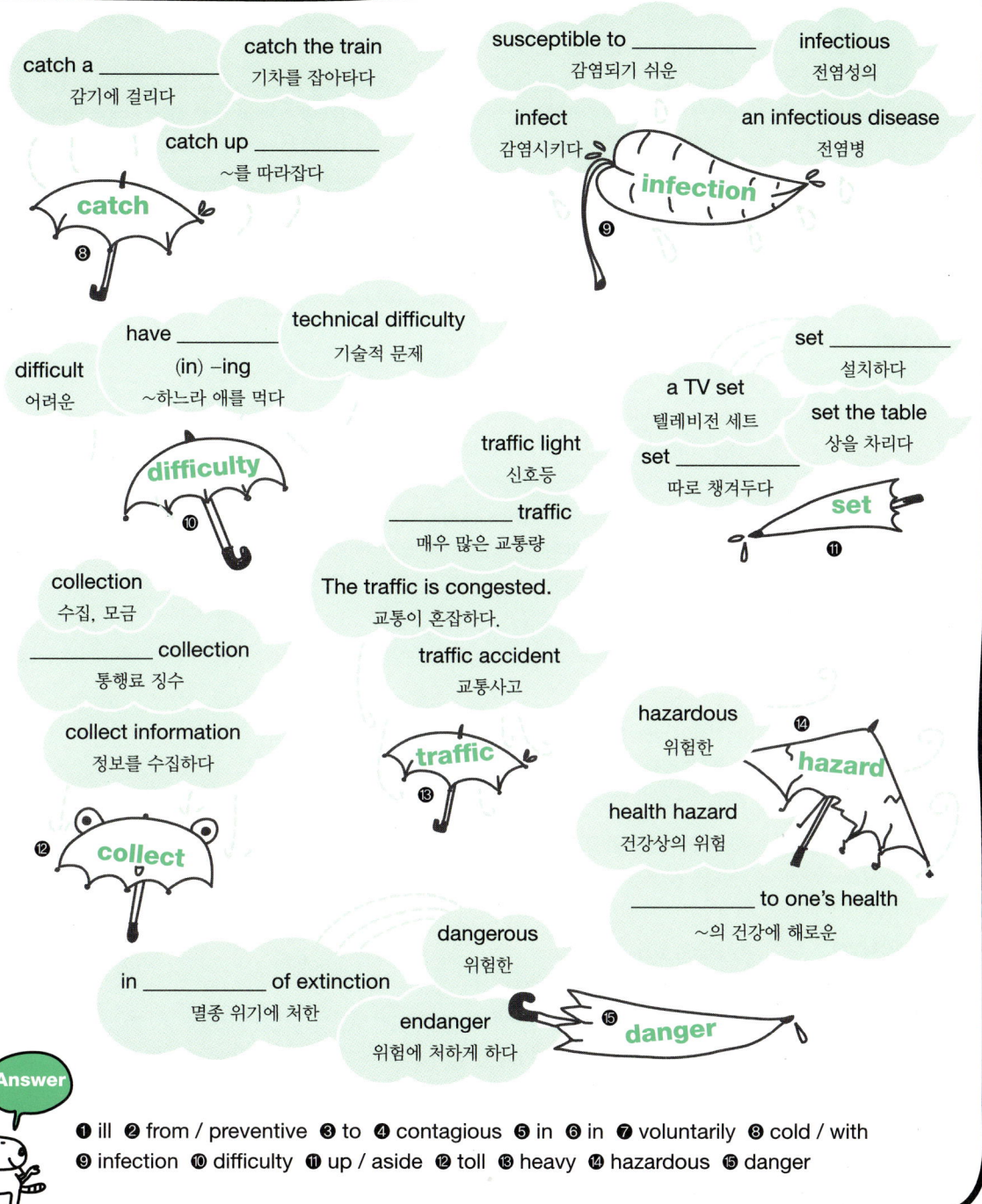

catch a _____
감기에 걸리다

catch the train
기차를 잡아타다

catch up _____
~를 따라잡다

catch
⑧

susceptible to _____
감염되기 쉬운

infectious
전염성의

infect
감염시키다

an infectious disease
전염병

infection
⑨

have _____
(in) –ing
~하느라 애를 먹다

technical difficulty
기술적 문제

difficult
어려운

difficulty
⑩

set _____
설치하다

a TV set
텔레비전 세트

set _____
따로 챙겨두다

set the table
상을 차리다

set
⑪

traffic light
신호등

_____ traffic
매우 많은 교통량

The traffic is congested.
교통이 혼잡하다.

traffic accident
교통사고

traffic
⑬

collection
수집, 모금

_____ collection
통행료 징수

collect information
정보를 수집하다

collect
⑫

hazardous
위험한

hazard
⑭

health hazard
건강상의 위험

_____ to one's health
~의 건강에 해로운

dangerous
위험한

in _____ of extinction
멸종 위기에 처한

endanger
위험에 처하게 하다

danger
⑮

Answer

❶ ill ❷ from / preventive ❸ to ❹ contagious ❺ in ❻ in ❼ voluntarily ❽ cold / with
❾ infection ❿ difficulty ⑪ up / aside ⑫ toll ⑬ heavy ⑭ hazardous ⑮ danger

Day 11

FORD has issued a major recall for their MUSTANG 2005 made from October to December 2005; due to faulty wiring, defective parts, and a shortcoming lifespan. This is the 3rd recall for FORD in 5 years. That causes buyers to lose their trust in FORD, because it leaves them vulnerable to accidents and unsafe driving conditions.

포드는 2005년 10월에서 12월에 생산된 머스탕 2005에 대해 결함이 있는 배선과 부품 결함 때문에 중대한 회수 조치를 발표했다. 이것은 5년 동안 세 번째 회수이다. 이것은 구매자들을 사고와 위험한 운전 상황에 영향받기 쉽게 하므로 포드에 대한 신뢰를 잃게 한다.

Basic Vocab

>> ⓣ = TOEIC 빈출 표현

■ **recall**
[rikɔ́:l]

v. (물건을) 회수하다, 상기하다

n. 회수, 상기

>> ⓣ issue a recall notice 회수 통지서를 발부하다

The company recalled all defective brake pads.
그 회사는 모든 결함 있는 브레이크 패드를 회수했다.

Carl recalled the time when Lou offered him a job.
Carl은 Lou가 그에게 일자리를 제안했던 때를 회상했다.

○ offer v. 제안하다, 제공하다
　　　 n. 제안, 제공

>> ⓣ special offer 특가 제공

■ **faulty**
[fɔ́:lti]

a. 결함이 있는, 불완전한

n. fault 결점, 흠

>> ⓣ faulty parts 결함이 있는 부품

Police said faulty brake pads were the cause of the crash.
경찰은 결함이 있는 브레이크 패드가 충돌의 원인이라고 밝혔다.

■ **defective**
[diféktiv]

a. 결함이 있는, 결점이 있는

n. defect 결함

>> ⓣ return defective merchandise[products] 결함이 있는 제품을 반품하다

The company received many complaints about defective goods.
회사는 결함 있는 상품에 관해 많은 항의를 받았다.

○ goods n. 상품

>> ⓣ luxury goods 사치품

>> ⓣ get goods cleared through customs 물건을 통관시키다

shortcoming

[ʃɔ́:rtkʌ̀miŋ]

n. 결점, 단점

The teacher was blamed for students' shortcoming in mathematics.
교사는 학생들의 수학 실력이 부족한 것에 대해 비난을 받았다.

○ blame v. ~를 탓하다, 책임으로 보다
　　　　　 n. 책임
⊤ blame+사람+for+사건 ~에 대해 ~를 탓하다

lifespan

[láifspæn]

n. 수명

⊤ extend the lifespan of ~의 수명을 연장시키다
⊤ shorten the lifespan of ~의 수명을 단축시키다

trust

[trʌst]

n. 신뢰, 믿음, 신탁재산

v. 믿다

⊤ earn the complete trust of ~의 완벽한 신뢰를 얻다

vulnerable

[vʌ́lnərəbl]

a. 영향받기 쉬운, (상처, 공격 등에) 취약한

n. vulnerability 영향받기 쉬움

syn. susceptible

ant. invulnerable 상하지 않는

⊤ vulnerable to damage 손상되기 쉬운
⊤ vulnerable to attack 공격받기 쉬운

Tourists are vulnerable to attack.
관광객들은 공격받기 쉽다.

○ attack n. 공격, 침범, (병의) 도짐
　　　　　 v. 공격하다
⊤ heart attack 심장 마비

condition

[kəndíʃən]

n. 상황, 상태

⊤ in good condition 상태가 좋은

flaw

[flɔ:]

n. 흠, 결점

a. flawless 결함 없는

His paper contained many fundamental flaws.
그의 보고서는 많은 근본적인 오류를 지니고 있다.

○ fundamental a. 근본적인
　　　　　 ad. fundamentally 근본적으로
⊤ fundamentally wrong 근본적으로 잘못된

merit
[mérit]

n. 장점, 공적, 공훈

›› ⓣ merit rating 인사고과

The report has the merit of being both informative and readable.
보고서는 유익하고 읽을만한 장점이 있다.

◐ informative a. 유익한
　　　　n. information 정보
　　　　v. inform 알리다

★★ information은 셀 수 없는 명사로 출제된다.

›› ⓣ both informative and interesting 유익하면서 재미있는

›› ⓣ keep+사람+informed ~에게 계속 알리다

advantage
[ədvǽntidʒ]

n. 유리한 입장, 이점
a. advantageous 유익한
ant. disadvantage 단점

›› ⓣ take advantage of ~을 이용하다

›› ⓣ offer the advantage of ~의 이점을 제공하다

The experience gave him the advantage over me.
그 경험은 그에게 나보다 유리한 입장을 갖게 하였다.

strength
[streŋθ]

n. 강점

She is well aware of her strengths and weaknesses as an artist.
그녀는 예술가로서의 자신의 장점과 단점을 잘 알고 있다.

◐ be aware of phr. ~를 깨닫다
◐ weakness n. 취약점

›› ⓣ signs of weakness 취약한 조짐

virtue
[və́ːrtʃuː]

n. 덕, 이점
a. virtuous 덕 있는, 고결한
phr. by virtue of ~의 덕분으로

Virtue is something that is necessary from moment to moment like humility.
미덕은 겸손과 마찬가지로 시시각각 필요한 것이다.

◐ necessary a. 필요한, 필수적인
　　　　n. necessity 필요성, 필수품
　　　　ad. necessarily 반드시

›› ⓣ amenity necessary for ~에 필요한 생활 편의 시설

›› ⓣ not necessarily 반드시 ~인 것은 아니다

◐ humility n. 겸손
　　　　cf. humiliate 굴욕감을 주다, 창피하게 하다

edge

[edʒ]

n. 가장자리, 우위

 ›› ⓣ at[to/above] the edge of ~의 가장자리에[로/위에]

 ›› ⓣ competitive edge 경쟁적 우위

It's important to maintain your competitive edge through continual study and training.

지속적인 연구와 훈련을 통해 경쟁적 우위를 유지하는 것이 중요하다.

 ○ maintain v. 유지하다
 ○ continual a. 끊임없는, 부단한
   syn. incessant, ceaseless
   cf. continuous 지속적인

pros and cons

phr. 장단점, 찬반양론

They debated the pros and cons of stem cell research.

그들은 줄기세포 연구에 대한 장단점을 논의했다.

Must-know Vocab

address

[ədrés/ǽdres]

v. 주소를 쓰다, 연설하다, (문제, 상황을) 다루다, 고심하다

n. 주소, 연설

 ›› ⓣ address customer requests politely 공손하게 고객의 요구를 처리하다

We promise to address all of your concerns.

여러분 모두의 우려에 대해 고심할 것입니다.

 ○ promise v. 약속하다
   n. 약속, 장래성
   a. promising 유망한, 촉망되는

 ›› ⓣ exceptional promise 뛰어난 장래성

promptly

[prɑ́:mptli]

ad. 신속하게

 ›› ⓣ answer the question promptly 질문에 신속히 답하다

I am happy that you promptly replied to my request.

제 요청에 즉각적으로 응답해주셔서 기쁩니다.

 ○ reply to phr. ~에 응답하다
 ○ request n. 요청
   v. 요청하다

 ›› ⓣ upon request 요청 즉시

 ›› ⓣ request a non-smoking room 금연실을 요청하다

silence
[sáiləns]

n. 침묵, 조용함

v. 조용하게 하다

›› ⓣ silence your mobile phone 휴대전화를 진동으로 하다

The room was filled with total silence after the CEO announced his retirement.
최고경영자가 그의 은퇴를 발표한 후에 방에 완벽한 침묵이 흘렀다.

○ be filled with phr. ~로 가득 차다
○ total a. 전체의, 완전한

›› ⓣ in total 총, 합하여

in the event of phr. ~의 경우에 (= in case of)

›› ⓣ in the event of snow 눈이 올 경우에

mistakenly
[mistéikənli]

ad. 실수로

a. mistaken 판단이 잘못된, 잘못 알고 있는

n. mistake 실수

›› ⓣ mistakenly throw away the copies of ~의 사본을 실수로 버리다
›› ⓣ be mistaken about ~에 대해 잘못 알고 있다
›› ⓣ make a mistake 실수하다

audience
[ɔ́:diəns]

n. 청중, 시청자, 관람객

›› ⓣ advertise to an older audience 더 나이 많은 시청자들에게 광고하다
›› ⓣ address the audience 청중에게 연설하다

She is always nervous when speaking in front of a large audience.
그녀는 많은 청중들 앞에서 말할 때엔 언제나 초조하다.

○ nervous a. 초조한

›› ⓣ be nervous about ~에 대해 초조해하다

pride
[praid]

n. 자랑, 긍지, 자존심

a. proud 자랑스러운

›› ⓣ a source of great pride for ~에 대한 대단한 자긍심의 원천
›› ⓣ take pride in ~을 자랑스러워하다
›› ⓣ a proud manufacturer of ~의 자랑스러운 제조업자

The artist takes great pride in his work.
화가는 자신의 작품에 대한 대단한 긍지를 갖고 있다.

○ work n. 작업, 작품, 직장
  v. 일하다, 노력하다, 작동되다, 효과가 있다

>> ⓣ arrive at work 직장에 도착하다

>> ⓣ do work 일하다

>> ⓣ work on ~에 대한 작업을 하다

■ gradually
[grǽdʒuəli]

ad. 점차적으로, 서서히

a. gradual 점차적인

>> ⓣ gradually phase out 점차적으로 중단하다

>> ⓣ on the gradual increase 점차 증가하고 있는

We expect sale to gradually improve over the next year.
우리는 내년에 판매가 점차적으로 증가할 것을 기대한다.

◎ expect v. 기대하다, 예상하다

★★ 'expect+목적어+to부정사' 형태로 쓰인다.

>> ⓣ expect sales to rise dramatically 판매가 급증할 것으로 예상하다

Tip to부정사를 목적보어로 취하는 동사: enable(가능하게 하다), allow(허용하다), ask(요청하다), want(원하다)

■ provisional
[prəvíʒənl]

a. 임시의, 일시적인, 잠정적인

n. provision 공급, 준비(for), (법률문서의) 조항, 식량(pl.)

>> ⓣ be hired on a provisional basis 임시로 고용되다

>> ⓣ be provisionally appointed 임시로 임명되다

>> ⓣ make provision for ~에 대한 준비를 하다

He was appointed as the provisional governor until the election is held next April.
그는 선거가 다음 4월에 개최될 때까지 임시 주지사로 임명되었다.

◎ appoint v. 임명하다, 지정하다
　　　n. appointment 약속, 임명, 지정

>> ⓣ appoint A as B A를 B로 임명하다

◎ governor n. 주지사, 총독

■ election
[ilékʃən]

n. 선거

v. elect 선출하다

★★ 'elect, consider, name, appoint+목적어+목적보어' 형태로 쓰인다.

He was elected as the governor of California.
그는 캘리포니아의 주지사로 선출되었다.

■ reflect
[riflékt]

v. 반영하다, 곰곰이 생각하다(on), 거울에 비추다

n. reflection 반영, 심사숙고, 거울에 비친 상

It'll be reflected in your next statement.
당신의 다음 번 명세서에 반영될 것이다.

His face was reflected in the mirror.
그의 얼굴이 거울에 비추어졌다.

Let's Drill

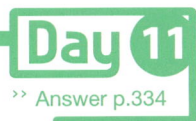

>> **A.** 다음 영영풀이에 해당하는 단어를 보기에서 고르세요.

〈보기〉 virtue   audience   gradual   recall   silence   vulnerable

>> **1.** _____ : to ask the people who bought the product to return it because there is something wrong with it

>> **2.** _____ : easily affected by something bad

>> **3.** _____ : good quality or way of behaving

>> **4.** _____ : to stop someone to make a noise

>> **5.** _____ : the group of people watching or listening to a concert, play, or film

>> **6.** _____ : changed or done in small stages over a long period time

>> **B.** 다음 구문의 빈칸을 채우세요.

>> **1.** 사치품 luxury _____

>> **2.** 임시로 고용되다 be hired on a _____ basis

>> **3.** ~를 자랑스러워하다 take _____ in

>> **4.** 경쟁적 우위 competitive _____

>> **C.** 다음 문장의 빈칸에 적합한 단어를 고르세요.

>> **1.** The company is a leading Internet company by _____ of its expertise in system development.

　　a. merit 　　　　　b. virtue 　　　　　c. mean 　　　　　d. benefit

>> **2.** Many children are born with birth _____ in Third World countries due to malnutrition.

　　a. defects 　　　　b. defective 　　　　c. defected 　　　　d. defection

>> **3.** Nuclear power plants have a big _____ over power plants that burn fossil fuels like coal.

　　a. benefit 　　　　b. virtue 　　　　　c. advantage 　　　　d. shortcoming

>> **4.** The company _____ 27.4 million pounds of meat, the largest event on record for the US meat industry.

　　a. called 　　　　　b. recalled 　　　　c. calling 　　　　d. recalling

>> **5.** The software is _____ to various security issues and hence should be considered unsecured.

　　a. vulnerably 　　　b. vulnerability 　　　c. vulnerableness 　　　d. vulnerable

Vocab Tool

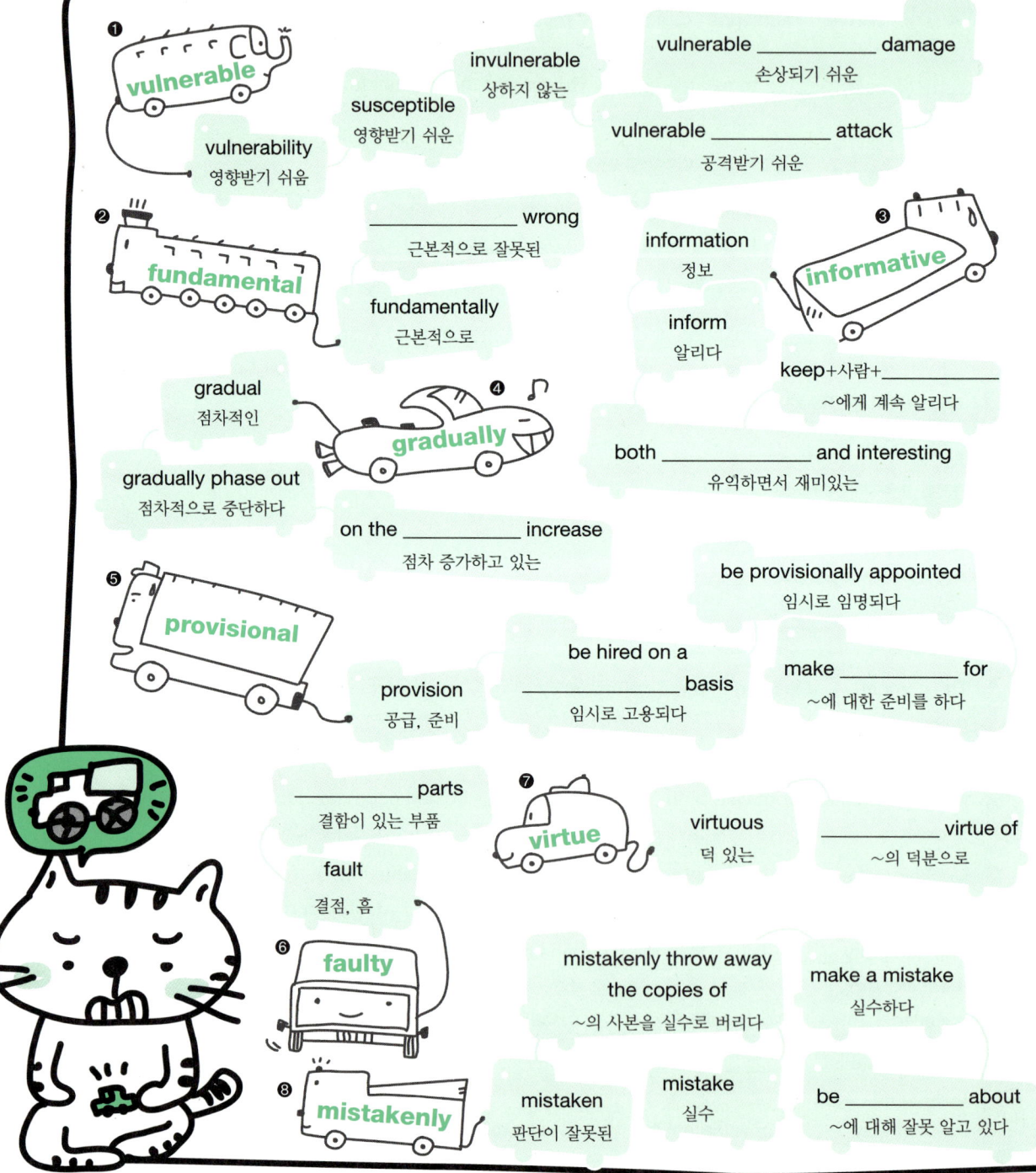

❶ **vulnerable**

vulnerability
영향받기 쉬움

susceptible
영향받기 쉬운

invulnerable
상하지 않는

vulnerable _____ damage
손상되기 쉬운

vulnerable _____ attack
공격받기 쉬운

❷ **fundamental**

_____ wrong
근본적으로 잘못된

fundamentally
근본적으로

information
정보

inform
알리다

❸ **informative**

keep+사람+_____
~에게 계속 알리다

gradual
점차적인

❹ **gradually**

gradually phase out
점차적으로 중단하다

on the _____ increase
점차 증가하고 있는

both _____ and interesting
유익하면서 재미있는

❺ **provisional**

provision
공급, 준비

be hired on a
_____ basis
임시로 고용되다

be provisionally appointed
임시로 임명되다

make _____ for
~에 대한 준비를 하다

_____ parts
결함이 있는 부품

fault
결점, 흠

❻ **faulty**

❼ **virtue**

virtuous
덕 있는

_____ virtue of
~의 덕분으로

mistakenly throw away
the copies of
~의 사본을 실수로 버리다

make a mistake
실수하다

❽ **mistakenly**

mistaken
판단이 잘못된

mistake
실수

be _____ about
~에 대해 잘못 알고 있다

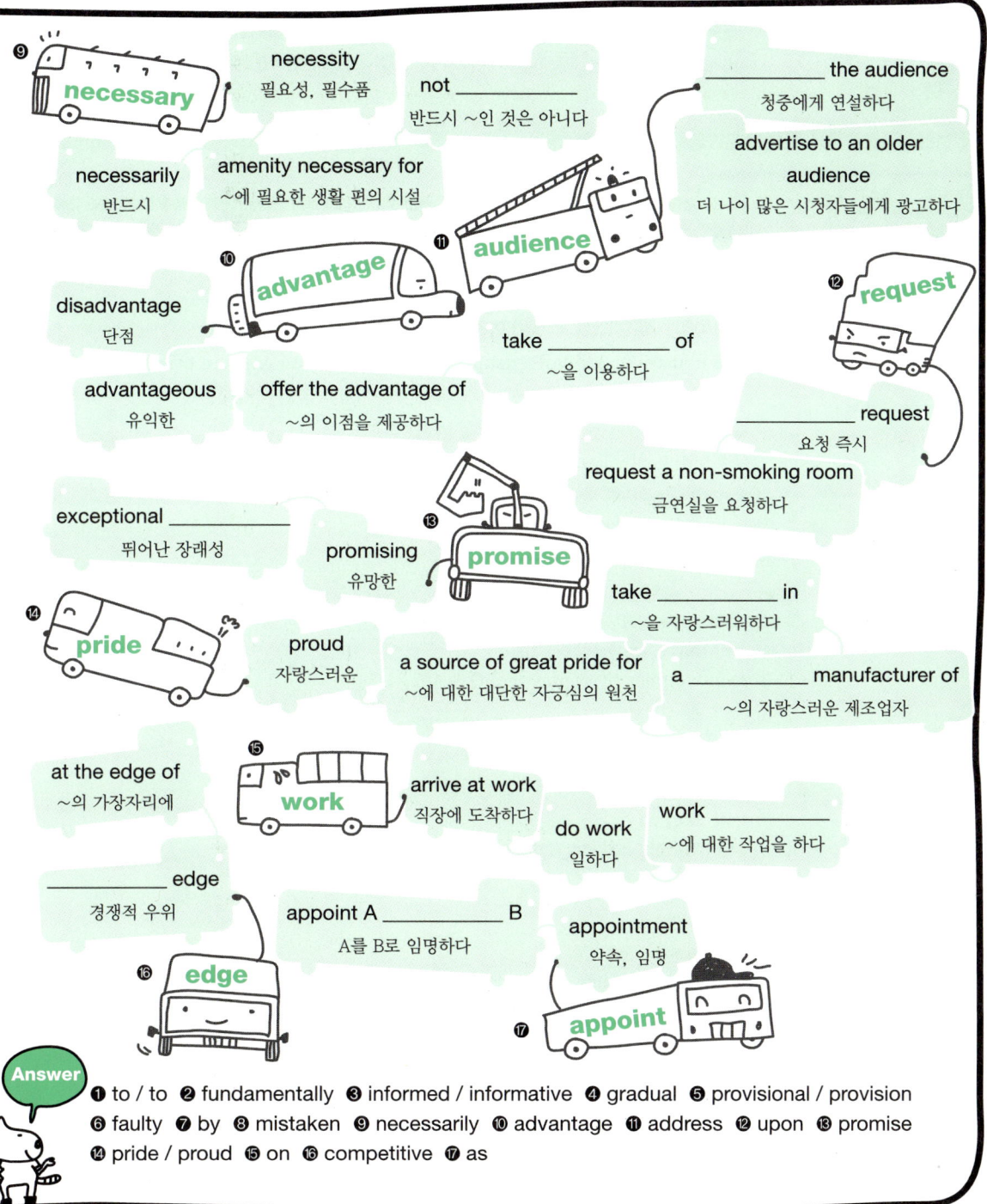

⑨ necessary

necessity
필요성, 필수품

not _____
반드시 ~인 것은 아니다

_____ the audience
청중에게 연설하다

advertise to an older audience
더 나이 많은 시청자들에게 광고하다

necessarily
반드시

amenity necessary for
~에 필요한 생활 편의 시설

⑩ advantage

⑪ audience

⑫ request

disadvantage
단점

take _____ of
~을 이용하다

advantageous
유익한

offer the advantage of
~의 이점을 제공하다

_____ request
요청 즉시

request a non-smoking room
금연실을 요청하다

exceptional _____
뛰어난 장래성

promising
유망한

⑬ promise

take _____ in
~을 자랑스러워하다

⑭ pride

proud
자랑스러운

a source of great pride for
~에 대한 대단한 자긍심의 원천

a _____ manufacturer of
~의 자랑스러운 제조업자

at the edge of
~의 가장자리에

⑮ work

arrive at work
직장에 도착하다

do work
일하다

work _____
~에 대한 작업을 하다

_____ edge
경쟁적 우위

appoint A _____ B
A를 B로 임명하다

appointment
약속, 임명

⑯ edge

⑰ appoint

Day 12

Our prices are affordable, our advice is reliable, and our customer service representatives are available around the clock to serve you better. You are more likely to have your problems solved, if you take a chance and call us.

우리 가격은 적당하며, 우리 조언은 믿을 만하며 우리 고객 서비스부 대표는 여러분에게 더 나은 서비스를 제공하기 위해 항시 이용 가능합니다. 기회를 잡아서 저희에게 전화를 주시면 문제 해결 가능성이 더 높습니다.

Basic Vocab

`>> ⓣ = TOEIC 빈출 표현`

■ affordable
[əfɔ́ːrdəbl]

a. 입수 가능한, 가격이 알맞은

v. afford ~할 (시간적, 경제적) 여유가 있다

The houses are still affordable despite recent steep gains in prices.
그 주택들은 최근 가격이 급등하였음에도 불구하고 아직도 가격이 적당하다.

○ despite prep. ~에도 불구하고 (= in spite of)
○ steep a. 가파른, 급격한, 너무 비싼

`>> ⓣ` a steep fine 비싼 벌금
`>> ⓣ` Isn't it too steep? 너무 비싼 거 아냐?

○ gain n. 증가, 이득
       v. 얻다

`>> ⓣ` gain approval 허락받다
`>> ⓣ` gain[have, get] access to ~에 접근할 수 있는 권한을 얻다
`>> ⓣ` gain weight (= put on weight) 체중이 늘다

■ advice
[ədváis]

n. 충고, 조언

v. advise 충고하다, 조언하다

`>> ⓣ` get[take] advice 충고를 받다
`>> ⓣ` offer timely advice 시기적절한 충고를 하다

■ reliable
[riláiəbl]

a. 믿을 만한

n. reliability 믿을 만함

v. rely 믿다, 의존하다

`>> ⓣ` completely reliable 전적으로 믿을 만한
`>> ⓣ` rely on (= depend on) ~에 의존하다, 믿다

John is very reliable when it comes to meeting deadlines.
John은 마감 시한을 맞추는데 있어서 매우 신뢰가 가는 사람이다.

○ when it comes to phr. ~에 있어서는
○ meet v. 만나다, 충족시키다, (기한 등을) 맞추다

»» ⓣ meet one's demand[needs] ~의 요구[필요]를 충족시키다
»» ⓣ meet the deadline 마감일을 맞추다

■ customer
[kʌ́stəmər]

n. 고객, 손님

»» ⓣ a prospective customer 유망 고객
»» ⓣ serve a customer 손님의 시중을 들다

■ representative
[rèprizéntətiv]

n. 대표, 대리인

a. 대표하는

v. represent 대표하다, 나타내다, 묘사하다, 제기하다

n. representation 대표, 묘사, 제기

»» ⓣ represent the company as ~로서 회사를 대표하다
»» ⓣ the sales representative 영업 대표

■ available
[əvéiləbl]

a. 이용 가능한, 구할 수 있는, 시간이 있는

v. avail 이용하다

ant. unavailable 이용할 수 없는

»» ⓣ readily available 즉시 구입할 수 있는

The person in charge was unavailable for comment for this report.
책임을 맡은 자는 이 보고서에 대한 의견을 들을 수 없었다.

○ in charge phr. 책임을 맡은

»» ⓣ in charge of ~의 책임을 맡은

○ comment n. 논평, 언급
　　　　　 v. 논평하다, 견해를 밝히다

»» ⓣ comment on ~에 대해 논평하다

■ around the clock　phr. 24시간 내내

»» ⓣ The market is open around the clock. 시장은 24시간 개장한다.

■ serve
[səːrv]

v. 음식을 차려주다, 시중들다, 일하다, (특정 용도로) 쓰일 수 있다

n. service 봉사, 시중, 차량 점검, 복무

»» ⓣ serve one's customer 손님의 시중을 들다
»» ⓣ serve food[refreshments] to ~에게 음식을[다과를] 제공하다

■ likely
[láikli]

a. 있음직한

n. likelihood 가능성

ant. unlikely 있음직하지 않은

»» ⓣ be likely to+동사원형 ~일 것 같다
»» ⓣ reduce the likelihood of ~의 가능성을 줄이다

Mr. Esot said that it was likely that the bank would approve the loan.
Mr. Esot는 은행이 대출을 승인할 가능성이 높다고 말했다.

○ **approve** v. 승인하다, 찬성하다
　　　　　　n. approval 승인, 찬성

,, ⓣ **approve of** ~가 괜찮다고 생각하다, ~을 승인하다
,, ⓣ **be subject to one's approval** ~의 승인을 받다
,, ⓣ **the approval of a staff manager** 인사 담당 부장의 승인

○ **loan** n. 융자, 대부
　　　　v. 빌려주다, 대여하다

,, ⓣ **home equity loan** 주택 담보 대출
,, ⓣ **one's loan application** ~의 융자 신청

■ **chance**
[tʃæns]

n. 가능성(of), 기회

,, ⓣ **by chance** (= accidentally) 우연히, 어쩌다

Her resignation has improved my chances of promotion.
그녀의 사임으로 내가 승진할 가능성이 높아졌다.

○ **improve** v. 개선되다, 향상시키다
　　　　　n. improvement 개선, 향상

,, ⓣ **improve productivity** 생산성을 향상시키다

■ **accessible**
[əksésəbl]

a. 접근 가능한
n. access 접근
v. access 접근하다

,, ⓣ **easily accessible to customers** 고객들이 쉽게 사용할 수 있는
,, ⓣ **have access to+명사** ~에 대해 접근하다

The manager is not easily accessible since he is staying abroad.
매니저는 해외에 있기 때문에 쉽게 만날 수 없다.

○ **easily** ad. 쉽게, 수월하게
○ **abroad** ad. 해외에, 해외로

,, ⓣ **travel abroad** 해외여행하다

■ **comparable**
[káːmpərəbl]

a. 견줄만한
v. compare 비교하다
n. comparison 비교
a. comparative 비교의

,, ⓣ **be comparable to** ~에 필적하다
,, ⓣ **be comparable in quality** 품질에 있어서 견줄 만하다

Our prices are comparable to those in other shops.
우리 가격은 다른 상점의 가격에 견줄 만하다.

■ **foreseeable**

[fɔːrsíːəbl]

a. 예상할 수 있는

v. foresee 예상하다

>> ⓣ in the foreseeable[near] future 가까운 장래에

There will be a shortage of qualified workers in the foreseeable future.

가까운 장래에 자질을 갖춘 직원들이 부족할 것이다.

○ shortage n. 부족, 결핍

>> ⓣ a shortage of ~의 부족

■ **perceptible**

[pərséptəbl]

a. 감지할만한, 상당한

v. perceive 감지하다, 알아채다

n. perception 감지, 인식

>> ⓣ keen perception 예리한 인지력

The public's confidence in the company was perceptible.

그 회사에 대한 대중의 신뢰는 상당했다.

○ the public phr. 대중

○ confidence n. 신뢰, 확신

　　　　a. confident 신뢰하는, 확신하는

　　　　v. confide 비밀을 털어놓다, 신뢰하다(in)

>> ⓣ have confidence in ~를 신뢰하다

>> ⓣ feel confident of+명사/that+주어+동사 ~를 확신하다

■ **visible**

[vízəbl]

a. 볼 수 있는, 명백한

n. visibility 가시성

The Andromeda Galaxy is the furthest object visible to the unaided eye under dark skies.

안드로메다 은하는 어두운 하늘에서 육안으로 볼 수 있는 가장 멀리 있는 물체이다.

○ object n. 물체, 목표

　　　　v. ~에 반대하다

>> ⓣ object to -ing/명사 ~에 대해서 반대하다

○ unaided a. 도움을 받지 않은

>> ⓣ visible to the unaided eye 육안에 보이는

■ **feasible**

[fíːzəbl]

a. 실행 가능한

n. feasibility 실행 가능성

>> ⓣ economically feasible 경제적으로 실행 가능한

>> ⓣ a feasible plan 실행 가능한 계획

The company had a feasible business plan.

회사는 실행 가능한 사업 계획을 갖고 있었다.

legible

[lédʒəbl]

a. 읽을 수 있는

ant. illegible 읽을 수 없는

The letter was totally illegible.

편지는 전혀 읽을 수가 없었다.

tangible

[tǽndʒəbl]

a. 유형의, 만질 수 있는

n. tangibility 유형, 가촉성

ant. intangible 만질 수 없는, 무형의

›› ⓣ tangible results 실제 결과

If we don't see tangible results by the end of the year, we may have to cancel the contract.

연말까지 실제 결과가 없다면, 계약을 취소해야 할지도 모른다.

○ cancel v. 취소하다

　　　 n. cancellation 취소

›› ⓣ cancel one's insurance policy 보험 증서를 취소하다

potable

[póutəbl]

a. 음료로 적합한, 마실 수 있는

cf. portable 휴대할 수 있는

We don't have any potable water.

마실 수 있는 물이 없다.

edible

[édəbl]

a. 먹을 수 있는

The weeds don't look edible.

잡초들이 먹을 수 없는 것 같아 보였다.

○ weed n. 잡초

arable

[ǽrəbl]

a. 경작하기에 적합한

We have approximately 5,800 acres of arable land.

우리는 약 5천 8백 에이커의 경작 가능한 토지가 있다.

○ approximately ad. 약, 대략

Must-know Vocab

clear

[kliər]

a. 분명한, 명백한

v. 치우다, (날씨가) 개이다, (출발, 도착 등을) 허락하다

›› ⓣ clear through customs 통관하다

›› ⓣ clear visual elements 명백한 시각적 요소

further
[fə́:rðər]

a. 더 이상의, 추가의

ad. 더욱이, 더

Further measures may be taken depending on the situation.
상황에 따라 추가 조치가 취해질 수도 있다.

○ measure n. 방책, 척도
　　　　　　 v. 치수를 재다, 평가하다
○ depending on phr. ~에 따라서

maneuver
[mənú:vər]

v. 책략적으로 움직이다, 유도하다, 조정하다

n. 책략, 술책, 교묘한 조작

›› ⑦ maneuver the car 자동차를 움직이다

It is difficult to maneuver the truck through the narrow streets.
좁은 거리에서 트럭을 운전(조정)하는 것은 어렵다.

○ narrow a. 좁은

touch down

phr. ~의 세기를 줄이다, 낮추다, 거절하다

n. touchdown 터치다운

›› ⑦ score a touchdown 터치다운을 하다

unlimited
[ʌnlímitid]

a. 무제한의

›› ⑦ unlimited miles 무제한 주행거리

You will have unlimited chances to learn new skills.
새로운 기술을 배울 수 있는 무한한 기회가 있을 것이다.

time constraints phr. 시간상 제약

There are many time constraints preventing us from quickly finishing the project.
우리가 프로젝트를 빨리 끝마치지 못하게 하는 많은 시간상의 제약이 있다.

○ prevent ~ from phr. ~가 ~하지 못하게 하다, ~가 ~하는 것을 막다

transcribe
[trænskráib]

v. 베끼다, 번역하다, 기록하다

n. transcription 글로 옮김, 표기

›› ⑦ transcribe the minutes 의사록을 기록하다

›› ⑦ transcribe the proceedings of ~의 회의록을 기록하다

■ transferable
[trænsfə́ːrəbl]

a. 이동할 수 있는, 양도 가능한

v. transfer 옮기다, 양도하다, 갈아타다

n. transfer 이동, 환승

›› ⓣ transferable tickets 양도 가능한 티켓들

›› ⓣ transfer money from A to B A에서 B로 돈을 이체하다

The ticket is refundable but is not transferable.
표는 환불은 가능하지만 양도할 수는 없다.

■ tax
[tæks]

n. 세금

›› ⓣ tax on ~에 대한 세금

›› ⓣ tax rate 세율

›› ⓣ additional tax 부가세

○ additional a. 부수적인, 추가의

›› ⓣ applicable sales tax 적절한 판매세

›› ⓣ waive the tax 세금을 면제하다

○ waive v. (권리 등을) 포기하다, 면제하다

■ fill
[fil]

v. 채우다

a. full 가득 찬

cf. full of ~로 가득 찬

›› ⓣ be filled with ~로 가득 차다

The streets were filled with protestors.
거리는 시위자들로 가득 찼다.

Let's Drill

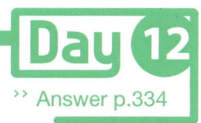

Day 12
>> Answer p.334

>> **A.** 다음 영영풀이에 해당하는 단어를 보기에서 고르세요.

〈보기〉 legible   comparable   reliable   accessible   representative   feasible

>> **1.** _____ : very likely to be correct

>> **2.** _____ : a person who has been chosen to make decision on behalf of a group of people

>> **3.** _____ : easy for people to reach a place

>> **4.** _____ : roughly similar in importance

>> **5.** _____ : able to be done or achieved

>> **6.** _____ : clear enough to be read

>> **B.** 다음 구문의 빈칸을 채우세요.

>> **1.** ~로 가득 차다 be _____ with

>> **2.** 의사록을 기록하다 _____ the minutes

>> **3.** 경제적으로 실행 가능한 economically _____

>> **4.** 육안에 보이는 visible to the _____ eye

>> **C.** 다음 문장의 빈칸에 적합한 단어를 고르세요.

>> **1.** A history from the Iron Age is available in _____ relics.
a. feasible   b. tangible   c. able   d. possible

>> **2.** Materials for the new production line are _____ at Met Z discount store.
a. perceptible   b. affordable   c. likely   d. comparable

>> **3.** With a new side entrance and ramp, the building is now _____ for the disabled.
a. affordable   b. reliable   c. visible   d. accessible

>> **4.** Since Martin has no qualifications, there is little _____ of him finding a job easily.
a. feasibility   b. chance   c. possible   d. tangibility

>> **5.** They would _____ go to a bar to celebrate their victory in the semi-quarter football finals.
a. likely   b. likelihood   c. like   d. unlike

Vocab Tool

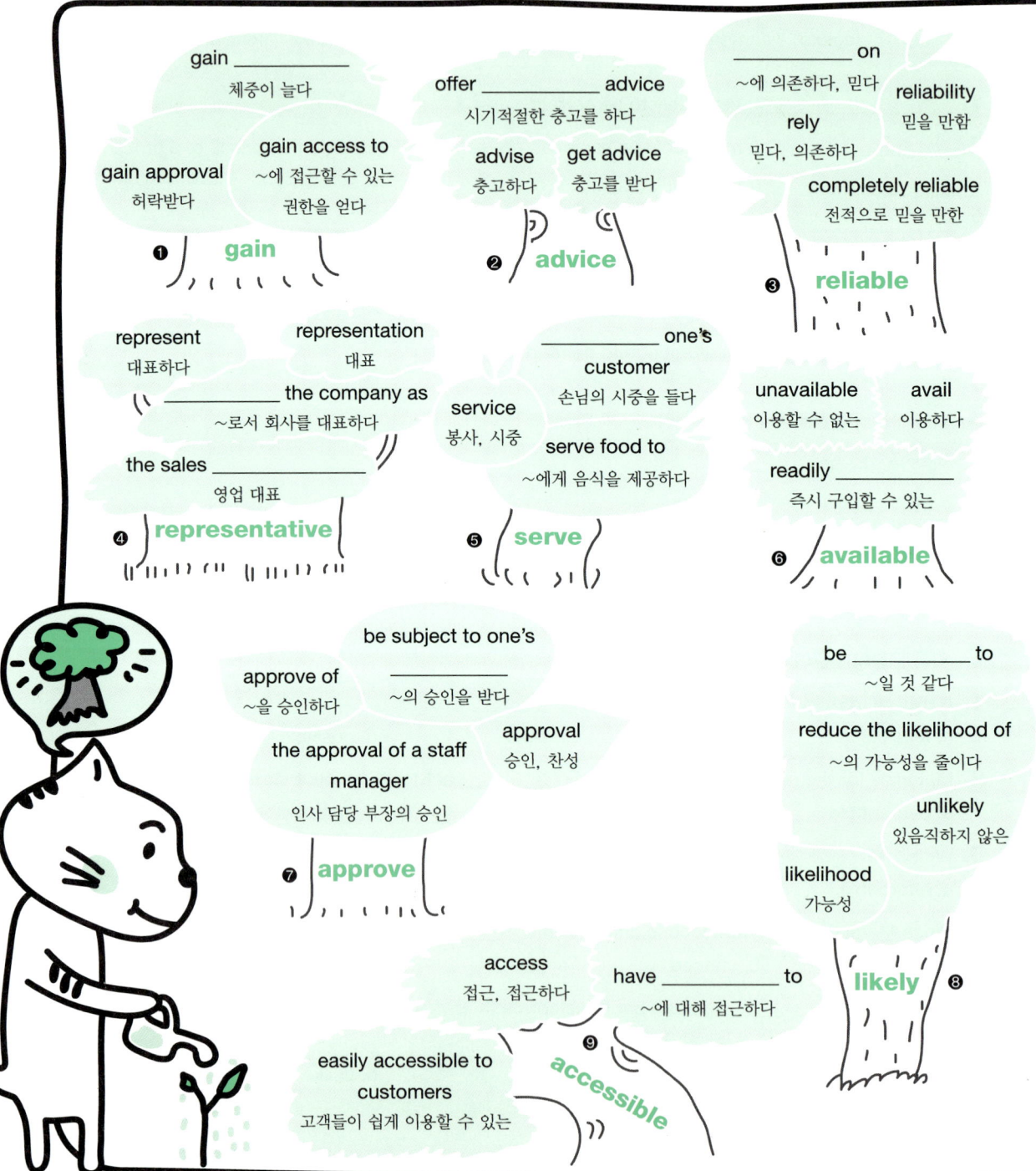

gain _____
체중이 늘다

gain approval
허락받다

gain access to
~에 접근할 수 있는 권한을 얻다

❶ gain

offer _____ advice
시기적절한 충고를 하다

advise
충고하다

get advice
충고를 받다

❷ advice

_____ on
~에 의존하다, 믿다

reliability
믿을 만함

rely
믿다, 의존하다

completely reliable
전적으로 믿을 만한

❸ reliable

represent
대표하다

representation
대표

_____ the company as
~로서 회사를 대표하다

the sales _____
영업 대표

❹ representative

_____ one's customer
손님의 시중을 들다

service
봉사, 시중

serve food to
~에게 음식을 제공하다

❺ serve

unavailable
이용할 수 없는

avail
이용하다

readily _____
즉시 구입할 수 있는

❻ available

approve of
~을 승인하다

be subject to one's _____
~의 승인을 받다

approval
승인, 찬성

the approval of a staff manager
인사 담당 부장의 승인

❼ approve

be _____ to
~일 것 같다

reduce the likelihood of
~의 가능성을 줄이다

unlikely
있음직하지 않은

likelihood
가능성

access
접근, 접근하다

have _____ to
~에 대해 접근하다

❽ likely

easily accessible to customers
고객들이 쉽게 이용할 수 있는

❾ accessible

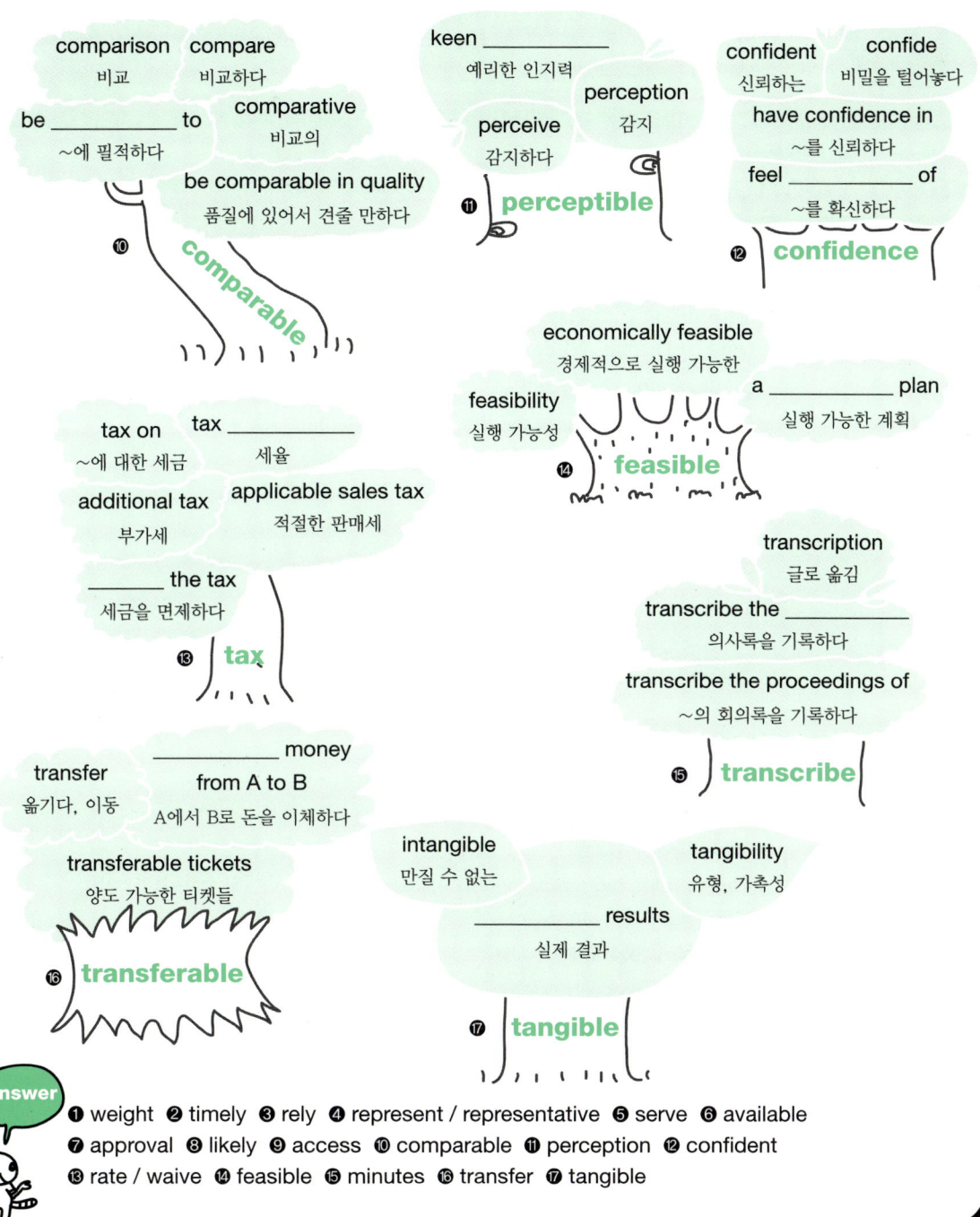

comparison 비교   compare 비교하다

be _____ to ~에 필적하다

comparative 비교의

be comparable in quality 품질에 있어서 견줄 만하다

❿ **comparable**

keen _____ 예리한 인지력

perception 감지

perceive 감지하다

⓫ **perceptible**

confident 신뢰하는   confide 비밀을 털어놓다

have confidence in ~를 신뢰하다

feel _____ of ~를 확신하다

⓬ **confidence**

economically feasible 경제적으로 실행 가능한

feasibility 실행 가능성

a _____ plan 실행 가능한 계획

⓮ **feasible**

tax on ~에 대한 세금   tax _____ 세율

additional tax 부가세   applicable sales tax 적절한 판매세

_____ the tax 세금을 면제하다

⓭ **tax**

transcription 글로 옮김

transcribe the _____ 의사록을 기록하다

transcribe the proceedings of ~의 회의록을 기록하다

⓯ **transcribe**

transfer 옮기다, 이동

_____ money from A to B A에서 B로 돈을 이체하다

transferable tickets 양도 가능한 티켓들

⓰ **transferable**

intangible 만질 수 없는

tangibility 유형, 가촉성

_____ results 실제 결과

⓱ **tangible**

Answer

❶ weight ❷ timely ❸ rely ❹ represent / representative ❺ serve ❻ available
❼ approval ❽ likely ❾ access ❿ comparable ⓫ perception ⓬ confident
⓭ rate / waive ⓮ feasible ⓯ minutes ⓰ transfer ⓱ tangible

위치·장소

Day 13

A drunk driver reversed into an outdoor pool last night at a friend's party. No one was seriously injured except for the driver who was taken to a nearby hospital. Close to the hospital there is a workshop, where the car was taken to be repaired.

술 취한 운전자가 어젯밤 한 친구의 파티에서 야외 수영장으로 후진하였다. 근처 병원으로 후송된 운전자를 제외한 다른 사람은 중상을 입지 않았다. 병원 근처에는 자동차 수리점이 있어서 차는 수리를 위해 그곳으로 보내졌다.

Basic Vocab

■ **drunk**

[drʌŋk]

a. 술 취한
»» ⓣ drive drunk 음주운전하다
»» ⓣ DWI (= Driving While Intoxicated) 음주운전
        ○ intoxicate v. 취하게 하다
»» ⓣ DUI (= Driving Under the Influence of Alcohol) 음주운전

■ **reverse**

[rivə́:rs]

v. 뒤바꾸다, 뒤집다, 후진하다
a. 거꾸로의, 뒤의
»» ⓣ the reverse side 뒷면

The instructions for installing the program are on the reverse side of the disc.
프로그램을 설치하는 안내문은 디스크 반대 쪽에 적혀 있다.

        ○ instruction n. 지시 사항, 안내서
                v. instruct 지시하다, 가르치다
»» ⓣ an instruction booklet 안내 책자

■ **outdoor**

[áutdɔ̀:r]

a. 실외의
ad. outdoors 실외에

The outdoor swimming pool is open to guests over 13 years old only.
옥외 수영장은 13세 이상의 손님들에게만 개방된다.

        ○ guest n. 손님, 초대받은 사람
»» ⓣ a guest speaker 초청 연사
»» ⓣ Be my guest. 사양하지 말고 하세요.
»» ⓣ a guest house 방문객용 숙소
        ○ only ad. 오로지, 오직
                a. 유일한
»» ⓣ open for a limited time only 한정된 시간 동안만 개방하다
»» ⓣ not only A but also B A뿐만 아니라 B도

■ except for

phr. ~를 제외하고 (= except)

★★ 'except'와 'except for'는 명사를 목적어로 갖고 'except that'은 문장을 목적어로 갖는다.

The two products are identical except for color.
두 제품은 색을 제외한 모든 것이 똑같다.

■ nearby
[nìərbái]

a. 가까운

ad. 가까이에

★★ near는 명사를 목적어로 갖는 전치사로 사용될 수 있지만 nearby는 전치사로 사용될 수 없다.

›› ⓣ nearby attractions 근처의 명소들

We stopped at some nearby shops to buy some food.
우리는 음식을 사기 위해 가까운 가게에 들렀다.

Regardless of the driving course you choose, the park is nearby from here.
당신이 어떤 운전 경로를 택하던 간에 그 공원은 이곳의 근처에 있다.

○ regardless of phr. ~에 관계없이
v. regard 간주하다
a. regarding ~에 관해서

★★ regardless of는 명사를 목적어로 갖고 no matter는 의문사 how, when, where, who 등을 동반한다.

›› ⓣ regard ~ as ~를 ~로 간주하다

›› ⓣ regardless of age (= no matter how old you are) 나이에 상관없이

■ close to

phr. ~에 가까운

The law firm is close to London's most fashionable shopping district.
그 법률 사무소는 런던에서 가장 첨단의 쇼핑 지역 가까이에 있다.

○ fashionable a. 유행의, 유행을 따르는
n. fashion 유행

›› ⓣ out of fashion 유행이 지난

○ district n. 구역, 지구

›› ⓣ a district manager 지부 담당자

■ workshop
[wɔ́ːrkʃɑːp]

n. 작업장, 워크숍

›› ⓣ a workshop on ~에 대한 워크숍

›› ⓣ an upcoming workshop 다가오는 수련회

rear

[riər]

n. 뒤

a. 뒤의

›› ⓣ the rear exit 뒷문

The fire exit is located at the rear of the club.

비상 출입구는 클럽의 뒤쪽에 위치해 있다.

　○ exit n. 출구

　　　 v. 나가다, 떠나다

›› ⓣ an exit sign 출구 표시

　○ be located at phr. ~에 위치하다

indoor

[indɔ́:r]

a. 실내의

ad. 실내에

›› ⓣ an indoor gym 실내 체육관

The indoor swimming pool is open to infants and toddlers only.

실내 수영장은 영아와 유아에게만 개방된다.

　○ infant n. 영아

　○ toddler n. 유아

The rain compelled us to stay indoors.

비가 와서 우리는 실내에 머물러야 했다.

　○ compel v. 강요하다, ~하게 만들다

★★ 'compel+사람+to+동사원형'으로 쓰여 '~가 ~하게 만들다'의 의미를 가진다.

near

[niər]

a. 가까운

ad. 가까이에

prep. ~의 가까이에 (= close to)

The witness was near the scene of the accident.

목격자는 사건 현장 가까이에 있었다.

　○ witness n. 목격자, 증인

　　　　 v. 목격하다, 증명하다

›› ⓣ bear witness to ~를 증명하다

　○ scene n. 현장, 장면

　　　 a. scenic 경치가 아름다운

　　　 cf. scenery (총체적인) 경치

›› ⓣ make a scene 소란을 피우다

›› ⓣ take the scenic route 경치가 아름다운 길을 택하다

›› ⓣ the magnificent scenery of ~의 참으로 아름다운 풍경

■ proximity
[prɑːksíməti]

n. 근접

›› ⓣ close proximity to ~와 매우 인접함

Home-stay houses should be selected based on many criteria, including proximity to the school, living cost and etc.
민박집은 학교에 인접성, 생활비 등의 많은 기준을 토대로 골라야 한다.

○ select v. 선택하다, 고르다
　　　　 n. selection 선택, 선발

›› ⓣ a wide[large] selection of 아주 다양한

○ criteria n. 기준(복수)
　　　　 n. criterion 기준(단수)

›› ⓣ meet the criteria 기준들에 부합하다

■ adjacent
[ədʒéisənt]

a. 이웃의, 인접한

n. adjacency 인접함

›› ⓣ be adjacent to ~에 인접하다

The entrance to the shopping mall is adjacent to the exit for Route 56 freeway.
쇼핑몰의 입구는 56번 고속도로 출구에 인접해 있다.

○ entrance n. 출입구, 입장, 입학
　　　　 v. enter 들어가다, 응시하다(for), 기입하다

›› ⓣ enter the room 방에 들어가다
›› ⓣ enter into business 사업에 착수하다
›› ⓣ the rear entrance 뒷문
›› ⓣ the entrance exam 입학시험

■ overseas
[òuvərsíːz]

ad. 해외에

syn. abroad

Most of his business was conducted overseas.
그의 사업 대부분은 해외에서 이루어졌다.

○ conduct v. 행하다
　　　　 n. 행동

›› ⓣ conduct an investigation 조사를 하다

■ within walking distance
phr. 아주 가까이

The property is within walking distance from bus routes.
그 토지는 버스 노선에서 매우 가까운 곳에 있다.

○ property n. 재산, 부동산, 건물

›› ⓣ the value of one's property ~의 재산 가치
›› ⓣ payment of the rent for the property 건물 임대료 납부

○ payment n. 지불, 지급, 납입금

>> ⓣ full payment 완납
>> ⓣ cash payment 현찰 납부
>> ⓣ mortgage payment 담보 대출 납부금
>> ⓣ payment terms 지불 약정

■ locate
[loukéit]

v. 위치를 정하다, 찾다

n. location 위치, 장소

>> ⓣ in order to locate an item 한 항목을 찾기 위해서
>> ⓣ three locations 세 군데

If you have trouble locating our office, please call us.
우리 사무실을 찾는데 애를 먹는다면, 전화주세요.

◑ have trouble -ing phr. ~하느라 애를 먹다

■ spot
[spɑːt]

n. 점, 얼룩, 특정 장소

v. 발견하다, 찾다

>> ⓣ a weak[tender] spot 약점
>> ⓣ on the spot 즉석에서
>> ⓣ spot the errors in ~의 착오를 찾아내다

Marketing has always been our weak spot.
마케팅이 언제나 우리의 취약점이었다.

■ site
[sait]

n. 현장, 부지, (건물, 도시 등의) 장소

>> ⓣ the construction site 건설 현장, 공사장

The cement trucks were lined up at the construction site.
시멘트 트럭이 공사장에 줄 서 있었다.

◑ line up phr. 줄 서다

>> ⓣ in a line 한 줄로

■ neighbor
[néibər]

n. 이웃집 사람, 옆에 있는 것

a. neighboring 이웃한, 옆에 있는

n. neighborhood 지역, 동네, 인근

>> ⓣ a beautiful neighborhood 아름다운 동네
>> ⓣ my neighbor 내 이웃집 사람

I never talk to my neighbors.
나는 내 이웃집 사람과 이야기하지 않는다.

◑ talk to phr. ~와 이야기하다

vicinity
[vəsínəti]

n. 부근, 인근

›› ⑪ in the immediate vicinity of ~의 바로 인근에

The speed limit is lower in the vicinity of schools.
학교 인근에는 제한 속도가 더 낮다.

 ○ speed limit n. 제한 속도

adjoining
[ədʒɔ́iniŋ]

a. 인접한, 붙어 있는

v. adjoin 인접하다, 붙어 있다

Please wait in the adjoining room.
옆 방에서 기다리세요.

vacant
[véikənt]

a. 사람이 안 사는, 비어 있는, 공석인

n. vacancy 결원, 공석, 빈방

›› ⑪ for the vacant position 공직에 대해
›› ⑪ job vacancies 결원인 일자리들

The office complex has been vacant for a year.
사무실 건물이 1년간 비어 있었다.

occupy
[ɑ́:kjupai]

v. (자리 등을) 차지하다, 점거하다, 거주하다, ~하느라 바쁘다

a. occupied (장소가) 사용 중인, 바쁜

n. occupation 직업, 점거, (건물 등의) 사용

n. occupancy (건물, 방 등의) 사용

›› ⑪ The chairs are occupied. 좌석이 찼다.
›› ⑪ what kind of occupation 어떤 종류의 직업

a stone's throw
phr. 지척, 아주 가까운 거리

The post office is just a stone's throw from my office.
우체국은 내 사무실에서 아주 가까운 거리에 있다.

border
[bɔ́:rdər]

n. 국경, 경계선

You must go through immigration when crossing the border.
국경을 건널 때엔 출입국 관리소를 통과해야 한다.

 ○ immigration n. 이민, 출입국 관리소

›› ⑪ clear immigration 출입국 관리소를 통과하다

■ **bottom**
[bá:təm]

n. 바닥, 맨 아래

>> ⓣ bottom line 핵심, 결론, 최종 결산 결과, 최종 가격
>> ⓣ at the bottom of ～의 맨 아래에

Please sign at the bottom of the page.
페이지 맨 아래에 서명하세요.

■ **intersection**
[ìntərsékʃən]

n. 교차로

cf. overpass(고가로), underpass(아래쪽 도로), turnpike(유료고속도로),
    shoulder(도로의 갓길), boulevard(대로), avenue(거리, ～가), path(작은 길),
    highway(고속도로), sidewalk(보도)

>> ⓣ turn at the intersection 교차로에서 돌다

Make a left turn at the third intersection.
세 번째 교차로에서 좌회전해라.

◐ make a left turn phr. 좌회전하다

■ **pavement**
[péivmənt]

n. 포장도로

The pavement is being repaired.
포장도로가 수리 중이다.

■ **runway**
[rʌ́nwei]

n. 활주로

cf. runaway 도주

>> ⓣ on the runway 활주로에 있는

The plane waited on the runway for over 30 minutes.
비행기가 30분 이상 활주로에서 기다렸다.

Must-know Vocab

■ **stack**
[stæk]

n. 더미, 많음
v. 쌓다, 쌓여지다, 포개지다

>> ⓣ be stacked on the table 테이블 위에 포개져 있다
>> ⓣ a stack of plates 접시 더미

■ **presence**
[prézns]

n. 있음, 존재, 참석

>> ⓣ request one's presence at ～에 ～의 참석을 요구하다

We would be honored to have your presence at our daughter's wedding.
저희 딸의 결혼식에 귀하가 참석해주시면 영광일 것입니다.

◐ be honored to phr. ～해서 영광이다

consecutive
[kənsékjutiv]

a. 연속적인, 연이은

›› Ⓣ two consecutive years 2년 연속

The team just won its third consecutive championship.
그 팀은 3년 연속 선수권대회에서 우승하였다.

correctly
[kəréktli]

ad. 올바르게

›› Ⓣ answer questions correctly 질문에 제대로 답하다

upcoming
[ápkλmiŋ]

a. 다가오는

cf. following 다음의

›› Ⓣ the upcoming mayoral election 다가오는 시장 선거

○ mayoral a. 시장의
　　　　n. mayor 시장

publicize
[páblisaiz]

v. 홍보하다, 광고하다, 알리다

›› Ⓣ The ceremony was well publicized. 행사는 잘 홍보되었다.
›› Ⓣ publicize our new line of shoes 우리의 신상품 신발을 홍보하다

○ line n. 줄, 상품의 종류

no matter how

phr. 아무리 ~일 지라도 (= however)

›› Ⓣ no matter what 무엇을 할지라도

We have to finish the work no matter how late it is.
우리는 아무리 늦더라도 작업을 끝내야 한다.

sharply
[ʃá:rpli]

ad. 급격하게

›› Ⓣ rise sharply 급증하다
›› Ⓣ increase sharply 급상승하다
›› Ⓣ decrease sharply 급감하다

in order to

phr. ~하기 위하여

★★ 'in order to+동사원형' 또는 'in order that+주어+동사'의 형태로 쓰인다.

›› Ⓣ in order to process a refund 환불을 처리하기 위해서

She studied all night in order to pass the test.
그녀는 시험에 통과하기 위해서 밤새 공부했다.

○ all night phr. 밤새

■ **on one's own** phr. 혼자서, 단독으로, 자력으로

★★ one's의 자리에는 행위자와 일치하는 소유격 my, your, his, her, our, their가 들어간다.

Sorry, I can't help you. You are on your own.

죄송하지만 도와드릴 수 없습니다. 알아서 하셔야 합니다.

Let's Drill

›› **A.** 다음 영영풀이에 해당하는 단어를 보기에서 고르세요.

〈보기〉 adjoin   occupy   runway   intersection   vacant   proximity

›› **1.** _____ : the ground which a plane takes off from and lands on

›› **2.** _____ : a place where roads meet or cross

›› **3.** _____ : to live in a place

›› **4.** _____ : not being used

›› **5.** _____ : next to each other

›› **6.** _____ : nearness to a place

›› **B.** 다음 구문의 빈칸을 채우세요.

›› **1.** 2년 연속 two _____ years

›› **2.** 환불을 처리하기 위해서 in _____ to process a refund

›› **3.** 급증하다 rise _____

›› **4.** 다가오는 시장 선거 the _____ mayoral election

›› **C.** 다음 문장의 빈칸에 적합한 단어를 고르세요.

›› **1.** Nutritional information can be found on the _____ side of the packet.
   a. behind   b. reverse   c. after   d. background

›› **2.** Shery's and Eva's rooms were _____ to each other at the hotel.
   a. near   b. besides   c. adjacent   d. farther

›› **3.** The shop assistant told Mary that the bank was _____ to the post office on Brooklyn Street.
   a. near   b. nearby   c. close   d. accessible

›› **4.** Concerts are free and will be held _____ at Copper's Burning Stones Plaza.
   a. outdoor   b. outdoors   c. suburb   d. outskirt

›› **5.** The site is in close _____ to medical services and shopping facilities.
   a. adjacency   b. suburban   c. nearby   d. proximity

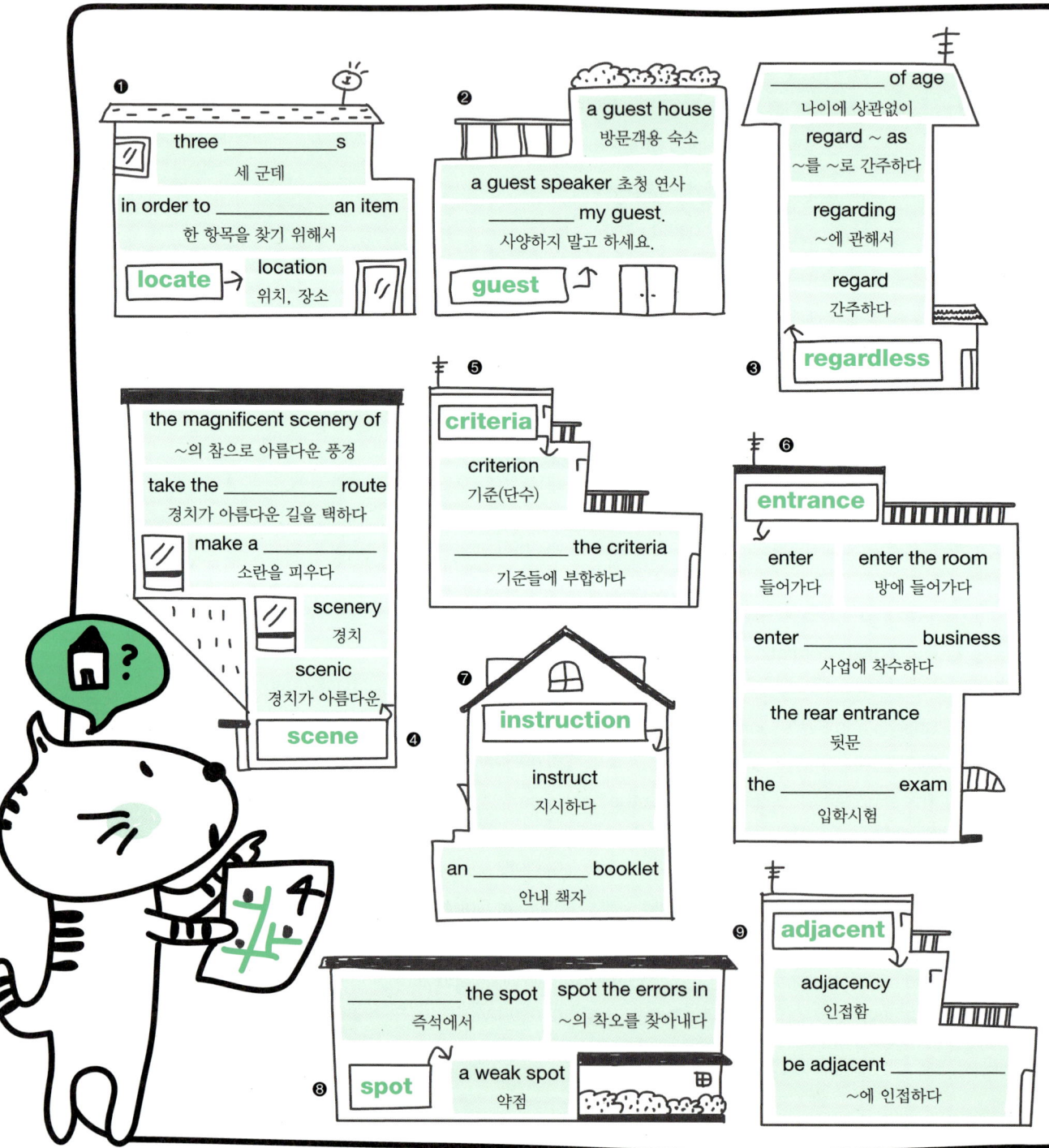

❶ three _____s
세 군데

in order to _____ an item
한 항목을 찾기 위해서

locate → location
위치, 장소

❷ a guest house
방문객용 숙소

a guest speaker 초청 연사

_____ my guest.
사양하지 말고 하세요.

guest

❸ _____ of age
나이에 상관없이

regard ~ as
~를 ~로 간주하다

regarding
~에 관해서

regard
간주하다

regardless

❹ the magnificent scenery of
~의 참으로 아름다운 풍경

take the _____ route
경치가 아름다운 길을 택하다

make a _____
소란을 피우다

scenery
경치

scenic
경치가 아름다운

scene

❺ criteria

criterion
기준(단수)

_____ the criteria
기준들에 부합하다

❻ entrance

enter   enter the room
들어가다   방에 들어가다

enter _____ business
사업에 착수하다

the rear entrance
뒷문

the _____ exam
입학시험

❼ instruction

instruct
지시하다

an _____ booklet
안내 책자

❽ _____ the spot   spot the errors in
즉석에서   ~의 착오를 찾아내다

spot   a weak spot
약점

❾ adjacent

adjacency
인접함

be adjacent _____
~에 인접하다

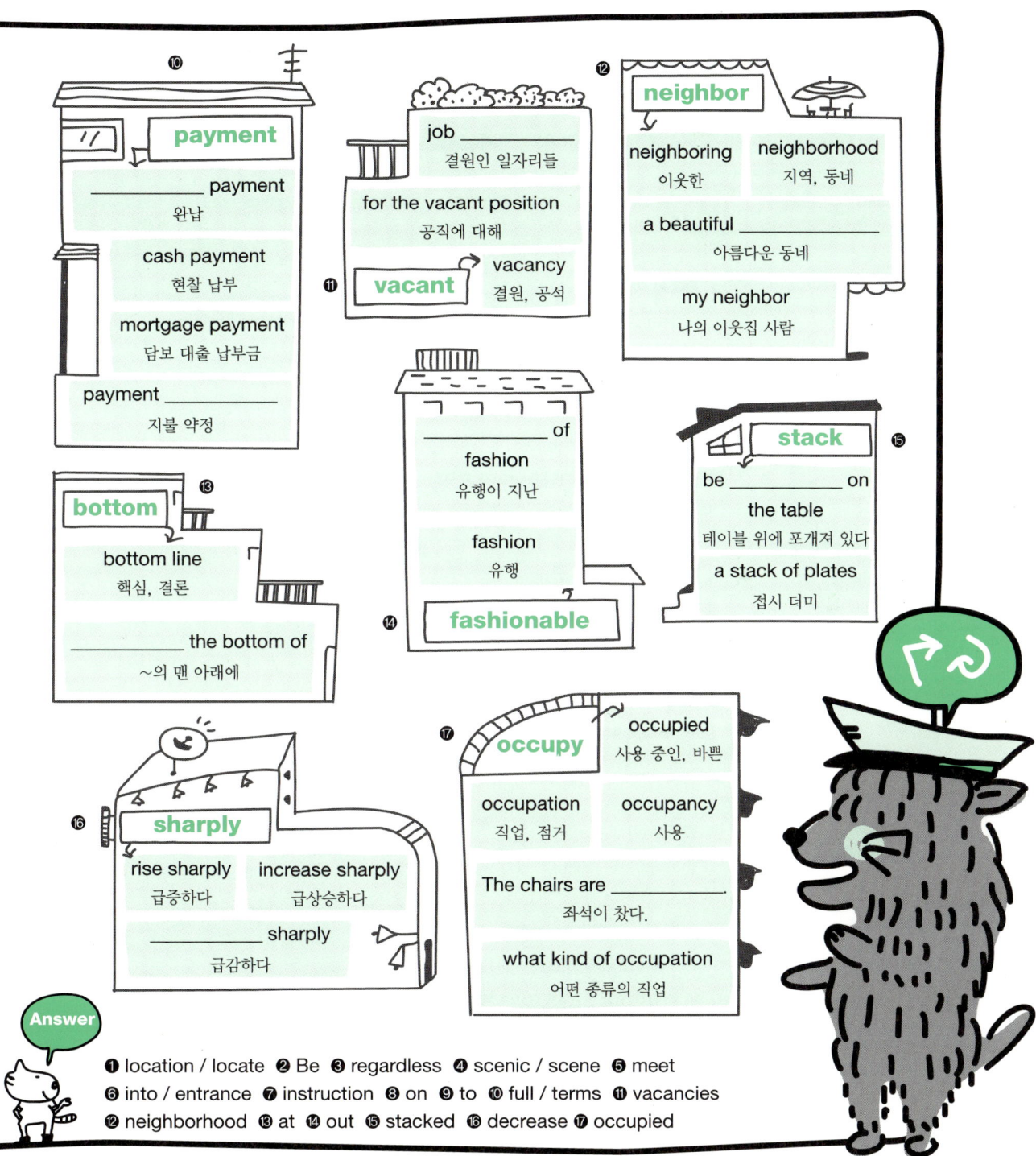

⑩ **payment**

_____ payment
완납

cash payment
현찰 납부

mortgage payment
담보 대출 납부금

payment _____
지불 약정

⑪ job _____
결원인 일자리들

for the vacant position
공직에 대해

vacant → vacancy
결원, 공석

⑫ **neighbor**

neighboring
이웃한

neighborhood
지역, 동네

a beautiful _____
아름다운 동네

my neighbor
나의 이웃집 사람

⑬ **bottom**

bottom line
핵심, 결론

_____ the bottom of
~의 맨 아래에

_____ of
fashion
유행이 지난

fashion
유행

⑭ **fashionable**

stack ⑮

be _____ on
the table
테이블 위에 포개져 있다

a stack of plates
접시 더미

⑯ **sharply**

rise sharply
급증하다

increase sharply
급상승하다

_____ sharply
급감하다

⑰ **occupy**

occupied
사용 중인, 바쁜

occupation
직업, 점거

occupancy
사용

The chairs are _____.
좌석이 찼다.

what kind of occupation
어떤 종류의 직업

Answer

❶ location / locate ❷ Be ❸ regardless ❹ scenic / scene ❺ meet
❻ into / entrance ❼ instruction ❽ on ❾ to ❿ full / terms ⓫ vacancies
⓬ neighborhood ⓭ at ⓮ out ⓯ stacked ⓰ decrease ⓱ occupied

위치·장소

Day 14

Maria is looking for a new rural townhouse within walking distance of a good high school. She thinks it would be great to have restricted parking for her use. At her age she'd like to get away from downtown and its noise.

Maria는 좋은 고등학교가 도보 거리에 있는 새로운 전원 타운하우스를 찾고 있다. 그녀는 자신이 사용할 수 있는 지정 주차 공간이 있으면 좋겠다고 생각한다. 그녀의 나이에 그녀는 시내와 그 소음을 벗어나고 싶어 한다.

Basic Vocab

■ **rural**
[rúrəl]

a. 시골의, 지방의

The proportion of elderly people living in rural areas is higher.
시골 지역에 거주하는 노인 비율이 높다.

○ proportion n. 비율, 균형
　　　　　　 a. proportionate 비례하는(to), 상응하는

›› Ⓣ a growing proportion of 더 늘어가는 비율의

○ elderly a. 연세가 드신, 나이가 지긋한

■ **restricted**
[ristríktid]

a. 제한된

n. restriction 제한, 규제

v. restrict 제한하다, 통제하다

›› Ⓣ severely restricted 엄격하게 통제된
›› Ⓣ a restricted area 제한구역
›› Ⓣ place[impose] a restriction on ~를 통제하다

The police set up a restricted area around the crime scene.
경찰은 범죄 현장 주변에 출입 제한 지역을 설치했다.

■ **age**
[eidʒ]

n. 연령, 나이

›› Ⓣ at the age of+숫자 ~의 나이에
›› Ⓣ at age+숫자 ~의 나이에

■ **away from**

phr. ~에서 떨어져 있는

The facility is away from tall structures.
그 시설은 큰 구조물들과 멀리 떨어져 있다.

○ facility n. 시설(pl.), 재능

>> ⓣ manufacturing facilities 제조 시설
>> ⓣ expand one's facilities ~의 시설을 확장하다
  ○ structure n. 구조, 구조물, 건물

■ downtown
[dàuntáun]

a. 시내의

ad. 시내에

n. 시내

This hotel is located at downtown which is very convenient for people.
이 호텔은 시내에 있어서 사람들에게 매우 편리하다.

  ○ be located at phr. ~에 위치하다
  ○ convenient a. 편리한
      ad. conveniently 편리하게
      n. convenience 편리, 편의

>> ⓣ conveniently located 편리한 곳에 위치한
>> ⓣ at one's earliest convenience ~의 가장 편한 때에
>> ⓣ a convenience store 편의점

■ noise
[nɔiz]

n. 소음

a. noisy 시끄러운

>> ⓣ make a noise 소란을 피우다

■ urban
[ə́ːrbən]

a. 도시의

Many urban women are afraid of marriage.
많은 도시 여성들은 결혼을 두려워한다.

  ○ be afraid of phr. ~를 두려워하다

★★ 'be afraid of' 다음엔 명사, 동명사, 대명사가 오지만 'be afraid that' 다음엔 문장이 온다. 구어체의 'I am afraid'는 부정적 내용을 동반하여 '유감스럽지만 ~라고 생각한다'의 뜻이다.

■ marriage
[mǽridʒ]

n. 결혼

v. marry 결혼하다

a. marital 결혼의

★★ 'marry+사람'의 형태로 쓰이며, '~와 결혼하다'의 의미를 지닌다. 'marry with+사람'의 형태로 쓰지 않는다.

>> ⓣ marital status 결혼 상태(여부)
>> ⓣ get married to+사람 ~와 결혼하다

suburban

[səbə́:rbən]

a. 교외의

n. suburb 교외

Most people showed a preference to live in suburban areas.
대부분의 사람들은 교외 지역에 사는 것을 선호했다.

○ preference n. 선호, 애호
　　　　v. prefer 선호하다
　　　　a. preferable 선호되는, 더 좋은
　　　　a. preferred 선호되는

›› ⓣ be given a hiring preference for ~에 대한 고용 우선권이 주어지다
›› ⓣ prefer A to B (= prefer A rather than B) B보다 A를 선호하다
›› ⓣ indicate one's meal preferences ~의 선호하는 식사(종류)를 표시하다

reserved

[rizə́:rvd]

a. 예약된, 지정의, 내성적인

n. reservation 예약, 보류

v. reserve 예약하다, 지정하다, 보유하다

n. reserve 비축, 준비금

›› ⓣ a reserved seat 예약석(지정석)
›› ⓣ make a reservation 예약하다
›› ⓣ reserve the right to ~할 권리를 지니다

designated

[dézigneitid]

a. 지정된

n. designation 지정

›› ⓣ the designated parking spaces 지정된 주차 공간

All visitors must park their vehicles in the designated area in the parking lot.
모든 방문객들은 주차장의 지정된 자리에 차량을 주차해야 합니다.

○ vehicle n. 탈 것, 자동차, 매개체

›› ⓣ sport utility vehicle 스포츠 범용차

○ lot n. 부지, 많음, 제비뽑기

★★ 'a lot of' 다음엔 명사가 목적어로 오고 'a lot'은 부사이므로 명사를 동반할 수 없고 동사를 한정한다.

›› ⓣ a lot of (= lots of) 많은
›› ⓣ a lot 많이

■ **opposite**
[ɑ́:pəzit]

a. 맞은편의, 정반대의
n. 정반대
prep. ~의 맞은편에

›› ⓣ the opposite of ~의 반대편에
›› ⓣ on the opposite side of ~의 반대편에

The hospital is located opposite the post office.
병원은 우체국의 맞은편에 위치해 있다.

■ **hub**
[hʌb]

n. 중심지

›› ⓣ a commercial hub 상업 중심지

The City of London is the hub of Europe's financial world.
런던 시는 유럽 금융계의 중심지이다.

■ **outskirts**
[áutskəːrts]

n. 변두리, 교외(pl.)

›› ⓣ on the outskirts of ~의 외곽에

The farm is located on the outskirts of the city.
농장은 도시 외곽에 있다.

■ **threshold**
[θréʃhould]

n. 문지방, 발단, 시초

Once you pass this threshold, things will get easier.
이 첫 시기를 지나고 나면, 일이 수월해질 것이다.

■ **global**
[glóubəl]

a. 전 세계적인
n. globe 세계

›› ⓣ global economy 세계경제

Pollution is a global problem.
오염은 전 세계적인 문제이다.

○ pollution n. 오염
            v. pollute 오염시키다
            n. pollutant 오염 물질

›› ⓣ a major source of pollution 주요 오염원

domestic

[dəméstik] a. 국내의

›› ⓣ the domestic market 국내시장
›› ⓣ domestic calls 국내 전화
  Domestic opinion had turned against the war.
  국내 의견은 전쟁에 반대하는 것으로 돌아섰다.
    ◐ opinion n. 의견
›› ⓣ express an opinion 의견을 표명하다

international

[ìntərnǽʃənəl] a. 국제의

›› ⓣ international calls 국제전화
  There are many international tourists arriving today.
  오늘 많은 해외 관광객들이 도착한다.
    ◐ arrive v. 도착하다
★★ 'arrive(자동사)+at/in+장소'의 형태로 쓰이며 'reach+장소, get to+장소'와 바꿔쓸 수 있다.

remote

[rimóut] a. 외딴, 먼

›› ⓣ remote locations 먼 곳들
  They lived in a remote mountain village.
  그들은 외딴 산골 마을에 살았다.

municipal

[mju:nísipəl] a. 자치도시의, 시의

›› ⓣ the municipal authorities 시 당국
  The municipal government plans to hire many new workers.
  시 정부는 많은 새 직원을 고용할 계획이다.
    ◐ government n. 정부
    ◐ plan to+동사원형 phr. ~할 계획이다
    ◐ hire v. 고용하다, 빌리다
        n. 대여, 신입 사원

Must-know Vocab

perfectly

[pə́:rfektli] ad. 완벽하게
  a. perfect 완벽한

›› ⓣ be perfectly suited for ~에 완벽히 맞다
›› ⓣ be perfect for ~에 완벽하다

■ order
[ɔ́:rdər]

n. 주문, 질서

v. 명령하다, 주문하다

a. orderly 질서 정연한

>> ⓣ in an orderly fashion 질서 정연한 방식으로

>> ⓣ order office supplies 사무용품을 주문하다

■ by oneself

phr. 혼자, 다른 사람 없이

Are you sure you can lift it by yourself?

혼자 들 수 있다고 확신하니?

■ since
[sins]

con. 〜이기 때문에, 〜한 이후로

prep. 〜한 이후로

★★ 주로 'have p.p.(현재완료)+since(〜이후로)' 형태로 쓰인다.

>> ⓣ since the store is located near the library 가게가 도서관 근처에 있기 때문에

■ within
[wiðín]

prep. 〜이내에

>> ⓣ within the firm 회사 내에

Promotions are usually made within the company.

홍보는 흔히 회사 내에서 이루어진다.

○ promotion n. 승진, 홍보

>> ⓣ get promotion 승진하다

>> ⓣ sales promotion 판촉

■ act
[ækt]

n. 행위, 법률, 막

v. 행동하다

cf. activity 활동

>> ⓣ act on 〜에 따라 행동하다

>> ⓣ an unprecedented act of generosity 전례 없는 관용적 행위

○ generosity n. 너그러움, 관용

■ deadline
[dédlain]

n. 마감일

>> ⓣ the deadline for submitting materials 자료를 제출하는 마감일

○ submit v. 제출하다

■ postpone
[poustpóun]

v. 연기하다

>> ⓣ The interview will be postponed. 인터뷰가 연기될 것이다.

■ designed to

phr. ∼하도록 고안된

” ⓣ vitamins designed to keep pets healthy 애완동물을 건강하게 해주기 위해 고안된 비타민

■ idle
[áidl]

a. 게으른, 가동되지 않는

” ⓣ No machines remain idle. 가동되지 않는 기계는 없다.

The engine was idle until it was repaired.

기계는 수리될 때까지 가동되지 않았다.

◉ repair v. 수리하다

　　　　n. 수리

” ⓣ an estimate for the repair 수리에 대한 견적

” ⓣ make a repair 수리하다

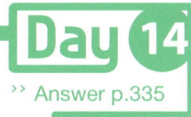
>> **A.** 다음 영영풀이에 해당하는 단어를 보기에서 고르세요.

〈보기〉 urban   domestic   global   rural   hub   opposite

>> **1.** _____ : in the countryside

>> **2.** _____ : in a city

>> **3.** _____ : being directly across from each other

>> **4.** _____ : the central or main part of something where there is most activity

>> **5.** _____ : relating to a person's own country

>> **6.** _____ : relating to the whole world

>> **B.** 다음 구문의 빈칸을 채우세요.

>> **1.** 상업 중심지 a commercial _____

>> **2.** 질서 정연한 방식으로 in an _____ fashion

>> **3.** 시 당국 the _____ authorities

>> **4.** ~의 외곽에 on the _____ of

>> **C.** 다음 문장의 빈칸에 적합한 단어를 고르세요.

>> **1.** Mt. Halla and its surrounding area will soon be _____ as a national park.
   a. restricted   b. designated   c. elected   d. choice

>> **2.** The fireman told the public to get _____ from the burning car.
   a. away   b. far   c. around   d. to

>> **3.** The parking lot is _____ walking distance from the hotel.
   a. in   b. at   c. for   d. within

>> **4.** Sydney is the leading financial centre and business _____ of Australia.
   a. urban   b. hub   c. property   d. downtown

>> **5.** China will completely open its municipal works to all _____ and overseas investors.
   a. indoors   b. global   c. domestic   d. nation

Vocab Tool

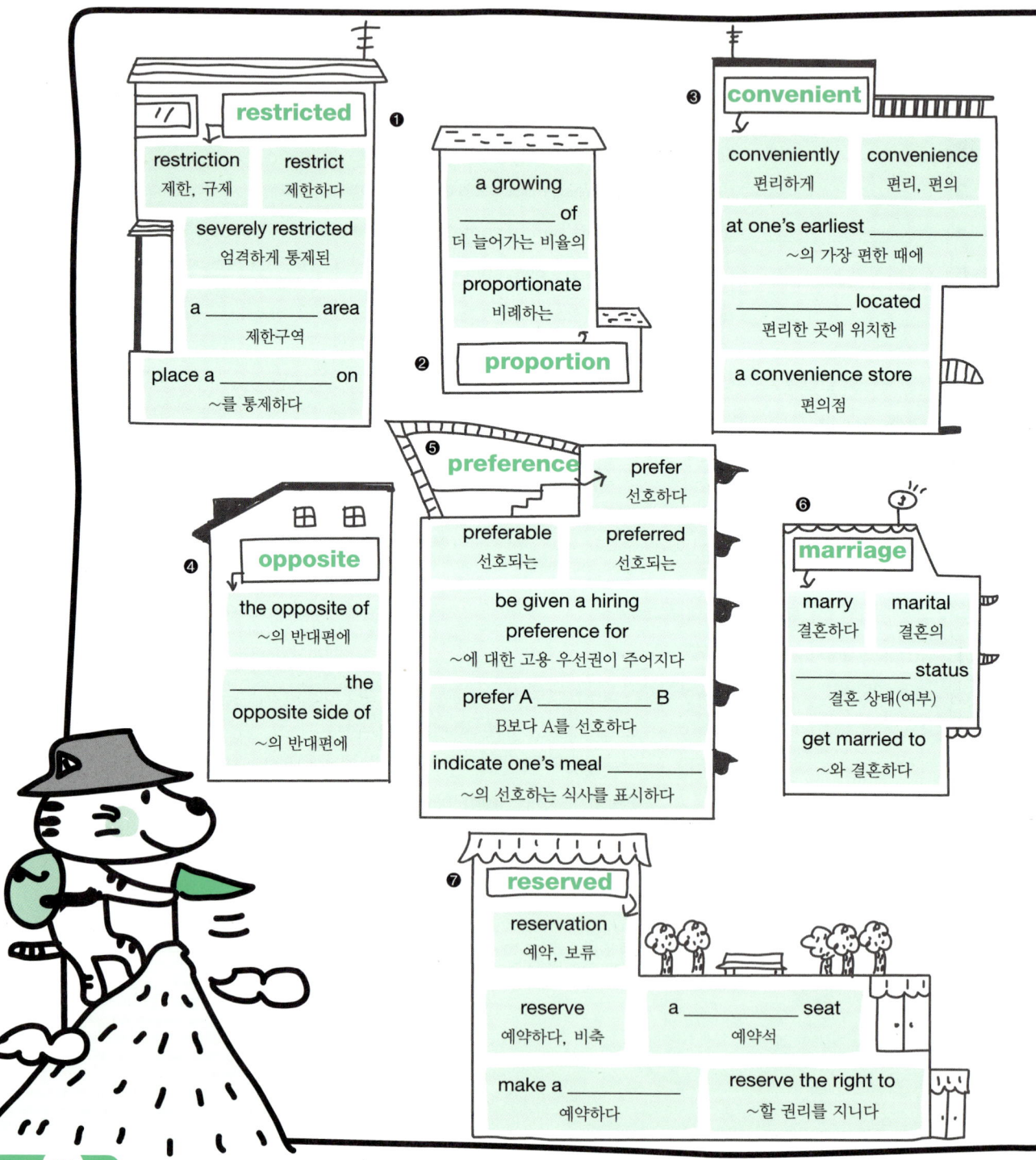

❶ restricted

restriction 제한, 규제

restrict 제한하다

severely restricted 엄격하게 통제된

a _____ area 제한구역

place a _____ on ~를 통제하다

❷ proportion

a growing _____ of 더 늘어가는 비율의

proportionate 비례하는

❸ convenient

conveniently 편리하게

convenience 편리, 편의

at one's earliest _____ ~의 가장 편한 때에

_____ located 편리한 곳에 위치한

a convenience store 편의점

❺ preference

prefer 선호하다

preferable 선호되는

preferred 선호되는

be given a hiring preference for ~에 대한 고용 우선권이 주어지다

prefer A _____ B B보다 A를 선호하다

indicate one's meal _____ ~의 선호하는 식사를 표시하다

❹ opposite

the opposite of ~의 반대편에

_____ the opposite side of ~의 반대편에

❻ marriage

marry 결혼하다

marital 결혼의

_____ status 결혼 상태(여부)

get married to ~와 결혼하다

❼ reserved

reservation 예약, 보류

reserve 예약하다, 비축

a _____ seat 예약석

make a _____ 예약하다

reserve the right to ~할 권리를 지니다

144

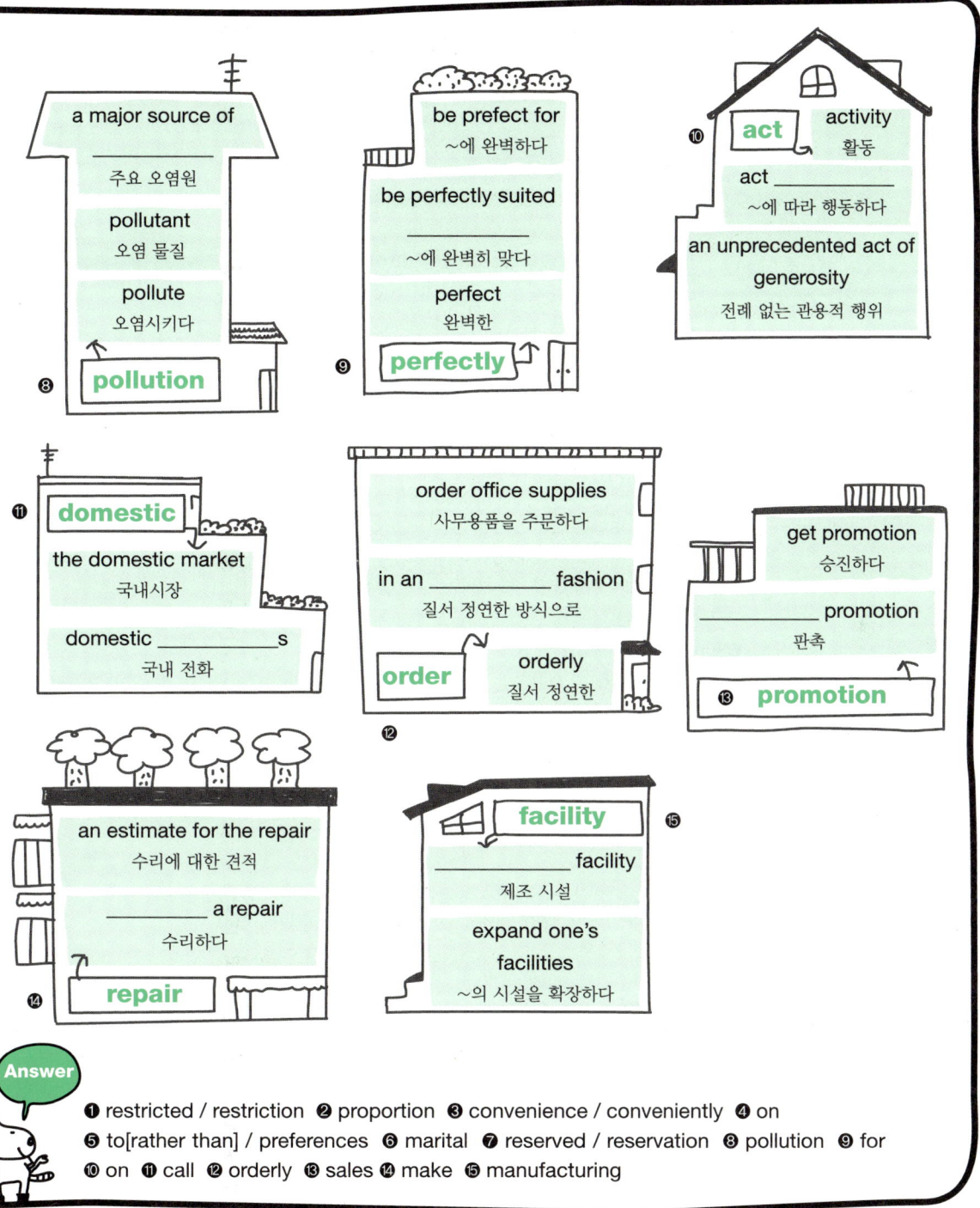

⑧ pollution

a major source of
주요 오염원

pollutant
오염 물질

pollute
오염시키다

⑨ perfectly

be prefect for
~에 완벽하다

be perfectly suited
_____
~에 완벽히 맞다

perfect
완벽한

⑩ act

activity
활동

act _____
~에 따라 행동하다

an unprecedented act of generosity
전례 없는 관용적 행위

⑪ domestic

the domestic market
국내시장

domestic _____s
국내 전화

⑫ order

order office supplies
사무용품을 주문하다

in an _____ fashion
질서 정연한 방식으로

orderly
질서 정연한

⑬ promotion

get promotion
승진하다

_____ promotion
판촉

⑭ repair

an estimate for the repair
수리에 대한 견적

_____ a repair
수리하다

⑮ facility

_____ facility
제조 시설

expand one's facilities
~의 시설을 확장하다

Answer

❶ restricted / restriction ❷ proportion ❸ convenience / conveniently ❹ on
❺ to[rather than] / preferences ❻ marital ❼ reserved / reservation ❽ pollution ❾ for
❿ on ⓫ call ⓬ orderly ⓭ sales ⓮ make ⓯ manufacturing

알·의견

Day 15

Our boss expressed the need to have all the employees attend a seminar that explains in detail the most efficient way to deal with stress in the workplace. The speaker is to talk about time-management as well. At the end of the seminar all of the employees will have a conversation about the pros and cons of the seminar.

우리 사장님은 모든 직원에게 직장 스트레스에 대처하는 가장 효과적인 방법을 자세히 설명하는 세미나에 참석할 필요성을 주장했다. 그 연사는 시간 관리에 대해서도 말할 것이다. 세미나 끝에 모든 직원들은 세미나에 대한 갑론을박을 할 것이다.

Basic Vocab

’’ ⓣ = **TOEIC 빈출 표현**

■ **express**
[iksprés]

v. 표현하다
a. 급행의, 명확한
a. expressive 감정을 표현하는
a. expressly 정확하게
n. expression 표현

’’ ⓣ the express bus 고속버스

’’ ⓣ be written expressly 정확히 작성되다

I would like to express my thanks for your kindness.
너의 친절에 감사를 표하고 싶다.

　○ kindness n. 친절함
　　　a. kind 친절한
　　　ad. kindly 친절하게, 제발

’’ ⓣ kindly refrain from speaking 제발 말을 삼가라

■ **need**
[ni:d]

n. 필요, 곤궁
v. 필요로 하다

’’ ⓣ need to ~해야 한다

My car needs to be repaired. (= My car needs repairing.)
내 차는 수리되어야 한다.

■ **attend**
[əténd]

v. 참석하다, 주의를 기울이다, 시중들다
n. attendance 참석, 출석
n. attention 주목, 집중
a. attentive 주의를 기울이는

’’ ⓣ attend the seminar 세미나에 참석하다

’’ ⓣ attend to ~를 돌보다

’’ ⓣ very attentive to the needs of ~의 요구에 매우 주의를 기울이는

explain
[ikspléin]

v. 설명하다

n. explanation 설명

★★ 'explain+목적어+to+사람'의 형태로 쓰이고 '~에게 ~를 설명하다'의 의미를 가진다.

The company explained the result of the survey.
회사는 조사 결과를 설명했다.

○ result n. 결과
       v. 결과로 생기다, 귀착하다

›› ⑪ the result of ~의 결과
›› ⑪ result from ~의 결과로 생기다
›› ⑪ result in 결과로 ~이 되다

detail
[díːteil]

n. 세부 사항

v. 상세히 설명하다

a. detailed 상세한

›› ⑪ in detail 상세히
›› ⑪ a detailed description 상세한 설명

More detail was needed in the task planning towards the end of the preparation period.
준비 기간 끝에는 좀 더 상세한 업무 계획이 필요했다.

○ task n. 직무, 일

›› ⑪ This task is demanding. 이 일은 벅차다.

○ preparation n. 준비
       v. prepare 준비하다

›› ⑪ prepare most of the drawings 대부분의 도안을 준비하다
›› ⑪ prepare for ~를 준비하다
›› ⑪ in preparation for ~의 준비로

efficient
[ifíʃənt]

a. 효율적인, 능률적인, 유능한

n. efficiency 효율성

›› ⑪ energy-efficient 에너지 효율적인
›› ⑪ efficient enough to meet our standards 우리의 기준에 부합할 만큼 능률적인

talk
[tɔːk]

v. 말하다

n. 대화, 회담

a. talkative 수다스러운

›› ⑪ talk with ~와 이야기하다
›› ⑪ talk to ~에게 이야기하다
›› ⑪ talk about ~에 대해 이야기하다

She talks to her sister on the phone every week.
그녀는 매주 전화로 언니와 이야기한다.

■ **as well**   phr. 게다가, 뿐만 아니라

★★ as well은 목적어를 동반하지 못하고 as well as(~뿐만 아니라)는 목적어를 동반한다.

Make sure you bring plenty of money as well.
많은 돈도 가져와야 한다.

Make sure you bring some money as well as a swimsuit.
수영복뿐 아니라 약간의 돈도 가져와야 한다.

■ **at the end of**   phr. ~의 끝에, ~의 말에

She is sitting at the end of the table.
그녀는 테이블 끝에 앉아 있다.

■ **conversation**   n. 대화
[kὰ:nvərséiʃən]   v. converse 대화하다

›› ⓣ a previous conversation 이전의 대화
›› ⓣ a nonverbal conversation 말을 사용하지 않은 대화(몸짓, 표정)

I happened to pass by two somewhat elderly ladies who were having a conversation.
난 우연히 대화를 하고 있는 다소 나이 든 두 명의 여성을 지나쳤다.

○ happen to phr. 우연히 ~하다
○ pass by phr. ~를 지나치다
○ somewhat ad. 다소, 약간

›› ⓣ somewhat controversial 다소 논쟁의 여지가 있는
›› ⓣ somewhat successful 다소 성공적인

■ **speak**   v. 말하다
[spi:k]   n. speaker 연사

›› ⓣ speak with[to]+사람 ~와 이야기하다
›› ⓣ speak quietly 조용히 이야기하다

If he tells Bob what I said, I'll never speak to him again.
그가 Bob에게 내가 말한 것을 말하면, 그와 다시는 이야기하지 않을 것이다.

■ **tell**   v. 말하다
[tel]

★★ 'tell+사람+목적어'의 형태로 쓰이고 '~에게 ~를 말하다'의 의미를 가진다.

›› ⓣ Can you tell me how to ~? ~하는 법을 말해주시겠어요?

He told us that he had a major in psychology and a minor in chemistry.
그는 우리에게 전공은 심리학이고 부전공은 화학이라고 말했다.

○ major n. 전공(in)
　　　　 a. 주요한
○ minor n. 부전공(in)
　　　　 a. 별로 중요하지 않은, 부차적인

■ say

[sei]

v. 말하다

★★ 'say+목적어+to+사람'의 형태로 쓰이고, '~에게 ~를 말하다'의 의미를 가진다.

>> ⓣ What do you say if ~? ~는 어떨까?

Mary said goodbye to all her friends and left.
Mary는 그녀의 모든 친구들에게 작별 인사를 하고 떠났다.

■ mention

[ménʃən]

v. 언급하다, 거론하다

★★ 'mention+목적어'의 형태로 쓰이며 'mention about+목적어'의 형태로 쓰지 않는다.

>> ⓣ not to mention ~은 말할 나위도 없고

The manager casually mentioned he was leaving his job.
부장은 회사를 그만둔다고 아무렇지도 않게 말했다.

○ casually ad. 무심코, 아무 생각 없이, 약식으로
    a. casual 우연의, 무심결의, 평상복의

>> ⓣ wear casual clothes 캐주얼한 옷을 입다
>> ⓣ visit casually 우연히 방문하다

■ describe

[diskráib]

v. 묘사하다

n. description 묘사

>> ⓣ beyond description 이루 말할 수 없는
>> ⓣ defy description 말로 형언할 수 없다
>> ⓣ a job description 업무 설명

He described the painting in detail.
그는 그림을 자세히 묘사했다.

○ in detail phr. 자세히

■ state

[steit]

v. 분명히 말하다

n. statement 진술서, 성명, 내역

>> ⓣ a bank statement 은행 거래 내역서
>> ⓣ a written statement 서면 진술서

The president was not satisfied with the statement.
사장은 진술서가 맘에 들지 않았다.

○ satisfied a. 만족한
    a. satisfactory 만족스러운
    n. satisfaction 만족
    v. satisfy 만족시키다

>> ⓣ The result was satisfactory. 결과는 만족스러웠다.
>> ⓣ Everybody was satisfied. 모두 만족하였다.

eloquent
[éləkwənt]

a. 웅변을 잘하는, 유창한

He is an eloquent speaker.
그는 유창한 연설가이다.

moving
[múːviŋ]

a. 가슴을 뭉클하게 하는, 움직이는

n. 이사

v. move 이사하다, 움직이다

>> ⓣ move in 이사 들어가다
>> ⓣ move out 이사 나가다
>> ⓣ moving sale 이사 가며 쓸모없는 물건을 파는 것

The speech was so moving that many people cried.
연설이 매우 감동적이어서 많은 사람들이 울었다.

fluent
[flúːənt]

a. 유창한, 능수능란한

>> ⓣ fluent in English 영어가 유창한

He is fluent in six languages.
그는 6개 국어에 능통하다.

compliment
[káːmplimənt]

n. 찬사, 경의

v. 칭찬하다

★★ 'compliment+사람+on+내용'의 형태로 쓰이고 '~를 ~에 대해 칭찬하다'의 의미를 가진다. 혹은 'pay+사람+a compliment'의 형태로 '칭찬하다'의 의미를 가진다.
I complimented them on their great performance.
난 그들의 훌륭한 공연에 대해 칭찬하였다.

concede
[kənsíːd]

v. 자백하다, 인정하다

I concede that the mistake was entirely mine.
난 전적으로 내 실수였다는 것을 인정한다.

○ entirely ad. 전적으로

>> ⓣ entirely attribute to 전적으로 ~의 탓이다

feedback
[fíːdbæk]

n. 의견, 반응

>> ⓣ receive feedback from ~에게서 의견을 듣다
>> ⓣ obtain one's feedback ~의 반응을 구하다

Can you give me any constructive feedback?
내게 건설적인 의견을 줄 수 있니?

○ constructive a. 건설적인, 적극적인

>> ⓣ constructive criticism 건설적 비판

■ illustrate
[íləstreit]

v. 예증하다, 분명히 보여주다

n. illustration 예증, 설명

Thesis illustrates how serious the problem of inflation has become.
논문은 인플레이션의 문제가 얼마나 심각한지를 보여준다.

  ○ thesis n. 논문
  ○ inflation n. 통화팽창, 인플레이션
        ant. deflation 통화수축, 디플레이션
        cf. stagnation(불경기), depression(불경기, 불황)
  ›› ⓣ increased inflation rates 상승된 통화팽창율

Must-know Vocab

■ given
[gívən]

a. 정해진, 특정한

prep. ∼을 고려해볼 때

  ›› ⓣ at a given time 정해진 시간에
  ›› ⓣ given the project has been approved 프로젝트가 승인되었다는 점을 고려해볼 때

■ dig
[dig]

v. 파다

syn. excavate

  ›› ⓣ dig a hole in the ground 땅에 구멍을 파다

■ urgently
[ə́:rdʒəntli]

ad. 급박하게

  ›› ⓣ urgently seek instructors 급하게 강사를 구하다

■ surpass
[sərpǽs]

v. 능가하다, 뛰어넘다

syn. exceed, outdo

  ★★ exceed와 surpass 모두 타동사로 목적어를 곧바로 받는다.
  ›› ⓣ surpass its previous years' levels of sales 이전 해의 판매 수치를 뛰어넘다

        ○ previous a. 이전의

■ belongings
[bilɔ́:ŋiŋz]

n. 소지품

cf. belong to ∼에 속하다

  ›› ⓣ personal belongings 개인 소지품

■ **remain**
[riméin]

v. ~인 채로 남아 있다, 남아 있다

★★ remain이 완전자동사일 경우엔 '남아 있다'란 뜻으로 'remain in Seoul(서울에 남다)'처럼 사용되고, 불완전자동사일 경우엔 '~인 채로 남아 있다'란 뜻으로 'remain unchanged(바뀌지 않은 채로 남아 있다)'처럼 사용된다.

›› ⓣ remain the top vacation destination 최고 휴가지로 남아 있다
›› ⓣ have remained the most popular 가장 인기가 있다
›› ⓣ remain silent 침묵을 지키다, 조용히 하다

■ **unfavorable**
[ʌnféivərəbl]

a. 불리한, 알맞지 않은, 호의적이지 않은

ant. favorable 적합한, 유리한, 호의적인

›› ⓣ unfavorable weather condition 부적합한 기후 상태
›› ⓣ unfavorable feedback 비판적 반응

■ **sequence**
[síːkwəns]

n. 연속적인 사건들, 순서

›› ⓣ The proper sequence of steps must be followed.
적합한 순서의 조치들이 이어져야 한다.

○ proper a. 적합한, 적절한

›› ⓣ proper identification 적합한 신분증
›› ⓣ at the proper location 적합한 곳에서

■ **excursion**
[ikskə́ːrʒn]

n. (단체) 여행

syn. outing

cf. trip (목적을 가진 짧은) 여행
    tour (관광의 목적을 가진) 여행
    travel (장거리, 장기) 여행
    journey (장거리) 여행, 여정

›› ⓣ tomorrow's excursion to 내일 ~로의 여행

■ **training**
[tréiniŋ]

n. 훈련, 교육

›› ⓣ the computer training 컴퓨터 교육
›› ⓣ the training session 교육 기간

○ session n. 시간, 기간, 회의

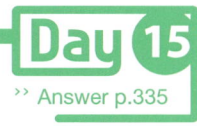
›› **A.** 다음 영영풀이에 해당하는 단어를 보기에서 고르세요.

〈보기〉 mention   sequence   detail   concede   conversation   explain

›› **1.** _____ : to speak about something briefly

›› **2.** _____ : talk between two or more people

›› **3.** _____ : to make something clear or easy to understand by describing or giving
information about it

›› **4.** _____ : a single piece of information or fact about something

›› **5.** _____ : to admit that something is true or correct

›› **6.** _____ : a number of events or things that happen one after another

›› **B.** 다음 구문의 빈칸을 채우세요.

›› **1.** 교육 기간 the training _____

›› **2.** 급하게 강사를 구하다 _____ seek instructors

›› **3.** 프로젝트가 승인되었다는 점을 고려해볼 때 _____ the project has been approved

›› **4.** 서면 진술서 a written _____

›› **C.** 다음 문장의 빈칸에 적합한 단어를 고르세요.

›› **1.** To learn about a company's culture, visit its website or _____ to its employees.
a. speak   b. say   c. tell   d. mention

›› **2.** He _____ the customers to make their checks payable to a company he owned.
a. told   b. talked   c. said   d. expressed

›› **3.** The tea tasters _____ to us why one cup of tea was better than the next.
a. told   b. explained   c. conversed   d. expressed

›› **4.** Provide a specific reference, or describe in _____ how the data were collected.
a. saying   b. explanation   c. conversation   d. detail

›› **5.** Customers _____ concerns about the impact that fossil fueled generation has on the
environment.
a. spoke   b. told   c. mentioned   d. expressed

Vocab Tool

the express bus
고속버스

be written _____
정확히 작성되다

result _____
~의 결과로 생기다

result in
결과로 ~이 되다

expressly
정확하게

expression
표현

attend to
~를 돌보다

attentive
주의를 기울이는

the result of
~의 결과

expressive
감정을 표현하는

attention
주목, 집중

attend the seminar
세미나에 참석하다

attendance
참석, 출석

very _____ to the needs of
~의 요구에 매우 주의를 기울이는

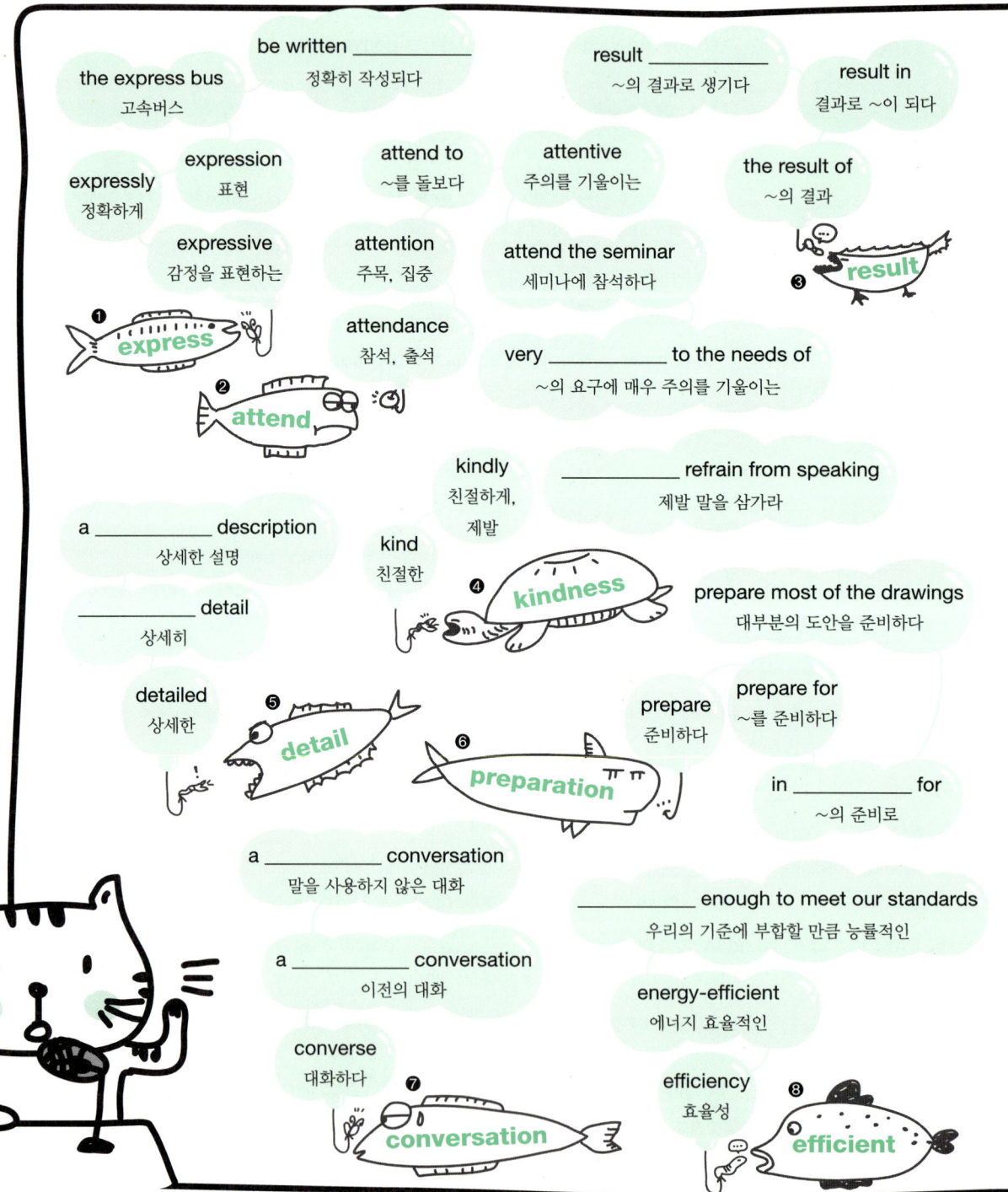

❶ express

❷ attend

❸ result

kindly
친절하게, 제발

_____ refrain from speaking
제발 말을 삼가라

a _____ description
상세한 설명

kind
친절한

❹ kindness

prepare most of the drawings
대부분의 도안을 준비하다

_____ detail
상세히

detailed
상세한

prepare
준비하다

prepare for
~를 준비하다

❺ detail

❻ preparation

in _____ for
~의 준비로

a _____ conversation
말을 사용하지 않은 대화

_____ enough to meet our standards
우리의 기준에 부합할 만큼 능률적인

a _____ conversation
이전의 대화

energy-efficient
에너지 효율적인

converse
대화하다

efficiency
효율성

❼ conversation

❽ efficient

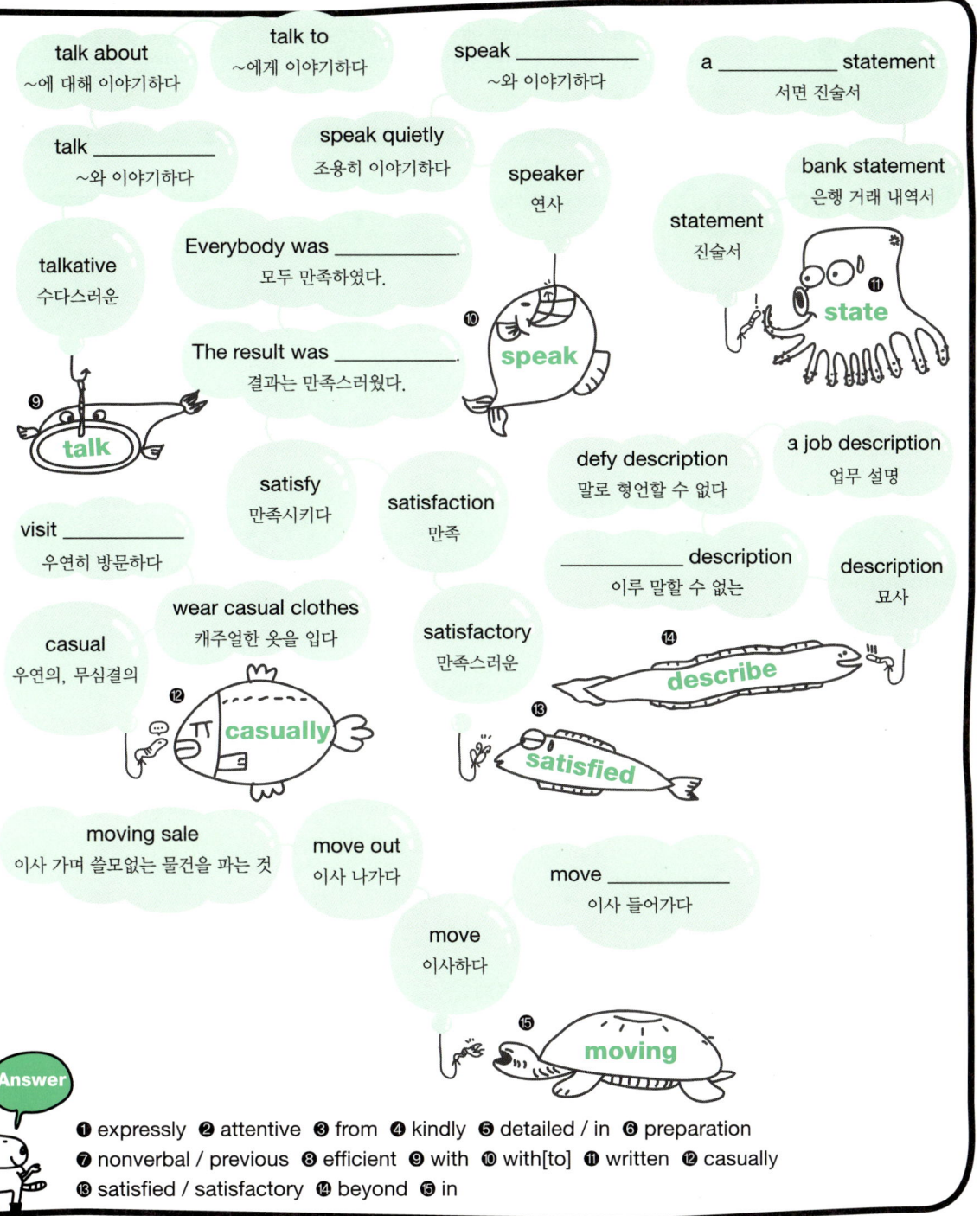

talk about
~에 대해 이야기하다

talk to
~에게 이야기하다

speak _____
~와 이야기하다

a _____ statement
서면 진술서

talk _____
~와 이야기하다

speak quietly
조용히 이야기하다

speaker
연사

bank statement
은행 거래 내역서

statement
진술서

talkative
수다스러운

Everybody was _____.
모두 만족하였다.

⑩

The result was _____.
결과는 만족스러웠다.

speak

state

⑪

⑨

talk

defy description
말로 형언할 수 없다

a job description
업무 설명

satisfy
만족시키다

satisfaction
만족

visit _____
우연히 방문하다

_____ description
이루 말할 수 없는

description
묘사

wear casual clothes
캐주얼한 옷을 입다

satisfactory
만족스러운

⑭

casual
우연의, 무심결의

⑫

casually

describe

⑬

satisfied

moving sale
이사 가며 쓸모없는 물건을 파는 것

move out
이사 나가다

move _____
이사 들어가다

move
이사하다

⑮

moving

Answer

❶ expressly ❷ attentive ❸ from ❹ kindly ❺ detailed / in ❻ preparation
❼ nonverbal / previous ❽ efficient ❾ with ❿ with[to] ⓫ written ⓬ casually
⓭ satisfied / satisfactory ⓮ beyond ⓯ in

물건

Day 16

The new program is very easy-to-install. You simply insert the compact disk and click on the troubleshooting icon to start the downloading process. Our new state-of-the-art technology is sophisticated, yet made easy for you to access.

새로운 프로그램은 설치하기 매우 쉽다. 그저 콤팩트디스크를 넣고 파일 내려 받기 절차를 시작하기 위해서 문제 해결 아이콘을 클릭하면 된다. 우리의 새로운 최신 기술은 정교하지만, 여러분이 이용하기 쉽게 만들었다.

Basic Vocab

>> ⓣ = **TOEIC** 빈출 표현

■ **easy-to-install**   phr. 설치하기 쉬운

The software is easy-to-install.
소프트웨어는 설치하기 쉽다.

■ **insert**   v. 삽입하다, 넣다
[insə́:rt]   n. insertion 삽입
>> ⓣ insert A into B A를 B에 넣다

■ **compact**   a. 소형의
[kəmpǽkt]   v. 압축하다
>> ⓣ a compact car 소형 자동차

The factory specializes in manufacturing compact cameras.
공장은 소형 카메라 생산을 전문으로 한다.

○ specialize in phr. ~를 전문으로 하다, 취급하다
○ manufacture v. 제조하다, 생산하다
　　　　　　 n. 제조, 생산
　　　　　　 n. manufacturer 제조업체, 생산 회사
>> ⓣ a proud manufacturer of ~의 자랑스러운 제조업자

■ **troubleshooting**   n. 문제 해결, 고장 수리
[trʌ́blʃùːtiŋ]   v. troubleshoot 문제를 해결하다
>> ⓣ consult the troubleshooting guide in the manual
사용설명서의 문제 해결 안내를 참조하다

The software has a built-in troubleshooting help center.
그 소프트웨어는 문제 해결 도움말 센터가 탑재되어 있다.

○ built-in a. 붙박이의, 내장된

download
[dàunlóud]

v. 다운로드하다, 내려받다

Click here to download the application form.

지원서를 내려 받으려면 여기를 클릭하세요.

state-of-the-art
[stéitəvðiá:rt]

a. 최첨단 기술을 사용한

It's a state-of-the-art, absolutely modern facility.

그것은 최첨단 기술을 사용한 매우 현대적인 시설이다.

○ absolutely ad. 틀림없이, 굉장히
　　a. absolute 절대적인

'' ⓣ absolutely forbidden 절대적으로 금지된
'' ⓣ absolute confidence 절대적 신뢰

sophisticated
[səfístikeitid]

a. 정교한, 세련된

n. sophistication 정교함, 세련됨

The software is sophisticated enough to tackle most design projects.

소프트웨어는 대부분의 디자인 프로젝트를 다룰 수 있을 정도로 정교하다.

○ tackle v. 힘든 문제를 갖고 씨름하다, 태클을 걸다

'' ⓣ tackle the problem 문제를 갖고 씨름하다

yet
[jet]

con. 그렇지만

ad. (부정문, 의문문에서) 아직

★★ 접속사로 쓰일 경우, 문장을 이끄는 but의 자리에 대신 사용될 수 있다.

'' ⓣ have yet to+동사원형 아직 ~하지 못하다

It's a small car, yet it is very fast.

그것은 작은 차이지만 매우 빠르다.

My new bookshelf hasn't been delivered yet.

새 책장이 아직 배달되지 않았다.

transparent
[trænspǽrənt]

a. 투명한, 속이 들여다보이는

n. transparency 투명함

ant. opaque 불투명한

The water is so clean it is transparent.

물이 너무 깨끗해서 속이 훤히 들여다 보인다.

soluble
[sá:ljubl]

a. 용해되는

n. solution 용액, 해법, 해결책, 해상도

'' ⓣ a water-soluble paint 수용성 페인트

Gold is soluble in any solution that contains an oxidizing agent.

금은 산화제를 포함한 용액에 녹는다.

○ oxidizing a. 산화시키는, 녹슬게 하는
○ agent n. 물질, 대리
　　cf. agency 대행업체, 단체

›› ⓣ a real estate agent 부동산 중개인
›› ⓣ at a nonprofit agency 비영리 단체에서

■ **durable**
[djúrəbl]

a. 내구성 있는, 오래가는

n. durability 내구성

Porcelain enamel is strong and durable.
법랑은 강하고 내구성이 있다.

■ **portable**
[pɔ́ːrtəbl]

a. 휴대용의

n. portability 휴대할 수 있음

›› ⓣ high-performance portable device 고성능 휴대 장비

Laptop computers are made to be portable.
노트북 컴퓨터는 휴대할 수 있도록 만들어졌다.

■ **disposable**
[dispóuzəbl]

a. 처리할 수 있는, 일회용의, 이용 가능한

v. dispose 처리하다

n. disposal 처리, 처분

›› ⓣ at one's disposal ~가 원하는 대로 쓸 수 있는
›› ⓣ disposable income 이용 가능한(실제의) 소득

Disposable cups can be useful when measuring samples that are difficult to clean up or handle.
씻거나 처리하기 힘든 샘플을 측정할 때는 일회용 컵이 유용하다.

○ handle v. 처리하다, 다루다, 만지다
　　　　 n. 손잡이

›› ⓣ handle something with care ~를 조심스럽게 다루다
›› ⓣ grip the handle 손잡이를 잡다

■ **waterproof**
[wɔ́ːtərpruːf]

a. 방수의

cf. bulletproof 방탄의

Our waterproof equipment is excellent.
우리의 방수 장비는 훌륭하다.

○ equipment n. 장비 (셀 수 없는 명사)
　　　　　　 v. equip 장비를 갖추게 하다

›› ⓣ equip A with B A에 B를 갖추다
›› ⓣ be equipped with ~가 ~를 갖추다

○ excellent a. 뛰어난, 훌륭한

›› ⓣ an excellent employee 뛰어난 직원

■ impervious
[impə́:rviəs]

a. (액체, 기체를) 침투시키지 않는(to)

The product is impervious to moisture.
상품은 습기가 스며들지 않는다.

■ elasticity
[ìlæstísəti]

n. 탄력성

a. elastic 고무로 된, 탄력이 있는

My plans are very elastic.
내 계획들은 매우 신축적이다.

■ texture
[tékstʃər]

n. 직물의 감촉, 질감

This wine has a rich texture.
이 와인은 풍부한 질감이 느껴진다.

○ rich a. 부유한, 풍부한, 진한

›› ⓣ rich soil 비옥한 토양
›› ⓣ a rich source of ~의 풍부한 원천

■ rusty
[rʌ́sti]

a. 녹슨, (실력이) 예전 같지 않은

n. rust 녹

The tools got rusty and dull.
도구들이 녹이 슬고 무뎌졌다.

○ dull a. 무딘, 따분한, 구름 낀

■ fragile
[frǽdʒəl]

a. 깨지기 쉬운, 약한, 섬세한

n. fragility 깨지기 쉬움, 약함

All fragile items are regularly shipped.
모든 깨지기 쉬운 품목들이 정기적으로 운송된다.

○ regularly ad. 정기적으로, 규칙적으로
　　　　a. regular 정기적인, 규칙적인, 일반의
　　　　n. regular 단골손님, 고정 고객
　　　　n. regularity 정기적임, 규칙적임

›› ⓣ on a regular basis 규칙적으로
›› ⓣ by regular or express delivery 일반 배달 혹은 속달로

○ ship v. 선적하다, 운송하다

›› ⓣ ship ~ free of charge ~를 무료로 운송하다

■ versatile
[və́:rsətəl]

a. 다용도의, 다재다능한

n. versatility 다용도, 다재다능

›› ⓣ durable and versatile 내구성이 있고 다용도인

Her wardrobe is very versatile.
그녀의 옷장은 매우 다용도이다.

○ wardrobe n. 옷장

■ lasting
[lǽstiŋ]

a. 지속적인, 오랜

v. last 지속되다

›› ⓣ have a lasting effect on ~에 대해 지속적인 영향을 미치다
›› ⓣ long lasting 오래 지속되는

I have lasting memories from my final year at college.
난 대학 마지막 해에 오랜 추억이 있다.

　　❍ memory n. 기억, 추억, 기억력

■ device
[diváis]

n. 장치, 기구

syn. apparatus

›› ⓣ an electronic device 전자장치

Please turn off all electronic devices prior to take-off.
이륙 전에 전자기구를 끄세요.

　　❍ prior to phr. ~이전에
　　❍ take-off n. 이륙
　　　　　v. take off 이륙하다, 옷을 벗다
　　　　　ant. landing 착륙

■ appliance
[əpláiəns]

n. 기구, 장치, 설비

cf. utensil 기구, 용구

★★ appliance는 흔히 '전자 기능을 가진' 제품을 나타내고 utensil은 흔히 '특별한 용도'에 사용되는 기구를 나타낸다.

›› ⓣ home[household] appliances 가전제품
›› ⓣ kitchen utensils 주방 용구

She plans on buying all new kitchen appliances.
그녀는 모든 주방 기구를 새로 살 계획이다.

　　❍ plan on -ing phr. ~할 계획이다
　　　　　cf. plan+to부정사 ~할 계획이다
　　　　　plan for+명사 ~에 대한 계획

■ jewelry
[dʒúːəlri]

n. 보석류 (셀 수 없는 명사)

n. jewel 보석 (셀 수 있는 명사)

He always buys his wife some new jewelry for her birthday.
그는 언제나 아내에게 생일날 새 보석을 사준다.

　　❍ buy v. 사다, 사주다

★★ 'buy+사람+물건'의 형태로 쓰이며, '~에게 ~를 사주다'의 의미를 가진다.

Tip 셀 수 있는 명사 – 셀 수 없는 명사

a jewel(보석) – jewelry(보석류)　　　　a machine(기계) – machinery(기계류)
a tool(도구) – equipment(장비)　　　　a scene(장면) – scenery(경치)
a poem(시 한편) – poetry(시)　　　　　a chair, a desk(의자 하나, 책상 하나) – furniture(가구)
a bag, a suitcase(가방 하나, 여행 가방 하나) – luggage, baggage(수하물)

capacity
[kəpǽsəti]

n. 수용력, 용량, 역량

>> ⓣ the seating capacity of ~의 좌석 수
>> ⓣ be filled to capacity 꽉 차다

The factory is working at full capacity.
공장은 전면 가동되고 있다.

The expansion of the stadium will increase seating capacity by 10,000 people.
경기장의 확장으로 좌석 수가 1만 명분까지 증가할 것이다.

○ expansion n. 확장
      v. expand 확장하다

>> ⓣ the expansion plan 확장 계획
>> ⓣ for expanding the stadium 경기장 확장을 위해

resistant
[rizístənt]

a. 저항하는, ~한 저항력이 있는

>> ⓣ be resistant to ~에 대한 저항력이 있다
>> ⓣ resistant to corrosion 부식을 방지할 수 있는

The furniture is totally fire resistant.
가구는 완전히 내화성이 있다.

○ totally ad. 완전히, 전적으로

drape
[dreip]

v. 천으로 느슨하게 덮다

She draped the table with a white cloth.
그녀는 테이블을 하얀 천으로 덮었다.

furnish
[fə́ːrniʃ]

v. 공급하다, 필요한 물건을 갖추다

a. furnished 가구가 비치된

>> ⓣ a furnished apartment 가구가 완비된 아파트
>> ⓣ furnish A with B A에게 B를 제공하다

How do you plan on furnishing the office?
사무실에 어떻게 가구를 비치할 계획이니?

ventilation
[vèntiléiʃən]

n. 환기

v. ventilate 환기시키다

>> ⓣ open for ventilation 환기를 위해 열어둔

The hospital is installing brand-new ventilation equipment.
병원은 새 환기장치를 설치하고 있다.

○ install v. 설치하다
      n. installation 설치
      cf. installment 분납, 할부

○ brand-new a. 아주 새로운, 신품의

>> ⓣ a brand-new car 신형 모델의 차

■ **perishable**
[périʃəbl]

a. 썩기 쉬운

v. perish 죽다, 소멸하다, 썩다

›› ⓣ deliver perishable food 썩기 쉬운 음식을 배달하다

Any perishable fruits should be refrigerated.
썩기 쉬운 과일들은 냉장되어야 한다.

        ◐ refrigerate v. 냉각시키다, 냉동하다

                n. refrigerator 냉장고

■ **out of stock**

phr. 재고가 없는

›› ⓣ temporarily out of stock 일시적으로 품절된

That item is currently out of stock.
그 물건은 현재 품절되었다.

        ◐ item n. 항목, 물건

›› ⓣ reach for an item 물건을 잡으려 팔을 뻗다
›› ⓣ an inexpensive item 저렴한 물건

■ **merchandise**
[mə́ːrtʃəndaiz]

n. 상품 (셀 수 없는 명사)

›› ⓣ Some merchandise may be unavailable. 일부 상품은 구할 수 없을 수도 있다.
›› ⓣ The merchandise is shipped. 물건이 운송되다.

Must-know Vocab

■ **material**
[mətíəriəl]

n. 재료, 자료

›› ⓣ some instructional materials 몇 가지 교육 자료

Did you receive all of the technical materials?
모든 기술 자료를 받았습니까?

        ◐ technical a. 기술적인, 전문적인

                n. technology 기술

›› ⓣ technical development 기술 개발, 기술 발전

■ **component**
[kəmpóunənt]

n. 부품, 요소

syn. part

›› ⓣ Worn-out components can be replaced. 닳은 부품은 교체될 수 있다.

        ◐ worn-out a. 써서 낡은, 닳아 해진, 기진맥진한

■ **make up for**　　phr. ~를 보충하다

She promised to make up for any lost sales.
그녀는 판매 손실을 보충하기로 약속했다.

        ◎ lost a. 손실이 난, 길을 잃은, 잃어버린
            n. loss 분실, 상실, 손실
            v. lose 지다, 패배하다, 잃다
            cf. loose 헐거운, 느슨한

      ›› ⓣ get lost 길을 잃다

■ **load**　　v. 싣다
[loud]　　ant. unload 짐을 내리다

   ›› ⓣ be loaded onto a ship 배 위에 실리다

The merchandise will be loaded onto the delivery truck.
물건은 배송 트럭에 실릴 것이다.

■ **analysis**　　n. 분석
[ənǽləsis]　　v. analyze 분석하다
        a. analytic 분석적인

   ›› ⓣ a thorough analysis 철저한 분석

■ **point to[at]**　　phr. ~를 가리키다
        n. point 요점, 의견, 점수, 점

   ›› ⓣ the break-even point 손익 분기점

■ **be known as**　　phr. ~라고 알려지다
        cf. be known for ~때문에 잘 알려지다

   ›› ⓣ A also known as B B라고도 알려진 A

In high school, he was known as the genius of his class.
고등학교 때, 그는 학급의 천재로 알려졌었다.

■ **collaborate**　　v. 협조하다, 협동하다
[kəlǽbəreit]　　n. collaboration 협동

   ›› ⓣ collaborate on ~에 대해 협조하다
   ›› ⓣ collaborate with ~와 협동하다

All of the scientists collaborated on this research.
모든 과학자들이 이 연구에 협조했다.

   ★★ 'all of the+명사'는 some, each, most 등의 한정사들과 같이 명사 앞에 the가 있으면 of와
       함께 사용된다.

■ invite
[inváit]

v. 초대하다

a. inviting 유혹적인, 솔깃한

★★ 'invite+목적어+to부정사'의 형태로 쓰이고, '~를 ~하도록 초대하다'의 의미를 가진다.

>> ⓣ invite retiring employees 퇴직하는 직원들을 초대하다

■ nevertheless
[nèvərðəlés]

ad. 그렇기는 하지만, 그럼에도 불구하고

cf. however 그렇지만, 아무리 ~해도

★★ '_____ 주어+동사, 주어+동사' 구문에서 종속절의 주어와 동사를 이끄는 접속사가 들어가야 하므로 빈칸에 '~에도 불구하고'의 의미가 들어가야 한다면 nevertheless는 될 수 없고, although가 적절하다.

>> ⓣ a small but nevertheless useful device 작지만 유용한 장치

Let's Drill

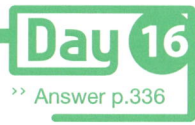

>> **A.** 다음 영영풀이에 해당하는 단어를 보기에서 고르세요.

〈보기〉 portable   disposable   state-of-the-art   transparent   troubleshooting   load

>> **1.** _____ : transmitting light

>> **2.** _____ : easily or conveniently transportable

>> **3.** _____ : determining and settling problems

>> **4.** _____ : designed to be disposed of after use

>> **5.** _____ : very modern and using the most recent ideas and methods

>> **6.** _____ : to put a large quantity of things

>> **B.** 다음 구문의 빈칸을 채우세요.

>> **1.** 규칙적으로 on a _____ basis

>> **2.** 꽉 차다 be filled to _____

>> **3.** 가구가 완비된 아파트 a _____ apartment

>> **4.** 물건을 잡으려 팔을 뻗다 reach for an _____

>> **C.** 다음 문장의 빈칸에 적합한 단어를 고르세요.

>> **1.** The Smith gun was so _____ it lasted the full 10 rounds.
   a. easy-to-install   b. durable   c. soluble   d. transparent

>> **2.** She is so _____; you can always tell when she is lying.
   a. potable   b. easy-to-install   c. sophisticated   d. transparent

>> **3.** He took with him a _____ radio on the camping trip.
   a. portable   b. troubleshooting   c. soluble   d. disposable

>> **4.** He uses _____ razors when he is traveling.
   a. water-soluble   b. durable   c. sophisticated   d. disposable

>> **5.** The building has _____ smoke detecting sensors which are triggered by smoke.
   a. sophisticated   b. compact   c. disposable   d. durable

Vocab Tool

❶ **manufacture**

manufacturer
제조업체

a proud _____ of
~의 자랑스러운 제조업자

❸ **disposable**

at one's _____
~가 원하는 대로 쓸 수 있는

disposal
처리, 처분

dispose
처리하다

disposable income
이용 가능한 소득

❻ **rich**

rich _____
비옥한 토양

a rich source of
~의 풍부한 원천

agency
대행업체, 단체

a real estate agent
부동산 중개인

❷ **agent**

at a nonprofit _____
비영리 단체에서

❹ **absolutely**

_____ confidence
절대적 신뢰

absolute
절대적인

absolutely forbidden
절대적으로 금지된

❺ **equipment**

equip 장비를
갖추게 하다

equip A with B
A에 B를 갖추다

be _____ with
~가 ~를 갖추다

handle something with care
~를 조심스럽게 다루다

❼ **handle**

_____ the handle
손잡이를 잡다

have a _____ effect on
~에 대해 지속적인 영향을 미치다

last
지속되다

❽ **lasting**

long lasting
오래 지속되는

by regular or express delivery
일반 배달 혹은 속달로

❾ **regularly**

on a _____ basis
규칙적으로

regular
정기적인, 단골손님

regularity
정기적임

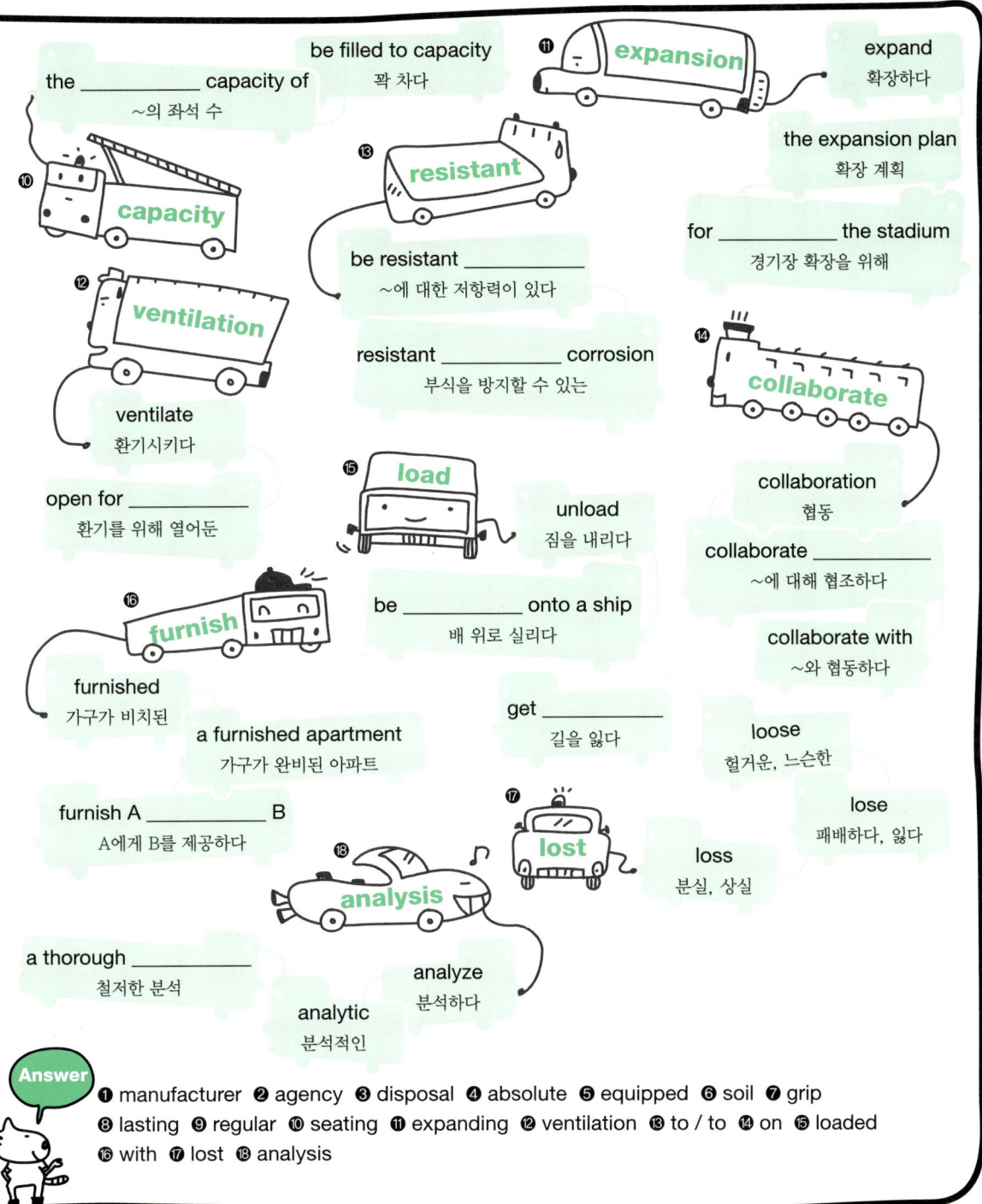

the _____ capacity of
~의 좌석 수

be filled to capacity
꽉 차다

expansion

expand
확장하다

the expansion plan
확장 계획

for _____ the stadium
경기장 확장을 위해

capacity

resistant

be resistant _____
~에 대한 저항력이 있다

resistant _____ corrosion
부식을 방지할 수 있는

collaborate

collaboration
협동

collaborate _____
~에 대해 협조하다

collaborate with
~와 협동하다

ventilation

ventilate
환기시키다

open for _____
환기를 위해 열어둔

load

unload
짐을 내리다

be _____ onto a ship
배 위로 실리다

furnish

furnished
가구가 비치된

a furnished apartment
가구가 완비된 아파트

get _____
길을 잃다

loose
헐거운, 느슨한

lose
패배하다, 잃다

lost

loss
분실, 상실

furnish A _____ B
A에게 B를 제공하다

analysis

a thorough _____
철저한 분석

analyze
분석하다

analytic
분석적인

준수·적응

Day 17

When in a different country, you need not only to obey the laws, you also need to adapt to the culture and customs of that culture. Many people are easily adaptable by nature, thus, they don't find a problem conforming to different situations.

타국에서는 그 나라 법을 지켜야 할 뿐 아니라 문화와 그 문화의 풍습에 적응해야 한다. 많은 사람들은 본질적으로 쉽게 적응할 수 있다. 따라서 그들은 다른 상황에 적응하는데 문제가 없다.

Basic Vocab

■ **different**
[dífərənt]

a. 다른, 여러 가지의
v. differ 다르다

 ⓣ be different from (= differ from) ~와 다르다

■ **obey**
[oubéi]

v. 복종하다, 따르다
n. obedience 복종

He refused to obey a direct command.
그는 직접적인 명령에 복종하기를 거부했다.

 ○ direct a. 직접적인, 솔직한
  v. 지시하다, 길을 대다, ~에게 보내다
  n. direction 방향, 지시

 ⓣ direct mail 광고 우편물
 ⓣ direct all questions to 모든 질문들을 ~에게 보내다

 ○ command v. 명령하다, 지배하다, 경치를 내다보다, 구사하다
  n. 명령, 지배력, 구사능력, 전망

 ⓣ have a good command of ~를 잘 구사하다

■ **adapt**
[ədǽpt]

v. 적응하다, 적응시키다, 각색하다, 번안하다
n. adaptation 적응, 각색, 번안
n. adaptability 적응력

 ⓣ adapt to ~에 적응하다
 ⓣ a faithful adaptation of ~의 충실한 개작

Most past climate changes occurred slowly, allowing plants and animals to adapt to the new environment.
대부분 과거의 기후 변화는 서서히 발생하여 동식물이 새로운 환경에 적응할 수 있게 했다.

 ○ climate n. 기후
 ○ occur v. 발생하다 (= happen = take place)

★★ occur, happen, take place는 모두 완전자동사이므로 목적어를 가질 수 없다.

 ○ allow v. 허용하다, 참작하다

›› ⓣ allow+목적어+to+동사원형 ~가 ~하도록 허용하다
›› ⓣ allow for ~를 참작하다, ~를 계산에 넣다

■ **customs**

[kʌ́stəmz]

n. 관세, 세관

›› ⓣ customs clearance 통관
›› ⓣ a customs official 세관원
›› ⓣ a customs declaration form 세관신고서

■ **by nature**

phr. 본래, 날 때부터

Certain animal breeds are lazy by nature.
어떤 동물 종은 천성적으로 게으르다.

■ **conform**

[kənfɔ́:rm]

v. ~에 따르다, 순응하다(to)

n. conformation 순응

›› ⓣ conform to the contract conditions 계약 조건에 따르다

Court is proposing two amendments to conform the rule to actual practice.
법정은 법규가 실제 관행에 맞도록 두 가지 개정안을 제안하고 있다.

 ● amendment n. 개정, 개정안
     v. amend 개정하다

■ **adhere**

[ædhíər]

v. ~에 집착하다, ~을 고수하다(to)

n. adherence 고수

›› ⓣ adhere to the safety guidelines 안전 지침을 지키다

The translator has adhered very strictly to the original text.
그 번역가는 아주 엄격하게 원본을 따랐다.

 ● translator n. 번역가
     v. translate 번역하다

›› ⓣ translate the passage 지문을 번역하다
›› ⓣ translate A into B A를 B로 번역하다

 ● strictly ad. 엄격하게, 엄밀히
     a. strict 엄격한, 엄밀한

›› ⓣ be strictly enforced 엄격히 실행되다
›› ⓣ be strictly limited 엄격히 제한되다

■ **comply**

[kəmplái]

v. 따르다, 순응하다(with)

n. compliance 순응

›› ⓣ comply with the regulations 규정을 따르다

All restaurants must comply with hygiene regulations.
모든 식당은 위생 규정을 따라야 한다.

 ● hygiene n. 위생

›› ⓣ personal hygiene 개인위생

■ **observance**

[əbzə́:rvəns]

n. 준수, 의식

v. observe 지키다, 따르다, 관찰하다

cf. observation 관찰

›› ⓣ **in observance of** ~를 준수하여, 기념하여

The decline in religious observances is said to be partly responsible for social decline.

종교 의식의 쇠퇴가 사회적 타락에 부분적으로 책임이 있다고 사람들은 말한다.

○ decline n. 감소, 하락

   v. 감소하다, 하락하다

›› ⓣ **the recent decline in the demand for** ~에 대한 수요의 최근 감소

○ religious a. 종교의, 종교적인

   n. religion 종교

○ partly ad. 부분적으로

›› ⓣ **partly responsible for** ~에 대해 부분적으로 책임이 있는

■ **observe**

[əbzə́:rv]

v. 지키다, 따르다, 관찰하다

People must observe the law and nobody should be an exception.

사람들은 법을 준수해야 하며 누구도 예외가 되어서는 안 된다.

○ exception n. 예외

■ **stick to**

phr. ~을 고수하다

Heather decided to stick to a healthy diet.

Heather는 건강한 식이요법을 고수하기로 결심했다.

○ diet n. 식사, 다이어트

   a. dietary 음식물의

›› ⓣ **go on a diet** 다이어트 하다

›› ⓣ **a balanced diet** 균형 잡힌 식사

›› ⓣ **dietary restrictions** 음식물의 제한

■ **abide by**

phr. ~을 지키다, 준수하다, 따르다

Competitors must abide by the judge's decision.

시합 상대들은 심판의 결정에 따라야 한다.

○ competitor n. 경쟁자, 경쟁 상대

   v. compete 경쟁하다, 시합하다

   n. competition 경쟁, 시합

   a. competitive 경쟁적인, 치열한

›› ⓣ **compete in a highly competitive market** 매우 치열한 시장에서 경쟁하다

›› ⓣ **compete with[against]** ~와[~에 대항하여] 경쟁하다

in accordance with phr. ~에 의거하여

Please make any vacation plans in accordance with the company policy.
회사 정책에 의거하여 휴가 계획을 세우시오.

○ vacation n. 휴가
⑦ on vacation 휴가 중인

○ policy n. 정책
⑦ return policy 환불 정책

accordingly
[əkɔ́:rdiŋli]

ad. 그에 따라서

When cataloging specimens that need to be analyzed, mark the samples accordingly.
분석되어야 하는 견본들의 목록을 작성할 때엔, 그에 맞춰 샘플에 표시를 해라.

○ specimen n. 견본, 표본

detach
[ditǽtʃ]

v. 떼다, 분리하다

⑦ detach A from B A를 B에서 떼어내다

Please detach the form and send it with payment.
양식을 떼어내서 납부금과 함께 보내세요.

Must-know Vocab

combination
[kɑ̀:mbinéiʃən]

n. 결합, 조합
v. combine 결합하다
syn. mix, blend, amalgamate

⑦ combine A with B A를 B와 결합하다
⑦ in combination with ~와 결합하여, ~와 합동으로

conclusion
[kənklú:ʒən]

n. 결론
v. conclude 결론짓다
a. conclusive 결정적인, 확실한

⑦ in conclusion 결론적으로
⑦ reach a conclusion 결론에 이르다

utilize
[jú:təlaiz]

v. 활용하다, 이용하다
n. utilization 활용
cf. harness v. (동력원 등으로) 이용하다, 마구를 채우다
          n. 마구

⑦ utilize equipment 장비를 이용하다

aim
[eim]

n. 목표, 목적

v. ~를 목표로 하다

›› ① with the aim of ~를 목표로
›› ① aim at -ing ~를 겨냥하다, 목표로 하다
›› ① be aimed to+동사원형 (= be aimed at -ing) ~를 목표로 하다

total
[tóutəl]

a. 전체의, 완전한

›› ① in total 총

In total, over 200 students failed to pass the exam.
총 200명 이상의 학생들이 시험에 떨어졌다.

travel
[trǽvəl]

n. 여행

v. 여행하다

›› ① a travel agency 여행사
›› ① travel expenses 여행 경비

request
[rikwést]

n. 요청

v. 요청하다

›› ① upon request 요청 즉시

unused
[ʌnjúːzd]

a. 사용되지 않는

›› ① unused vacation days 사용하지 않은 휴가일

Please return any unused material to the warehouse.
사용하지 않은 재료는 창고로 반납하세요.

◑ warehouse n. 창고

lead to

phr. ~를 초래하다, 이끌다

We hope this leads to continued expansion in the future.
우리는 이것이 미래에 지속적인 확장을 이끌길 바란다.

◑ in the future phr. 미래에

pile
[pail]

v. 쌓다, 포개다

n. 더미

syn. stack, accumulation

›› ① pile books on the floor 마룻바닥에 책을 쌓다
›› ① arrange a pile of books 책 더미를 정돈하다
›› ① pile up 쌓다

>> **A.** 다음 영영풀이에 해당하는 단어를 보기에서 고르세요.

> 〈보기〉 adapt   hygiene   amendment   detach   customs   observance

>> **1.** _____ : to change your behavior in order to deal with the situation

>> **2.** _____ : the official organization responsible for collecting taxes for goods coming into a country

>> **3.** _____ : a section added to a law to change it

>> **4.** _____ : practice of keeping yourself and your surroundings clean

>> **5.** _____ : practice of obeying a law or custom

>> **6.** _____ : to remove one thing from another

>> **B.** 다음 구문의 빈칸을 채우세요.

>> **1.** 책 더미를 정돈하다 arrange a _____ of books

>> **2.** 요청 즉시 upon _____

>> **3.** 결론적으로 in _____

>> **4.** ~와 합동으로 in _____ with

>> **5.** 매우 치열한 시장에서 경쟁하다 compete in a highly _____ market

>> **C.** 다음 문장의 빈칸에 적합한 단어를 고르세요.

>> **1.** The soldier was court-martialed for refusing to _____ orders.
  a. adhere   b. obey   c. comply   d. adapt

>> **2.** It is regretful that we are unable to _____ with your request.
  a. comply   b. stick   c. abide   d. observe

>> **3.** He could not _____ to the strict discipline the academy demanded.
  a. conform   b. abide   c. obey   d. observe

>> **4.** We celebrate Easter in _____ of our Christian faith.
  a. observation   b. observatory   d. observant   d. observance

>> **5.** She is not _____ to new environments.
  a. adaptable   b. applicable   c. adoptable   d. acceptable

Vocab Tool

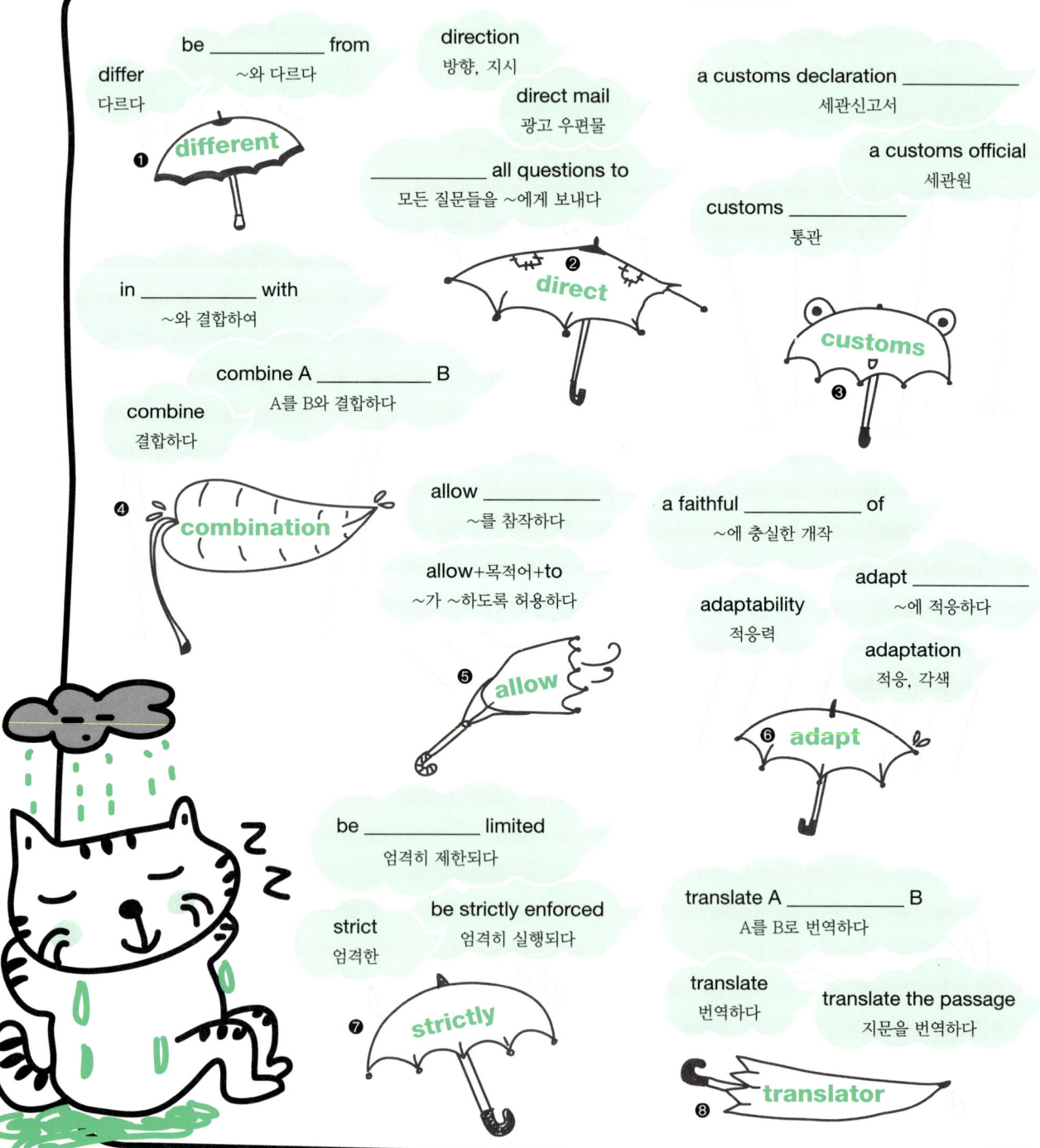

be _____ from
~와 다르다

direction
방향, 지시

a customs declaration _____
세관신고서

differ
다르다

different ❶

direct mail
광고 우편물

a customs official
세관원

_____ all questions to
모든 질문들을 ~에게 보내다

customs _____
통관

in _____ with
~와 결합하여

direct ❷

customs ❸

combine A _____ B
A를 B와 결합하다

combine
결합하다

❹ **combination**

allow _____
~를 참작하다

a faithful _____ of
~에 충실한 개작

adaptability
적응력

adapt _____
~에 적응하다

allow+목적어+to
~가 ~하도록 허용하다

adaptation
적응, 각색

❺ **allow**

❻ **adapt**

be _____ limited
엄격히 제한되다

translate A _____ B
A를 B로 번역하다

be strictly enforced
엄격히 실행되다

strict
엄격한

translate
번역하다

translate the passage
지문을 번역하다

❼ **strictly**

❽ **translator**

174

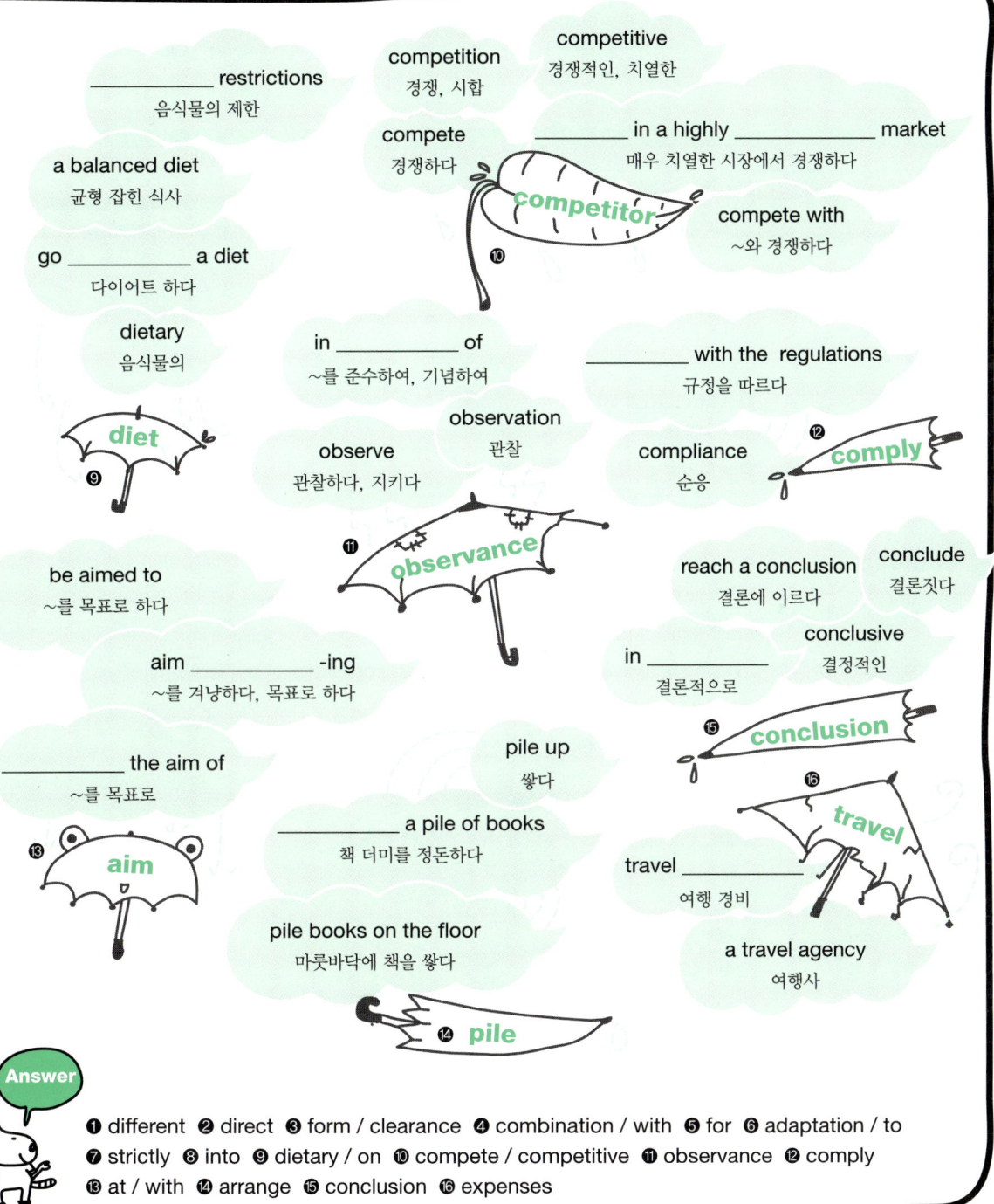

_____ restrictions
음식물의 제한

competition
경쟁, 시합

competitive
경쟁적인, 치열한

compete
경쟁하다

a balanced diet
균형 잡힌 식사

_____ in a highly _____ market
매우 치열한 시장에서 경쟁하다

competitor

go _____ a diet
다이어트 하다

compete with
~와 경쟁하다

dietary
음식물의

in _____ of
~를 준수하여, 기념하여

_____ with the regulations
규정을 따르다

diet
❾

observation
관찰

observe
관찰하다, 지키다

compliance
순응

comply
⓬

observance
⓫

be aimed to
~를 목표로 하다

reach a conclusion
결론에 이르다

conclude
결론짓다

aim _____ -ing
~를 겨냥하다, 목표로 하다

in _____
결론적으로

conclusive
결정적인

_____ the aim of
~를 목표로

pile up
쌓다

conclusion
⓯

⓰

aim
⓭

_____ a pile of books
책 더미를 정돈하다

travel

travel _____
여행 경비

pile books on the floor
마룻바닥에 책을 쌓다

a travel agency
여행사

pile
⓮

Answer

❶ different ❷ direct ❸ form / clearance ❹ combination / with ❺ for ❻ adaptation / to
❼ strictly ❽ into ❾ dietary / on ❿ compete / competitive ⓫ observance ⓬ comply
⓭ at / with ⓮ arrange ⓯ conclusion ⓰ expenses

Day 18

When you make your donation, we kindly ask you to enclose a check payable to The Children's Hospital. Attached in this envelope is an appendix with information about the new wing that was opened last month with your help.

기부를 할 때는, 아동 병원에 지불 가능한 수표를 동봉해주시면 감사하겠습니다. 이 봉투에 첨부된 것은 지난달 귀하의 도움으로 개원하게 된 신관에 대한 정보가 들어 있는 부록물입니다.

Basic Vocab

” ⓣ = **TOEIC** 빈출 표현

■ **donation**
[dounéiʃən]

n. 기부, 기부금
v. donate 기부하다

” ⓣ donate money to local charities 지역 자선단체에 돈을 기부하다

Donations are entirely optional.
기부는 전적으로 선택에 달려 있다.

○ entirely ad. 완전히, 전적으로
　　a. entire 전체의, 완전한

■ **enclose**
[inklóuz]

v. 동봉하다
n. enclosure 동봉물

” ⓣ the enclosed product 동봉된 제품

Please enclose a curriculum vitae with your letter of application.
신청서와 더불어 이력서를 동봉하시오.

○ curriculum vitae n. 이력서 (= resume)

■ **payable to**

phr. ~에게 지불해야 하는, 지불 가능한

Make check payable to Orga's Yoga Center.
오가의 요가 센터에 지불하는 수표를 작성하세요.

■ **attached**
[ətǽtʃt]

a. 첨부된
v. attach 첨부하다, 붙이다
n. attachment 첨부물

” ⓣ attach A to B A를 B에 붙이다

Please attach a photo to your application form.
신청서에 사진을 붙이세요.

○ form n. 양식, 서식, 방식, 형체
　　v. 형성되다, 형성하다

” ⓣ fill out a form 양식을 작성하다

envelope

[énvəloup]

n. 봉투

v. envelop 싸다, 봉하다

›› ⓣ a mailing envelope 우편 봉투

›› ⓣ a stamped envelope 우표 첨부 봉투

appendix

[əpéndiks]

n. 부록, 부가물, 맹장

There's an appendix at the end of the book with a list of dates.

책 끝에 날짜 목록이 실린 부록이 있다.

  ◐ at the end of phr. ~의 끝에

  ◐ list n. 목록

      v. 목록에 올리다, 열거하다

›› ⓣ on the waiting list 대기자 명단에 실린

›› ⓣ make a list 목록을 만들다

He underwent surgery to remove his appendix Tuesday.

그는 화요일에 그의 맹장을 제거하기 위한 수술을 했다.

  ◐ undergo v. 겪다

  ◐ surgery n. 수술

  ◐ remove v. 제거하다, 떼어내다, 옮기다

      n. removal 제거, 이동

wing

[wiŋ]

n. 날개, 부속 건물

The isolation ward will be in the new wing of the hospital.

격리병동이 병원의 새 부속 건물에 생길 것이다.

  ◐ ward n. 병실, 감방

      v. 피하다, 물리치다

›› ⓣ ward off ~를 피하다, 물리치다

affix

[əfíks/ǽfi-]

v. 첨부하다, 붙이다

n. 부착물

›› ⓣ affix A to B A를 B에 붙이다

Affix your signature and seal to the paper.

서류에 서명 날인하시오.

  ◐ signature n. 서명

      v. sign 서명하다

      cf. autograph 자필 서명, 자필로 서명하다

›› ⓣ one's signature is required ~의 서명이 필요하다

›› ⓣ sign up for ~에 등록하다

  ◐ seal n. 도장, 밀봉

      v. 봉인하다

■ **annex**
[ænéks]

v. 부착하다, 합병하다

n. 부속 건물

n. annexation 부가, 부가물

›› ⓣ the annex to ~의 부속 건물

The new annex will have research centers.
새로운 부속 건물에 연구 센터가 생길 것이다.

■ **add**
[æd]

v. 첨가하다, 더하다

n. addition 첨가, 덧셈

›› ⓣ add up 합하다
›› ⓣ add A to B A를 B에 더하다

He added up the money he was owed.
그는 받아야 할 모든 돈을 합쳐 보았다.

　◐ owe v. 빚지다
　　　phr. owing to ~때문에

■ **accompany**
[əkʌ́mpəni]

v. 동반하다, 반주하다

n. accompaniment 동반

›› ⓣ be accompanied by ~를 동반하다

The president was accompanied by his secretary to the police station.
비서는 경찰서까지 사장과 동행했다.

　◐ secretary n. 비서

■ **accrue**
[əkrúː]

v. (이익이) 생기다, 누적되다

n. accruement/accrual 증가액

›› ⓣ accrue interest 이자가 쌓이다
›› ⓣ accrue sick leave credits 사용하지 않은 병가가 누적되다

Some companies have accrued large foreign exchange reserves.
일부 기업들은 많은 외환 보유고를 축적해 두었다.

　◐ foreign a. 외국의, 이질적인
　　　cf. exotic 이국적인, 외국의

›› ⓣ a foreign company 외국 기업
›› ⓣ an exotic atmosphere 이국적 분위기

accumulate
[əkjú:mjuleit]

v. 축적하다, 모으다, 늘어나다

n. accumulation 축적

He had accumulated $5,000 in incentive bonuses over two years.
그는 2년 이상 동안 인센티브 보너스로 총 5천 달러를 축적했다.

- ○ incentive n. 장려책, 장려금
- ○ over prep. ~에 거쳐서

eliminate
[ilímineit]

v. 제거하다, 없애다

n. elimination 제거, 없앰

>> ⓣ eliminate the need to+동사원형 ~할 필요가 없게 하다

The reasonable use of credit cards will eliminate the need to carry cash all the time.
카드를 합리적으로 사용하면 언제나 현금을 지니고 다닐 필요가 없을 것이다.

- ○ reasonable a. 타당한, 합리적인, 합당한
- ○ carry v. 지니다, 운반하다, (가게에서) 취급하다

>> ⓣ carry-on luggage 기내 휴대 수하물
>> ⓣ carry out 실행하다

get rid of

phr. 제거하다

How can you get rid of that odor?
그 악취를 어떻게 제거할 수 있니?

delete
[dilí:t]

v. (쓰거나 인쇄한 것을) 지우다

>> ⓣ delete them from your computer 컴퓨터에서 그것들을 지우다

He accidentally deleted his account.
그는 어쩌다가 그의 장부를 지웠다.

- ○ accidentally ad. 어쩌다, 우연히
- ○ account n. 계좌, 장부, 설명

>> ⓣ on account of ~때문에
>> ⓣ withdraw from one's checking[savings] account ~의 당좌 예금 계좌에서 인출하다
>> ⓣ deposit money in savings account 보통 예금 계좌에 저금하다

omit
[oumít]

v. 빠뜨리다, 생략하다

Please report only the important information and omit the incidental details.
중요한 정보만 보고하고 부수적인 세부 사항은 생략하세요.

- ○ report v. 보고하다
  n. 보고, 보고서
- ○ incidental a. 부수적인

>> ⓣ incidental expenses 부대 경비

■ skip
[skip]

v. 거르다, 빼먹다

›› ⊤ skip meals 식사를 거르다

I was so busy at work that I had to skip lunch.
직장에서 너무 바빠서 점심을 걸러야 했다.

■ adjust
[ədʒʌ́st]

v. 조정하다, 적응하다

›› ⊤ adjust one's tie 넥타이를 고쳐 매다
›› ⊤ adjust the camera lens 카메라 렌즈를 조정하다
›› ⊤ adjust oneself to ~를 ~에 적응시키다

Please adjust your e-mail settings.
이메일 설정을 조정하세요.

■ pick up

phr. 줍다, 차로 태우러 오다
cf. pick some flowers 꽃을 꺾다

›› ⊤ pick up newspapers 신문을 줍다
›› ⊤ pick up the phone 전화를 받다

Make sure you pick up all of the trash.
모든 쓰레기를 주워라.

○ trash n. 쓰레기
　　　syn. garbage, litter

■ aisle
[ail]

n. 통로

›› ⊤ a window seat or an aisle seat 창문 쪽 좌석 혹은 통로 쪽 좌석

■ seat
[si:t]

n. 좌석, 자리, 바지의 엉덩이 부분
v. 앉히다, 앉다

›› ⊤ be properly seated 제자리에 앉다
›› ⊤ Please wait to be seated. 기다려주시면 좌석으로 안내하겠습니다.
›› ⊤ book a seat 좌석을 예약하다

Please remain seated until the plane comes to a full stop.
비행기가 완전히 멈출 때까지 앉아 계세요.

○ come to a stop phr. 멈추다

■ **purchase**
[pə́:rtʃəs]

n. 구매

v. 구매하다

>> ⓣ make a purchase 구매하다

I purchased 20 lottery tickets yesterday.
난 어제 20개의 복권을 구매했다.

⊙ a lottery ticket phr. 복권

Must-know Vocab

■ **please**
[pli:z]

v. 기쁘게 하다

n. pleasure 기쁨, 기쁜 일

>> ⓣ be pleased with ~에 대해 기뻐하다
>> ⓣ take pleasure in ~를 즐기다, 좋아하다
>> ⓣ It is my pleasure. 도움이 되어 저도 기뻐요.

■ **unless**
[ənlés]

con. ~하지 않는다면 (= if ~ not)

>> ⓣ unless otherwise instructed by him 그에 의해 별도로 지시되지 않았다면

⊙ instruct v. 지시하다

We will have to fire you unless your performance improves.
우리는 당신의 실적이 향상되지 않는다면 당신을 해고해야 할 것이다.

⊙ fire v. 해고하다
⊙ performance n. 공연, 실적

■ **until**
[əntíl]

con. ~까지

prep. ~까지

★★ until은 계속성을 나타내는 동사와 함께 사용된다.

>> ⓣ not leave ~ until+주어+동사 ~하기 전까지 ~를 떠나지 않다

I can't leave the office until this report is completed.
난 보고서가 완성될 때까지는 사무실을 떠날 수 없다.

⊙ complete v. 완료하다, 끝마치다

I can't leave the office until three.
난 3시까지 사무실을 떠날 수 없다.

■ by
[bai]

prep. ~까지, ~함으로써, ~의 옆에서

★★ by는 완료되는 행위를 나타내는 동사와 함께 사용된다.

›› ⓣ by advertising ~ on ~를 ~에 광고하여
›› ⓣ by subscribing to the newspaper 신문을 정기 구독함으로써
›› ⓣ by the window 창가에서

You can increase your earnings by taking a second job.
부업을 하여 소득을 늘릴 수 있다.

○ earnings n. 소득

Come here by three.
3시까지 여기로 와.

>> **A.** 다음 영영풀이에 해당하는 단어를 보기에서 고르세요.

〈보기〉 wing   affix   accrue   enclose   envelope   delete

>> **1.** _____ : to completely surround something

>> **2.** _____ : the rectangular paper cover in which you send a letter

>> **3.** _____ : a part of a building which sticks out from the main part

>> **4.** _____ : to stick a thing to the other thing

>> **5.** _____ : to gradually increase in amount over a long period of time

>> **6.** _____ : to cross something out to remove it

>> **B.** 다음 구문의 빈칸을 채우세요.

>> **1.** 이국적 분위기 an _____ atmosphere

>> **2.** 실행하다 _____ out

>> **3.** ~의 당좌 예금 계좌에서 인출하다 withdraw from one's checking _____

>> **4.** 식사를 거르다 _____ meals

>> **C.** 다음 문장의 빈칸에 적합한 단어를 고르세요.

>> **1.** When you sell a bond, _____ interest is treated as interest for tax purposes.
   a. affixed   b. accrued   c. attached   d. inserted

>> **2.** Please _____ a recent black and white photograph to the application form.
   a. affix   b. insert   c. appendix   d. annex

>> **3.** The new _____ of the museum has been readily visible, but not accessible, to visitors.
   a. insertion   b. appendix   c. wing   d. accrual

>> **4.** Each assignment submission should be _____ by a summary report.
   a. accompanied   b. inserted   c. annexed   d. affixed

>> **5.** Noranda has _____ over US$1.2 million of fines for breaching environmental
   regulations.
   a. attached   b. enclosed   c. affixed   d. accumulated

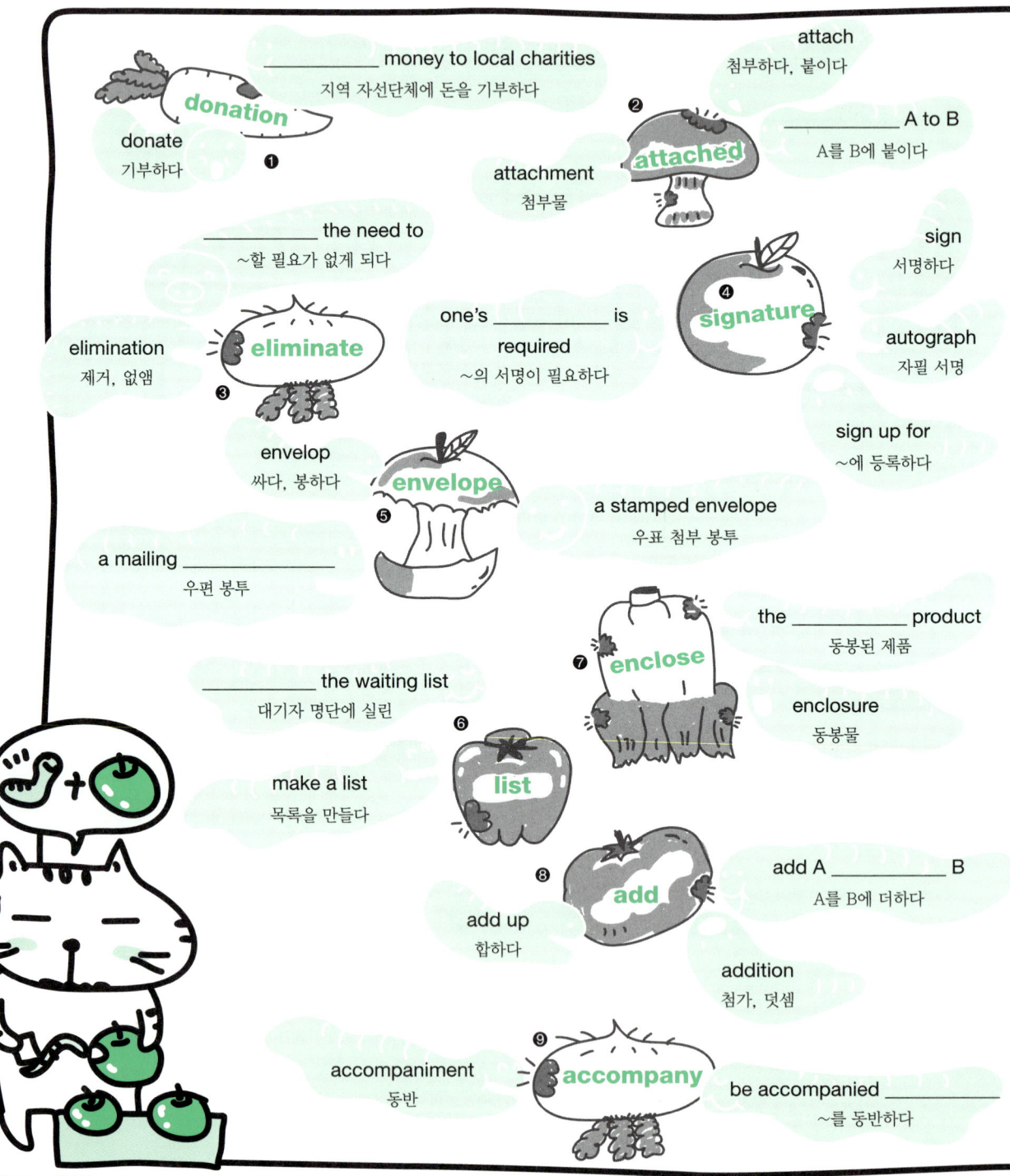

_____ money to local charities
지역 자선단체에 돈을 기부하다

donation

donate
기부하다

❶

attach
첨부하다, 붙이다

❷

attached

_____ A to B
A를 B에 붙이다

attachment
첨부물

_____ the need to
~할 필요가 없게 되다

eliminate

elimination
제거, 없앰

❸

one's _____ is
required
~의 서명이 필요하다

signature

❹

sign
서명하다

autograph
자필 서명

sign up for
~에 등록하다

envelop
싸다, 봉하다

envelope

❺

a stamped envelope
우표 첨부 봉투

a mailing _____
우편 봉투

_____ the waiting list
대기자 명단에 실린

make a list
목록을 만들다

list

❻

enclose

❼

the _____ product
동봉된 제품

enclosure
동봉물

add up
합하다

add

❽

add A _____ B
A를 B에 더하다

addition
첨가, 덧셈

accompaniment
동반

accompany

❾

be accompanied _____
~를 동반하다

⑩ accruement/accrual
증가액

accrue _____
이자가 쌓이다

accrue sick leave credits
사용하지 않은 병가가 누적되다

on account of
~때문에

⑪ account

deposit money in savings account
보통 예금 계좌에 저금하다

_____ from one's checking
account
~의 당좌 예금 계좌에서 인출하다

⑫ seat

Please wait to be seated.
기다려주시면 좌석으로 안내하겠습니다.

be properly _____
제자리에 앉다

_____ a seat
좌석을 예약하다

adjust one's tie
넥타이를 고쳐 매다

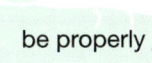

⑬ adjust

adjust the camera lens
카메라 렌즈를 조정하다

carry _____
실행하다

⑭ carry

adjust oneself _____
~를 ~에 적응시키다

carry-on luggage
기내 휴대 수하물

by advertising ~ on
~를 ~에 광고하여

⑮ by

by the window
창가에서

by subscribing _____ the
newspaper
신문을 정기 구독함으로써

be _____ with
~에 대해 기뻐하다

⑯ please

It is my pleasure.
도움이 되어 저도 기뻐요.

take _____ in
~를 즐기다, 좋아하다

pleasure
기쁨, 기쁜 일

Answer

❶ donate ❷ attach ❸ eliminate ❹ signature ❺ envelope ❻ on ❼ enclosed ❽ to
❾ by ❿ interest ⑪ withdraw ⑫ book / seated ⑬ to ⑭ out ⑮ to ⑯ pleasure / pleased

관심·과장 강조

Day 19

You heard her version of the story; she tends to exaggerate everything. She always emphasizes my mistakes and avoids talking about hers. She tries to attract your attention and gain your sympathy. Don't get distracted by her tears.

넌 그녀 입장의 이야기를 들었다. 그녀는 과장하는 경향이 있다. 그녀는 언제나 내 실수를 강조하고 자신의 실수에 대해 말하는 것을 피한다. 그녀는 너의 관심을 끌고 너의 공감을 얻으려 한다. 그녀의 눈물을 보고 헷갈려 하지 마라.

Basic Vocab

›› ⓣ = **TOEIC** 빈출 표현

■ **version**

[və́ːrʒən]

n. 판, 형태

›› ⓣ the modified version 수정판
›› ⓣ the finalized version 최종판

■ **tend to**

phr. ~하는 경향이 있다

syn. be likely to, be liable to, be prone to

›› ⓣ tend to decay 썩는 경향이 있다
›› ⓣ tend to rust 녹이 스는 경향이 있다

■ **exaggerate**

[igzǽdʒəreit]

v. 과장하다

n. exaggeration 과장

She exaggerated about 95% of everything that she did know.
그녀는 아는 것의 95퍼센트를 과장했다.

■ **emphasize**

[émfəsaiz]

v. 강조하다

n. emphasis 강조(on)

a. emphatic 강조적인

ad. emphatically 강조하여

›› ⓣ place[put] emphasis on ~에 역점을 두다

She placed emphasis on the fact that she liked to work overtime.
그녀는 초과근무하는 걸 좋아한다는 사실을 강조했다.

○ place v. 두다, 배치하다, (명령, 주문 등을) 하다
　　 n. 장소

›› ⓣ place an order 주문하다
›› ⓣ take place 발생하다

○ overtime n. 초과근무, 야근

›› ⓣ work overtime 초과근무하다

■ avoid

[əvɔ́id]

v. 피하다, 방지하다, 막다

★★ 'avoid+명사/동명사' 형태로 쓰인다.

›› ① avoid similar accidents 비슷한 사고를 피하다

›› ① avoid distracting people 사람들의 주위를 산만하게 하는 것을 피하다

■ attract

[ətrǽkt]

v. 끌어당기다, 매혹하다, 불러일으키다

n. attraction 이끎, 매력, 명소

a. attractive 매력적인

›› ① attract tourists 관광객을 유치하다

She attracted him, as any girl attracts a man.

그녀는 모든 소녀가 남자를 매혹하듯이 그를 매혹했다.

○ as con. ~하듯이, ~처럼
   prep. ~로서

›› ① such as ~와 같은

›› ① as long as ~인 한은

›› ① as soon as ~하자마자

■ attention

[əténʃən]

n. 관심, 흥미, 주목, 보살핌

›› ① draw one's attention 관심을 끌다

›› ① Attention, all passengers. 모든 승객 여러분, 주목해 주세요.

›› ① pay attention to ~에 주목하다

■ gain

[gein]

v. 얻다, 쌓다, 늘리다

n. 이익, (체중 등의) 증가

›› ① gain weight 체중이 늘다

›› ① gain a better understanding of ~를 더 잘 이해하게 되다

■ sympathy

[símpəθi]

n. 동정, 연민, 동조, 공감

›› ① elicit sympathy 동정심을 끌어내다

›› ① express sympathy 공감을 표현하다

■ distract

[distrǽkt]

v. 정신을 산만하게 하다

n. distraction 산만

ant. attract 끌다

Don't distract her from her studies.

그녀가 공부하는데 산만하게 하지 마라.

focus
[fóukəs]

v. 초점을 맞추다, 집중하다(on)

n. 초점

ant. distract 주위를 산만하게 하다

Strengthen the focus on the subject by selecting uncomplicated backgrounds.
간단한 배경을 골라서 주제의 초점을 강화해라.

　○ strengthen v. 강화하다

　　　　　a. strong 강한

'' ⓣ make partnership stronger 동업 관계를 더 강하게 하다

　○ subject n. 주제, 과목, 연구대상

　　　　　a. ~당할 수 있는, ~를 받아야 하는

　　　　　v. 종속시키다

'' ⓣ be subject to ~를 받다

'' ⓣ Rates are subject to room availability. 요금은 객실 이용 가능 여부에 달려 있습니다.

　○ uncomplicated a. 단순한, 복잡하지 않은

stress
[stres]

v. 강조하다

n. 스트레스, 강세

The manager stressed the fact that workers are required to be punctual.
그 매니저는 직원들이 시간 엄수가 필요하다는 점을 강조했다.

　○ punctual a. 시간을 엄수하는

　　　　　n. punctuality 시간 엄수, 정확함

concentrate
[káːnsəntreit]

v. 집중하다(on)

n. concentration 집중, 농도

The company is concentrating on developing new products.
회사는 새로운 제품을 개발하는데 집중하고 있다.

　○ develop v. 개발하다, 발전시키다, (버릇 등이) 생기다, 인화하다

　　　　　n. development 개발, 발전

'' ⓣ develop the photo 사진을 인화하다

highlight

[háilait]

v. 강조하다, 두드러지게 하다

The report highlights the need for improved safety.
보고서는 안전 개선의 필요성을 강조한다.

- safety n. 안전
  - a. safe 안전한

›› Ⓣ ensure personal safety as well as overall productivity
전반적 생산성뿐 아니라 개인의 안전도 보장하다

- ensure v. 보장하다
- overall a. 전반적인

›› Ⓣ the routine safety inspection 정기 안전 점검

- routine a. 판에 박힌, 일상적인, 정기의
- inspection n. 점검, 검토

localized

[lóukəlaizd]

a. 집중적인, 국부적인, 한 지역에 제한된

v. localize 국한시키다, 위치를 알아내다

cf. local 지역의

The nucleolus is localized at the center of the nucleus.
핵소체는 핵입자의 중심부에 집중되어 있다.

The company failed to localize in Korea.
회사는 한국에서 자리 잡는데 실패했다.

- fail to phr. ～하지 못하다

divert

[divə́:rt]

v. 방향을 바꾸게 하다, 유용하다, (생각, 관심을) 다른 데로 돌리다

n. diversion 전환, 주위를 딴 데로 돌리게 하는 것, 오락

The flight was diverted to Denver because of the blizzard.
눈보라 때문에 비행기가 덴버로 방향을 바꿨다.

- blizzard n. 눈보라
  - cf. windy 바람이 부는
    - freezing 몹시 추운
    - sleet 진눈깨비
    - avalanche 눈사태
    - hazy 안개 낀, 흐린
    - foggy 안개 낀
    - flood 홍수
    - drought 가뭄

interest
[íntərist]

n. 관심, 흥미, 이자, 이해관계

v. 관심을 끌다, 관심을 보이다

›› ⓣ be interested in ~에 관심이 있다

›› ⓣ interest rates 금리, 이율

›› ⓣ express an interest in ~에 대한 관심을 표명하다

She has no interest in returning to work.
그녀는 회사로 복귀하는데 관심이 없다.

○ return n. 복귀, 반납, 수익(pl.)
 v. 돌아오다, 복귀하다, 반납하다

›› ⓣ return a call 응답 전화하다

›› ⓣ a return ticket 왕복표

Must-know Vocab

consensus
[kənsénsəs]

n. 의견의 일치, 합의

cf. unanimous 만장일치의

›› ⓣ reach a consensus 합의에 이르다

The consensus among economists is that the economy is improving.
경제학자들 사이에 경제가 나아지고 있다는 의견의 일치가 있었다.

entertaining
[entərtéiniŋ]

a. 즐거운

v. entertain 즐겁게 하다

n. entertainment 오락, 연예, 접대

›› ⓣ entertaining to watch 보기에 즐거운

›› ⓣ entertaining advertisements 즐거운 광고들

›› ⓣ entertainment allowance 접대비

○ allowance n. 용돈, 비용

at low cost

phr. 저렴한 비용으로

cf. at no extra charge 추가 비용 없이
 cost an arm and a leg 매우 비싸다

The new computer is sold at low cost.
새 컴퓨터가 저렴한 가격에 팔린다.

challenge
[tʃǽlindʒ]

n. 도전

v. 도전하다

a. challenging 도전적인

›› ⓣ face challenges 힘든 일에 직면하다

He faced numerous challenges before finally succeeding.

그는 마침내 성공하기 전에 무수한 도전에 직면했다.

○ numerous a. 많은

guide
[gaid]

n. 안내원, 가이드

v. 안내하다, 인도하다

›› ⓣ book a guided tour 가이드가 있는 여행을 예약하다

›› ⓣ a tour guide 여행 안내원

The tour guide was very knowledgeable.

여행 안내원은 매우 박식했다.

○ knowledgeable a. 박식한

　　　　　　　n. knowledge 지식

　　　　　　　ad. knowingly 다 알고도, 고의로

›› ⓣ make the mistake knowingly 고의로 실수를 하다

hardly
[háːrdli]

ad. 좀처럼 ~않다

›› ⓣ hardly any 거의 ~않다

cordially
[kɔ́ːrdʒəli]

ad. 진심으로

a. cordial 화기애애한, 다정한

›› ⓣ be cordially invited to ~에 초대하다

exclusive
[iksklúːsiv]

a. 독점적인, 전용의, 배타적인

ad. exclusively 독점적으로

›› ⓣ exclusive property of ~의 독점 자산

›› ⓣ be supplied exclusively by ~에 의해 독점적으로 제공되다

The singer signed an exclusive contract with Megarecords.

그 가수는 메가레코드와 독점 계약을 체결하였다.

■ experience
[ikspíəriəns]

n. 경험

v. 경험하다

syn. go through

›› ⓣ previous experience 이전 경험

›› ⓣ a wealth of experience 풍부한 경험

We require extensive prior experience for this position.

우리는 이 직책에 폭넓은 사전 경험을 요구한다.

○ extensive a. 폭넓은, 광범위한

○ prior a. 사전의

■ star
[stɑːr]

n. 주연

v. 주연을 맡다

cf. a supporting role 조연

a cast 배역진

character (문학작품의) 등장인물

›› ⓣ star as the main character 주연을 맡다

›› ⓣ star in a film 영화의 주연을 맡다

Let's Drill

>> **A.** 다음 영영풀이에 해당하는 단어를 보기에서 고르세요.

〈보기〉 distract   version   exaggerate   sympathy   consensus   star

>> **1.** _____ : a particular form of something

>> **2.** _____ : to make the situation appear greater

>> **3.** _____ : feeling sorry for someone

>> **4.** _____ : to take one's attention away from something

>> **5.** _____ : general agreement among a group of people

>> **6.** _____ : to have the most part in a film

>> **B.** 다음 구문의 빈칸을 채우세요.

>> **1.** 접대비 _____ allowance

>> **2.** 금리 _____ rates

>> **3.** 풍부한 경험 a wealth of _____

>> **4.** 고의로 실수를 하다 make the mistake _____

>> **C.** 다음 문장의 빈칸에 적합한 단어를 고르세요.

>> **1.** She often _____ her qualifications and experiences.
    a. concentrates   b. exaggerates   c. diverts   d. distracts

>> **2.** Jane wants to _____ on her career in the police force.
    a. concentrate   b. distract   c. exaggerate   d. emphasize

>> **3.** The company places _____ on formal attire at work.
    a. emphasis   b. emphatic   c. emphasize   d. emphasizing

>> **4.** The minister has issued an _____ rejection of the accusation.
    a. emphasis   b. emphatic   c. emphasize   d. emphasizing

>> **5.** If you find it a(n) _____, you can ask to turn the television off.
    a. attraction   b. distraction   c. concentration   d. exaggeration

Vocab Tool

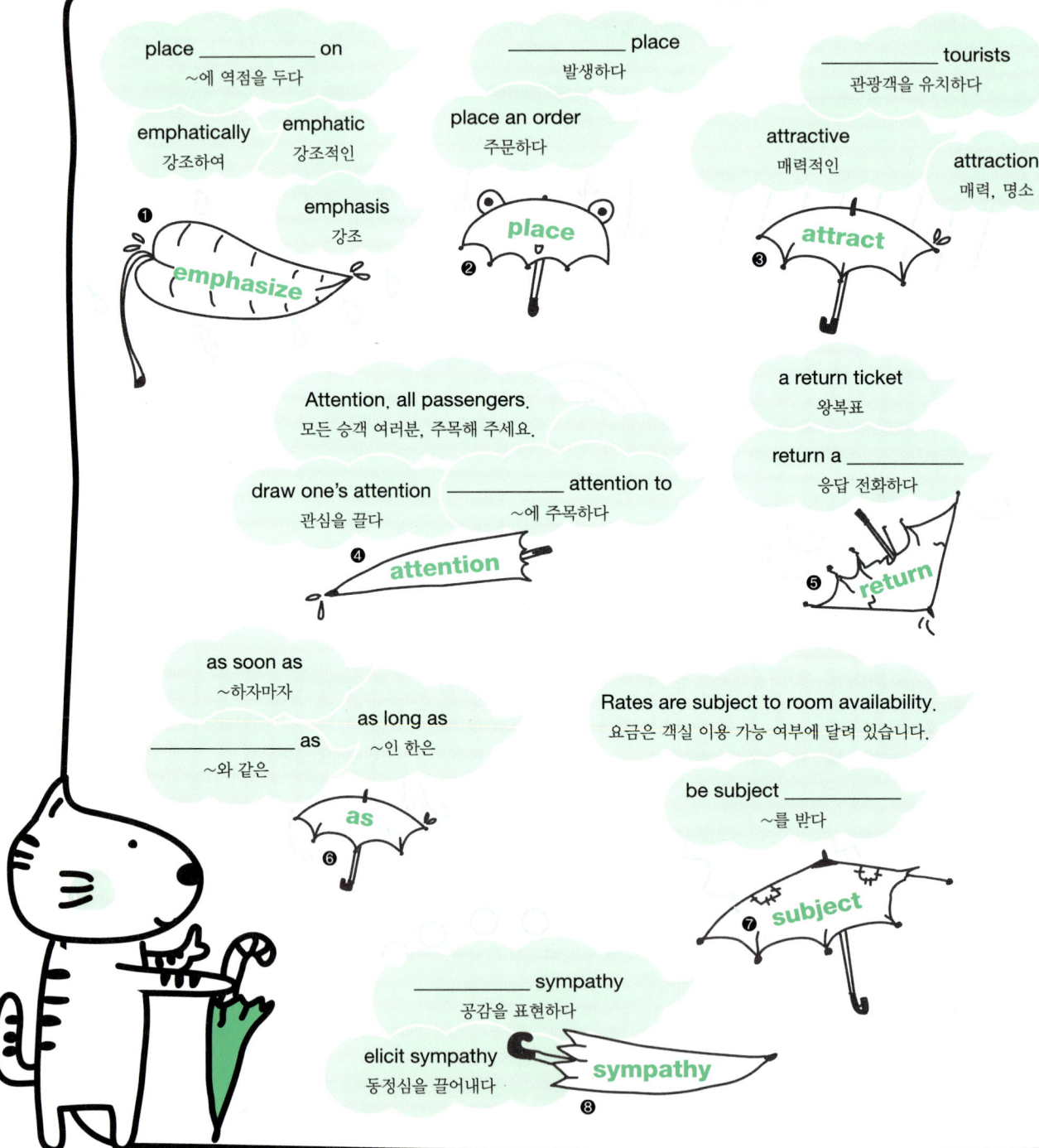

place _____ on
~에 역점을 두다

emphatically
강조하여

emphatic
강조적인

emphasis
강조

❶ **emphasize**

_____ place
발생하다

place an order
주문하다

❷ **place**

_____ tourists
관광객을 유치하다

attractive
매력적인

attraction
매력, 명소

❸ **attract**

Attention, all passengers.
모든 승객 여러분, 주목해 주세요.

draw one's attention
관심을 끌다

_____ attention to
~에 주목하다

❹ **attention**

a return ticket
왕복표

return a _____
응답 전화하다

❺ **return**

as soon as
~하자마자

_____ as
~와 같은

as long as
~인 한은

❻ **as**

Rates are subject to room availability.
요금은 객실 이용 가능 여부에 달려 있습니다.

be subject _____
~를 받다

❼ **subject**

_____ sympathy
공감을 표현하다

elicit sympathy
동정심을 끌어내다

❽ **sympathy**

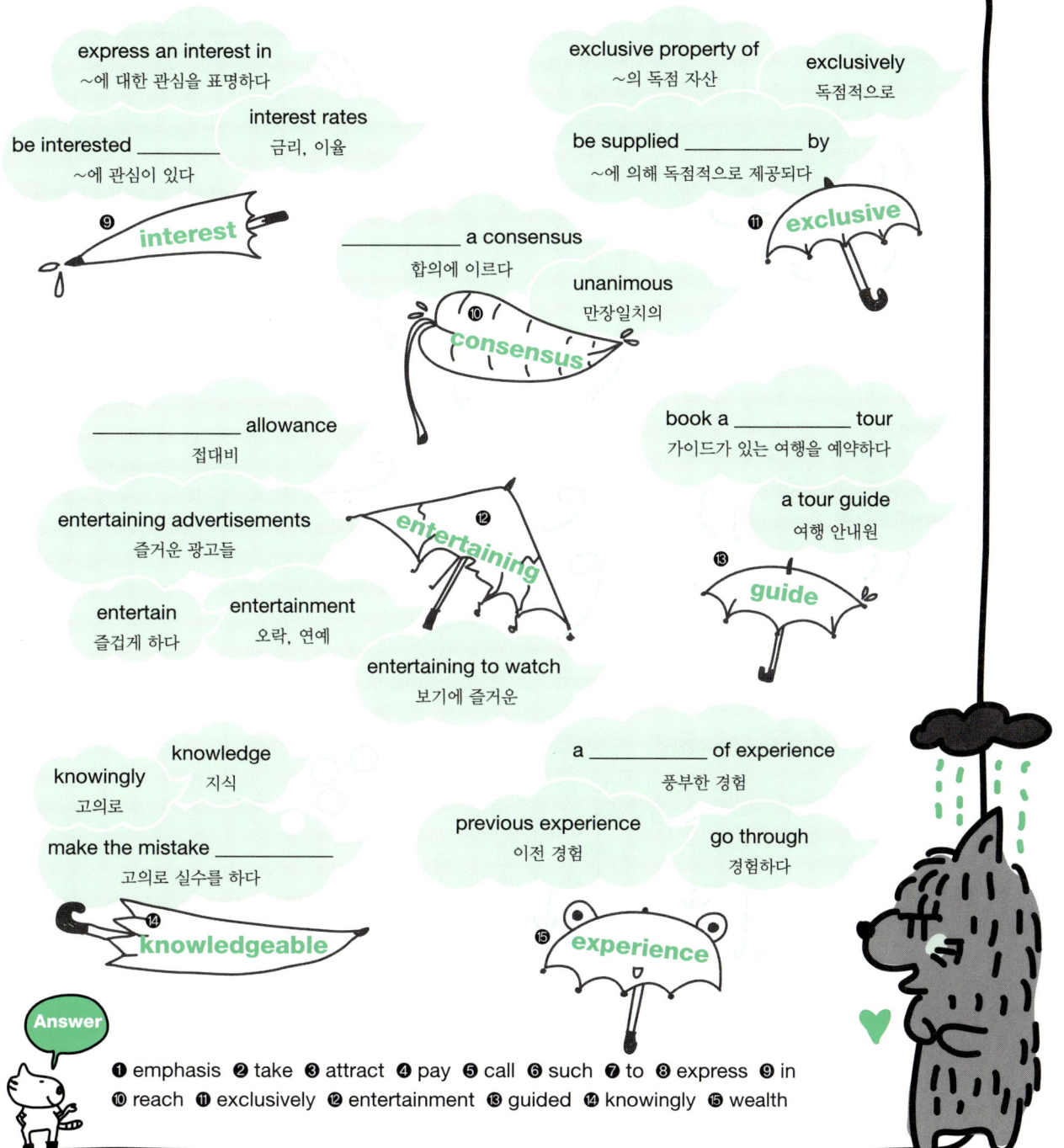

express an interest in
~에 대한 관심을 표명하다

interest rates
금리, 이율

be interested _____
~에 관심이 있다

⑨ interest

_____ a consensus
합의에 이르다

unanimous
만장일치의

⑩ consensus

exclusive property of
~의 독점 자산

exclusively
독점적으로

be supplied _____ by
~에 의해 독점적으로 제공되다

⑪ exclusive

_____ allowance
접대비

entertaining advertisements
즐거운 광고들

entertain
즐겁게 하다

entertainment
오락, 연예

⑫ entertaining

entertaining to watch
보기에 즐거운

book a _____ tour
가이드가 있는 여행을 예약하다

a tour guide
여행 안내원

⑬ guide

knowingly
고의로

knowledge
지식

make the mistake _____
고의로 실수를 하다

⑭ knowledgeable

a _____ of experience
풍부한 경험

previous experience
이전 경험

go through
경험하다

⑮ experience

Answer

❶ emphasis ❷ take ❸ attract ❹ pay ❺ call ❻ such ❼ to ❽ express ❾ in
❿ reach ⓫ exclusively ⓬ entertainment ⓭ guided ⓮ knowingly ⓯ wealth

연락·전달 전파

Day 20

I have been trying to contact an old friend of mine for a long time now. I haven't heard from her since we graduated from high school. Finally I got in touch with her through her sister who was in town for three days. We are meeting next week, and I will convey my feelings to her.

난 지금 오랫동안 내 옛 친구와 연락을 하려고 했다. 고등학교 졸업 후에 그녀의 소식을 듣지 못했다. 마침내 3일 동안 도심에 있는 그녀의 언니를 통해 연락이 닿았다. 다음 주에 만나는데 내 감정을 그녀에게 전할 생각이다.

Basic Vocab

>> ⓣ = **TOEIC** 빈출 표현

contact
[káːntækt]

v. 연락을 취하다

n. 연락

She was contacted via telephone.
그녀는 전화로 연락되었다.

○ via prep. ~를 경유하여, ~를 통하여

>> ⓣ via e-mail 이메일로

hear from

phr. ~로부터 소식을 듣다

cf. hear of ~에 대해 듣다

>> ⓣ hope to hear from you 당신이 연락하기를 바란다

We don't get to hear from Bill often.
우리는 Bill에게서 소식을 자주 듣지는 못한다.

○ get to phr. (~하게) 되다, 도착하다 (= arrive at, reach)

get[keep] in touch with   phr. 연락하다

Let's keep in touch with each other even when you are abroad.
네가 해외에 가도 서로 계속 연락하자.

○ even ad. ~일 지라도, ~조차도

>> ⓣ even though (= although, though) ~임에도 불구하고

○ abroad ad. 해외에, 해외로

>> ⓣ plan a trip abroad 해외여행을 계획하다

in town

phr. 시내에 있는, 도심지에서

cf. out of town 도심지를 벗어난, 다른 곳에서 온

Jim is still in town.
Jim은 아직도 시내에 있다.

convey
[kənvéi]

v. 전달하다, 운반하다

n. conveyance 운반, 수송

›› ⓣ convey one's decision 결정을 전달하다

If you see James, do convey my apologies.
James를 만나면 내 사과를 꼭 전해줘.

communicate
[kəmjú:nikeit]

v. 의사소통하다

n. communication 의사소통

Do not communicate with him or even acknowledge his existence.
그와 연락하지 말고 그의 존재를 아는 척 하지도 마라.

○ acknowledge v. 인정하다, (편지·소포 등을) 받았음을 알리다

›› ⓣ acknowledge the receipt of ~의 수령을 알리다
›› ⓣ acknowledge receiving an e-mail 이메일의 수령을 알리다

○ existence n. 존재, 실존, 생계
     v. exist 존재하다, (근근히) 살아가다(on)
     a. existing 기존의, 현재 사용하는

★★ exist는 come, go, rise, arrive, happen 등과 마찬가지로 완전자동사이며, 목적어나 보어를 가질 수 없다.

›› ⓣ existing equipment 현재 사용 중인 장비

liaison
[liéizɑːn]

n. 연락, 연계

›› ⓣ a liaison officer 연락관

The marketing department works in liaison with the public relations department.
마케팅 부서는 홍보부와 연계해서 일을 하고 있다.

○ public relations n. 홍보

transmit
[trænsmít]

v. 송신하다, 전파를 발신하다

n. transmission 송신

The information is transmitted to the central computer.
정보는 중앙 컴퓨터로 송신된다.

○ central a. 중앙의

forward
[fɔ́ːrwərd]

v. 전송하다, 회송하다

ad. 앞으로

›› ⓣ look forward to 고대하다
›› ⓣ forward messages to ~에게 메시지를 전송하다

I'll forward any mail to your new address.
새 주소로 우편물을 전송해줄 것이다.

deliver
[dilívər]

v. 전달하다, 배달하다

n. delivery 배달, 전달

›› ⓣ deliver a package 소포를 배달하다

›› ⓣ the delivery of the package 소포의 배달

No sooner had the man delivered the item than he turned and walked back to the car.

남자는 물건을 전하자마자 돌아서서 자신의 차로 걸어갔다.

○ no sooner ~ than phr. ~하자마자 ~하다

○ item n. 품목, 물품

›› ⓣ receive the purchased item 구입한 물품을 받다

spread
[spred]

v. 넓은 지역에 퍼지다, 바르다

n. 퍼짐, 유포

›› ⓣ be spread on the floor 마룻바닥 위에 펼쳐져 있다

›› ⓣ spread paint evenly 페인트를 고르게 바르다

The fire spread very rapidly because of the strong wind.

강풍으로 인해 불이 매우 급속히 번졌다.

○ because of phr. ~때문에

★★ because는 '주어+동사'를 이끄는 접속사이며 because of는 명사 상당어구를 이끄는 전치사 구이다.

distribute
[distríbju:t]

v. 나눠주다, 배급하다

n. distribution 분배, 배급, 유통

n. distributor 배급자, 도매업자

›› ⓣ cut down the distribution cost 유통 비용을 줄이다

The books will be distributed free to students.

책이 학생들에게 무료로 배포될 것이다.

circulate
[sə́:rkjəleit]

v. 순환하다, 유포시키다

n. circulation 순환, 유포

The newspapers have been able to circulate the information they produce through various channels.

신문은 다양한 경로를 통해 그들이 만든 정보를 보급할 수 있었다.

○ channel n. 경로, 채널, 수단, 수로

dispatch
[dispǽtʃ]

v. 급파하다, 보내다, 파견하다

n. 파견, 발송

To resolve the problem, you need to dispatch a technician.

문제를 해결하기 위해 기술자를 파견해야 한다.

hand
[hænd]

v. 건네주다

n. 손, 도움

a. handy 유용한, 가까운 곳에 있는

★★ 'hand+사람+목적어(~에게 ~를 건네주다)'의 4형식으로 사용되는 동사이다.

›› ⓣ hand in 제출하다

›› ⓣ hand out 나눠주다

›› ⓣ give a hand 도와주다

The man is being handed a ladder.
남자는 사다리를 건네받고 있다.

pass
[pæs]

v. 지나가다, 합격하다, 건네주다

n. 출입증, 탑승권

›› ⓣ a boarding pass 탑승권

›› ⓣ lose one's security pass 보안증을 잃어버리다

Can you pass this information on to your associates?
그 정보를 동료들에게 전달해줄 수 있니?

◐ associate n. 동료, 준회원
         v. 연상하다, 결부짓다
         cf. colleague 동료

›› ⓣ be associated with ~와 결부되다

›› ⓣ business associates 사업 제휴자

disseminate
[disémineit]

v. 퍼뜨리다, 전파하다

n. dissemination 전파

syn. disperse, scatter, spread

›› ⓣ disseminate information 정보를 유포하다

We hope to disseminate the news via the Internet.
우리는 인터넷으로 소식을 전파하길 바란다.

propagate
[prá:pəgeit]

v. 전파하다, 선전하다

n. propagation 번식, 선전

n. propaganda 선전

The media was responsible for falsely propagating the rumor.
미디어는 그릇된 소문을 퍼뜨린 것에 대한 책임이 있다.

◐ media n. 미디어, 매체

›› ⓣ media coverage 대중매체 보도

◐ rumor n. 소문

›› ⓣ spread a rumor 소문을 퍼뜨리다

■ **diffuse**
[difjúːz]

a. 널리 퍼진, 분산된

v. 분산시키다, 분산되다

There were diffuse opinions about the incident.

사건에 대해 의견이 분분했다.

○ incident n. (불미스러운) 사건

    cf. accident (교통) 사고

■ **disperse**
[dispə́ːrs]

v. 흩어지게 하다, 해산시키다

›› ⓣ disperse the crowd 군중을 해산시키다

The riot police dispersed the crowd using tear gas.

폭동 진압 경찰이 최루탄을 이용해 군중을 해산시켰다.

○ riot n. 폭동

    cf. mob 폭도, 군중

       demonstration 시위, 실물 입증

       disorder 무질서, 질병

Must-know Vocab

■ **fetch**
[fetʃ]

v. 가져오다, (특정 가격에) 팔리다

★★ 'fetch+사람+from+장소'의 형태로 쓰이고 '∼에서 ∼를 가져오다'의 의미를 가진다.

What price will the painting fetch at the auction?

경매에서 그 그림은 얼마에 팔릴까?

○ auction n. 경매

›› ⓣ a charity auction 자선 경매

■ **cease**
[siːs]

v. 중단되다, 중단시키다

›› ⓣ cease to ∼를 멈추다, ∼하지 않다

›› ⓣ cease to exist 존재하지 않다

›› ⓣ cease to be valid 유효하지 않다

○ valid a. 유효한, 타당한

›› ⓣ The ticket is valid for one month. 표는 1개월간 유효하다.

■ **dependable**
[dipéndəbl]

a. 믿을 만한

v. depend 믿다, 의존하다

a. dependent 의존적인, 의지하는

›› ⓣ depend on (= rely on, bank on) ∼을 믿다, ∼에 의존하다

›› ⓣ dependent on ~에 의존하는

›› ⓣ dependable than earlier models 이전 모델보다 믿을 만한

■ honor
[ɑ́:nər]

n. 영광, 경의, 존경

v. 존경하다, 명예를 주다, 받아들이다

›› ⓣ a luncheon honoring its founding members 창립 멤버를 기리는 오찬

　　○ luncheon n. 오찬
　　　　cf. brunch 아침 겸 점심

›› ⓣ honor refund requests 환불 요구를 받아들이다

The coupon will only be honored this month.
쿠폰은 이번 달에만 받을 것이다.

■ enthusiastic
[inθú:ziǽstik]

a. 열정적인, 열렬한

n. enthusiasm 열광, 열렬함

›› ⓣ enthusiastic participation 열렬한 참여

›› ⓣ enthusiastic support 열렬한 지지

The product met with a very enthusiastic reception.
상품은 매우 열렬한 환영을 받았다.

　　○ reception n. 접수처, 환영, 반응, 환영 연회

›› ⓣ the reception desk 안내 데스크

›› ⓣ cater the reception 피로연에 음식을 조달하다

　　○ cater v. 음식을 공급하다
　　　　n. catering 음식 조달

■ assistance
[əsístəns]

n. 도움

v. assist 돕다, 원조하다

›› ⓣ assistance with technical difficulties 기술 문제에 대한 도움

　　○ difficulty n. 어려움, 문제

›› ⓣ have difficulty in -ing ~하느라 애를 먹다

■ interact
[ìntərǽkt]

v. 교류하다, 소통하다

a. interactive 상호적인, 대화형의

›› ⓣ interact effectively with 효과적으로 ~와 소통하다

›› ⓣ interactive features 대화형 특질

　　○ feature n. 특징, 특질
　　　　v. 특별히 포함하다, 특징으로 삼다

■ cautiously
[kɔ́ːʃəsli]

ad. 조심스럽게, 신중하게

» ⓣ proceed with negotiations cautiously 협상을 신중하게 진행하다

　　○ proceed with phr. ~를 진행하다

» ⓣ cautiously optimistic about ~에 대해 조심스레 낙관해 보는

■ purposely
[pə́ːrpəsli]

ad. 고의적으로, 일부러

syn. intentionally, on purpose, knowingly

» ⓣ with brand labels purposely concealed 제품 라벨이 고의적으로 숨겨진

　　○ conceal v. 숨기다

» ⓣ be purposely tampered with 고의적으로 조작되다

　　○ tamper v. 조작하다, 함부로 변경하다, 간섭하다

» ⓣ tamper with something ~를 함부로 변경하다

Let's Drill

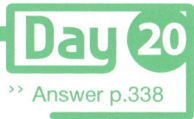

Day 20

>> Answer p.338

>> **A.** 다음 영영풀이에 해당하는 단어를 보기에서 고르세요.

〈보기〉 distribute   deliver   tamper   hear from   liaison   fetch

>> **1.** _____ : to get a letter or telephone call from

>> **2.** _____ : a channel for communication between groups

>> **3.** _____ : to give something out to several people

>> **4.** _____ : to take goods, letters, parcels etc. to a place

>> **5.** _____ : to go and get something from a place

>> **6.** _____ : to interfere with something or try to change something

>> **B.** 다음 구문의 빈칸을 채우세요.

>> **1.** 피로연에 음식을 조달하다 cater the _____

>> **2.** 이전 모델 보다 믿을 만한 _____ than earlier models

>> **3.** 유효하지 않다 _____ to be valid

>> **4.** 사업 제휴자 business _____

>> **C.** 다음 문장의 빈칸에 적합한 단어를 고르세요.

>> **1.** He tried to _____ her by phone.
   a. contact   b. touch   c. deliver   d. circulate

>> **2.** They hadn't _____ from their son in days.
   a. replied   b. touched   c. contacted   d. heard

>> **3.** He says he can _____ with the dead.
   a. communicate   b. contact   c. arbitrate   d. convey

>> **4.** I _____ his e-mail to every staff since it included important issues.
   a. spread   b. delivered   c. forwarded   d. transmitted

>> **5.** The company aims to _____ its products all over the world.
   a. liaison   b. communicate   c. contact   d. distribute

Vocab Tool

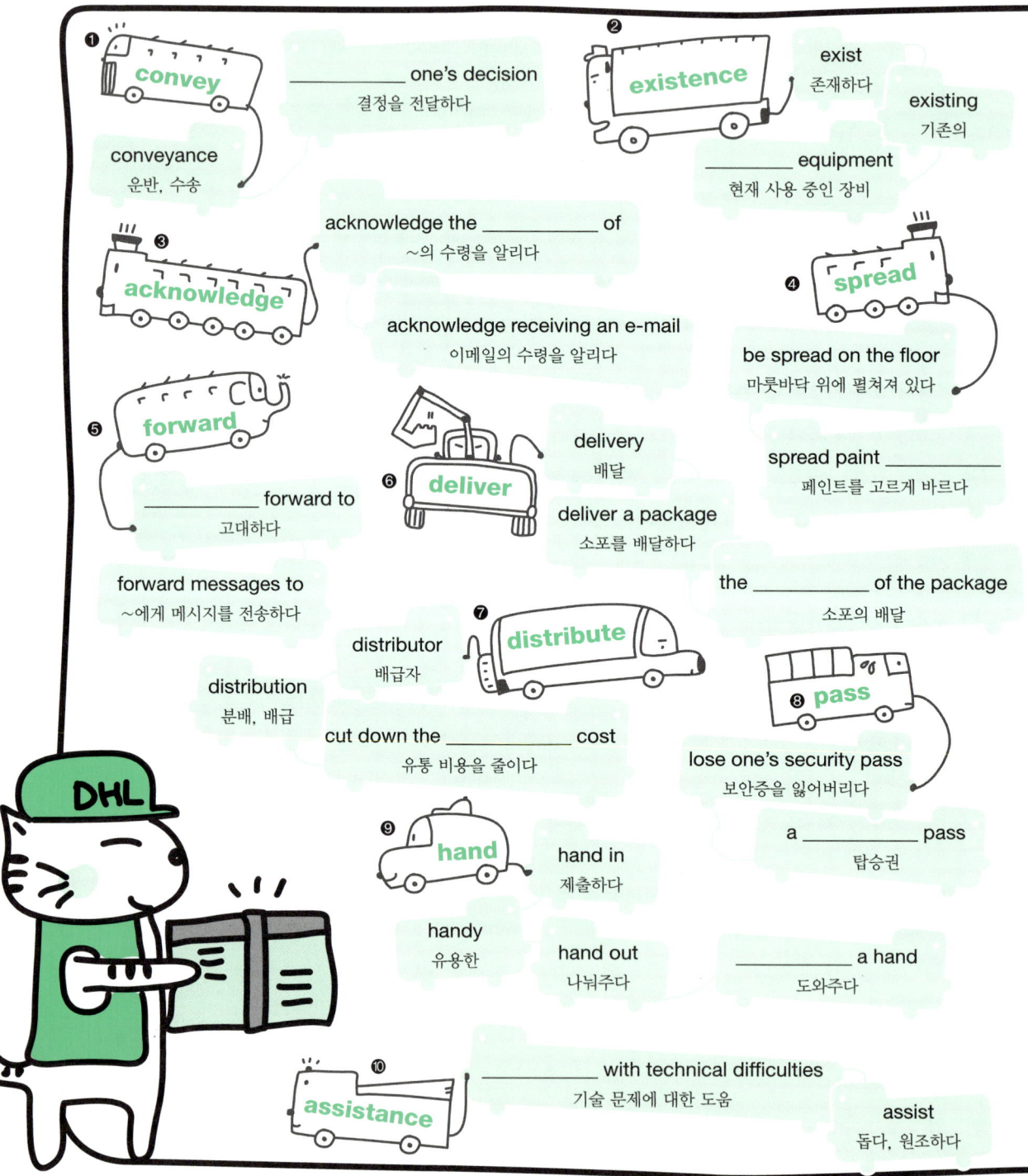

❶ convey
_____ one's decision
결정을 전달하다

conveyance
운반, 수송

❷ existence
exist
존재하다

existing
기존의

_____ equipment
현재 사용 중인 장비

❸ acknowledge
acknowledge the _____ of
~의 수령을 알리다

acknowledge receiving an e-mail
이메일의 수령을 알리다

❹ spread
be spread on the floor
마룻바닥 위에 펼쳐져 있다

spread paint _____
페인트를 고르게 바르다

❺ forward
_____ forward to
고대하다

forward messages to
~에게 메시지를 전송하다

❻ deliver
delivery
배달

deliver a package
소포를 배달하다

the _____ of the package
소포의 배달

❼ distribute
distributor
배급자

distribution
분배, 배급

cut down the _____ cost
유통 비용을 줄이다

❽ pass
lose one's security pass
보안증을 잃어버리다

a _____ pass
탑승권

❾ hand
hand in
제출하다

handy
유용한

hand out
나눠주다

_____ a hand
도와주다

❿ assistance
_____ with technical difficulties
기술 문제에 대한 도움

assist
돕다, 원조하다

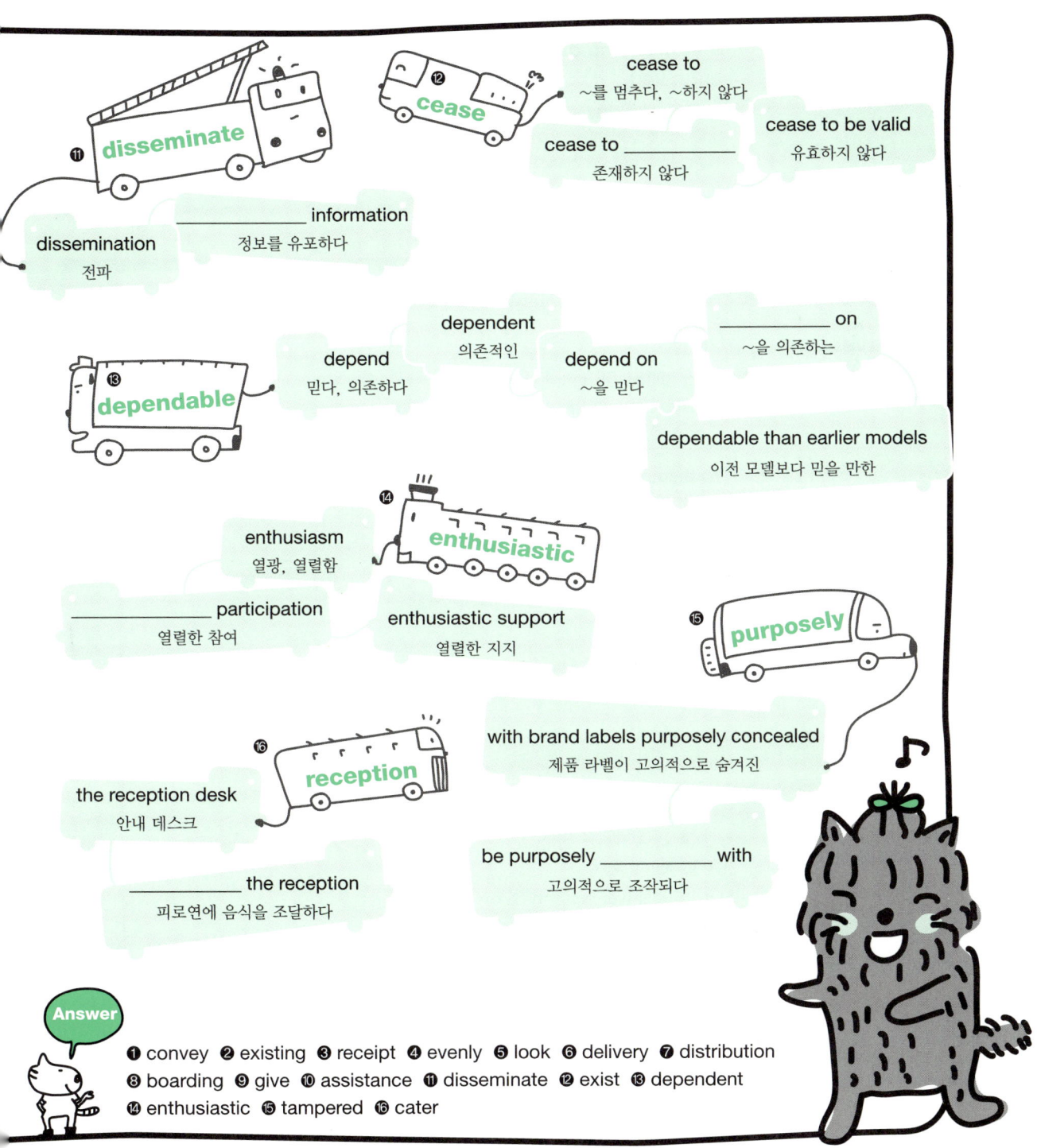

disseminate ⑪

dissemination
전파

_____ information
정보를 유포하다

cease ⑫

cease to
~를 멈추다, ~하지 않다

cease to _____
존재하지 않다

cease to be valid
유효하지 않다

dependable ⑬

depend
믿다, 의존하다

dependent
의존적인

depend on
~을 믿다

_____ on
~을 의존하는

dependable than earlier models
이전 모델보다 믿을 만한

enthusiastic ⑭

enthusiasm
열광, 열렬함

_____ participation
열렬한 참여

enthusiastic support
열렬한 지지

purposely ⑮

with brand labels purposely concealed
제품 라벨이 고의적으로 숨겨진

reception ⑯

the reception desk
안내 데스크

_____ the reception
피로연에 음식을 조달하다

be purposely _____ with
고의적으로 조작되다

Answer

❶ convey ❷ existing ❸ receipt ❹ evenly ❺ look ❻ delivery ❼ distribution
❽ boarding ❾ give ❿ assistance ⑪ disseminate ⑫ exist ⑬ dependent
⑭ enthusiastic ⑮ tampered ⑯ cater

기억·기념 축하

Day 21

For her first wedding anniversary, Julie bought her husband a gift and she got it engraved. Engraving gifts is very popular around the world because you can record any dates or names on the gift. Whenever he looks at his wife's engraved gift he remembers their wedding day, and recalls when he got her engagement ring engraved.

그녀의 첫 번째 결혼기념일에, Julie는 남편에게 선물을 사서 새겨주었다. 새겨서 주는 선물은 선물에 날짜나 이름을 기록할 수 있기 때문에 세계적으로 매우 인기가 있다. 그는 아내의 새겨진 선물을 볼 때마다, 결혼일을 기억하고 그가 그녀에게 약혼반지를 새겨준 것을 회상한다.

Basic Vocab

›› Ⓣ = TOEIC 빈출 표현

■ **anniversary**
[æ̀nivə́:rsəri]

n. 기념일

›› Ⓣ celebrate the fifth anniversary of ~의 다섯 번째 기념일을 축하하다

›› Ⓣ in observance of the anniversary of ~의 기념일을 기념하여

  ◐ in observance of phr. ~를 준수하여, 기념하여, 경축하여

  The diamond wedding anniversary is the day exactly 60 years after marriage.
  금혼 기념일은 결혼한지 정확히 60년 되는 날이다.

  ◐ exactly ad. 정확하게

›› Ⓣ exactly at 2 p.m. 정확히 오후 2시에

■ **gift**
[gift]

n. 선물, 재주

a. gifted 재능을 지닌

cf. present (중요한 날에 주는) 선물

›› Ⓣ a free gift 무료 선물

›› Ⓣ Christmas presents 크리스마스 선물

■ **engrave**
[ingréiv]

v. 새기다, 각인하다, 조각하다

n. engraving 조각

Her initials were engraved on her watch.
그녀의 이름 첫 글자가 그녀의 시계에 새겨져 있다.

record
[rékərd/rikɔ́ːrd]

n. 기록

v. 기록하다

You can monitor incoming messages as they are being recorded.

걸려오는 메시지는 기록되기 때문에 모니터할 수 있다.

> ○ monitor n. 화면
> v. 추적 감시하다, 모니터하다
> cf. screen 확인하다, 거르다

›› ⓣ look at the monitor 화면을 보다
›› ⓣ be closely monitored 면밀히 관찰되다
›› ⓣ screen one's phone calls 전화를 걸러 받다

popular
[pá:pjulər]

a. 인기 있는, 대중적인

n. popularity 인기

cf. population 인구

›› ⓣ the most popular form of ~의 가장 인기 있는 형태
›› ⓣ population density 인구밀도

remember
[rimémbər]

v. 기억하다

n. remembrance 기억, 기념

›› ⓣ remember to+동사원형 ~할 것을 기억하다
›› ⓣ remember -ing ~했던 것을 기억하다

He remembered to do all the chores.

그는 모든 허드렛일을 해야 할 것을 기억했다.

> ○ chore n. 허드렛일, 잡일, 하기 싫은 일

›› ⓣ do chores 허드렛일을 하다

recall
[rikɔ́ːl]

v. 회상하다, 물건을 회수하다

n. 회상, 회수

›› ⓣ recall -ing ~했던 것을 기억하다

She recalled seeing him outside the shop on the night of the robbery.

그녀는 강도 사건이 있던 날 밤 가게 밖에서 그를 보았던 것을 떠올렸다.

> ○ robbery n. 강도짓
> n. robber 강도
> cf. theft(도둑질), burglary(절도)

engagement

[ingéidʒmənt]

n. 약혼, 약속, 참여

v. engage (관심을) 사로잡다, 관계를 맺다

›› ⓣ have a previous engagement 선약이 있다
›› ⓣ have a prior engagement 선약이 있다
›› ⓣ one's engagement party 약혼 파티
›› ⓣ engage[attract] one's attention 관심을 끌다
›› ⓣ engage in ~에 관여하다, 참여하다

He called off the engagement after learning about the affair.
그는 불륜에 대해 알게 된 후 약혼을 취소했다.

○ call off phr. 취소하다
    syn. cancel
○ affair n. 일, 사건, 불륜

›› ⓣ have an affair with ~와 불륜 관계를 맺다
›› ⓣ foreign affairs 외교 문제
›› ⓣ a terrible affair 끔찍한 사건

remind

[rimáind]

v. 상기하다

n. reminder 생각나게 하는 것, 기념품

★★ 'remind+사람+of+사건/사람' 혹은 'remind+사람+that절/to부정사' 형태로 쓰여 '~에게 ~를 기억나게 하다'의 의미를 가진다.

When she arrived in Chicago, her husband reminded her to give her mother a call.
그녀가 시카고에 도착하자 그녀의 남편이 어머니에게 전화를 하도록 상기시켜 주었다.

○ call n. 전화
    v. 전화를 걸다

›› ⓣ give+사람+a call ~에게 전화를 걸다
›› ⓣ make a phone call 전화를 걸다
›› ⓣ call in sick 아파서 출근하지 못한다고 전화하다
›› ⓣ call it a day 하루 일과를 마치다, 그만두다

recollect

[rèkəlékt]

v. 생각해 내다, 회상하다

n. recollection 회상

He recollected his memory and identified me over the phone.
그는 기억을 떠올려 전화상으로 나를 기억해냈다.

○ identify v. (신원을) 확인하다, 식별하다
    n. identification 신분증(ID)
    n. identity 정체성, 신원
    a. identifiable 식별할 수 있는

›› ⓣ identifiable by their uniforms 유니폼으로 식별할 수 있는
›› ⓣ identity theft 신분 도용
›› ⓣ one's identification card ~의 신분증

■ **bear in mind**
phr. 명심하다

syn. keep in mind

Please bear[keep] in mind that you should not go out after 12.

12시 이후에는 외출하지 말아야 한다는 것을 명심하세요.

○ go out phr. 외출하다

cf. curfew 통행금지

■ **archives**
[á:rkaivs]

n. 문서 보관소, 기록 보관소

Many articles have been stored in the archives.

많은 논문들은 문서 보관실에 보관되어 있다.

○ article n. 기사, 조항, 물품

›› ⓣ the news article 뉴스 기사

○ store v. 보관하다, 저장하다

n. 상점

›› ⓣ a store near the building 건물 근처의 한 상점
›› ⓣ the jewelry store 보석 상점

■ **minutes**
[mínitʃ]

n. 의사록

The minutes of regularly scheduled meetings is released three weeks after the date of the policy decision.

정규 회의 의사록은 정책 결정일 3주 후에 발표된다.

○ regularly ad. 정기적으로, 규칙적으로

›› ⓣ check ~ regularly ~를 정기적으로 조사하다

○ decision n. 결정

v. decide 결정하다

›› ⓣ make a decision 결정하다
›› ⓣ decide to+동사원형 ~하기로 결정하다

■ **memorandum**
[mèmərǽndəm]

n. 메모, 비망록, 각서

›› ⓣ a memorandum of understanding (= MOU) 양해각서

He faxed a memorandum to all departments.

그는 모든 부서에 메모를 팩스로 보냈다.

○ fax n. 팩스

v. 팩스를 보내다

›› ⓣ by fax 팩스로

celebrate

[sélibreit]

v. 경축하다

n. celebration 경축, 기념행사

cf. celebrity 유명 인사

›› ⓣ in celebration of ~를 경축하여, ~를 기념하여

›› ⓣ the celebration in honor of Mr. Brown Mr. Brown을 기리는 축하 행사

They celebrate their wedding anniversary by taking a trip.

그들은 여행을 가서 결혼기념일을 경축한다.

○ by -ing phr. ~함으로써

○ take a trip phr. 여행을 가다

reception

[risépʃən]

n. 환영회, 환영, 반응, 안내 데스크

The stem cell research got mixed reception from all over the world.

줄기세포 연구는 세계에서 엇갈린 반응을 받았다.

○ mixed a. 뒤섞인, 엇갈리는

v. mix 섞다

n. mixture 혼합물

›› ⓣ mix A with B A와 B를 섞다

›› ⓣ a mixture of ~의 혼합물

○ all over the world phr. 전 세계에 거쳐

syn. throughout the world

in honor of

phr. ~을 기념하여, ~를 기려

This prize is awarded in honor of the outstanding contributions to regional society made by William Swisshelm.

이 상은 William Swisshelm이 지역 사회에 훌륭한 기여를 한 점을 기려 수여된다.

○ award n. 상

v. 수여하다

›› ⓣ receive an award 상을 받다

›› ⓣ an award worth $10,000 10,000달러 가치의 상

›› ⓣ award-winning 상을 받은

○ outstanding a. 뛰어난, 체납된

›› ⓣ outstanding job performance 뛰어난 업무 실적

›› ⓣ outstanding debts 체납된 채무

banquet
[bǽŋkwit]

n. 축하연

v. 축하연을 베풀다

A banquet will be held to honor the new president.
새로운 사장을 축하하기 위해 축하연이 열릴 것이다.

○ hold v. 개최하다, 잡다, (수화기를 들고) 기다리다

” ⓣ be held to+동사원형 ~하기 위해 개최되다
” ⓣ hold the baby in her arms 아기를 팔에 안고 있다
” ⓣ hold for a second 잠시 (전화를 끊지 않고) 기다리다

commemorate
[kəméməreit]

v. 기념하다

n. commemoration 기념

A statue will be built to commemorate the poet.
시인을 기리기 위하여 조각상이 세워질 것이다.

○ statue n. 조각상

” ⓣ the Statue of Liberty 자유의 여신상
” ⓣ unveil the statue 조각상의 덮개를 벗기다

○ build v. 짓다, 만들다, 쌓다

” ⓣ build a plant 공장을 짓다
” ⓣ build morale 사기를 돋우다

○ poet n. 시인
    n. poem 시 한 편
    n. poetry 시
    a. poetic 시적인

souvenir
[sùːvəníər]

n. 기념품

She bought many souvenirs of her visit to Paris.
그녀는 파리 방문 시 많은 기념품을 구입했다.

○ visit n. 방문
    v. 방문하다
    n. visitor 방문객

” ⓣ appreciate one's visit ~의 방문을 감사하다
” ⓣ one's purpose of visit ~의 방문 목적

memorial
[məmɔ́ːriəl]

n. 기념물, 기념관

a. 기념의

A memorial service was held yesterday.
추도식이 어제 개최되었다.

○ service n. 서비스, 근무, 봉사, 차량 점검

” ⓣ customer service 고객 서비스
” ⓣ complimentary service 무료 서비스

memento
[məméntou]

n. 기념물, 추억거리

Tourists are seeking to buy something special as a memento of their visit.
관광객들은 방문 기념으로 특별한 뭔가를 사려고 한다.

○ seek v. 찾다, 구하다, ~하려고 시도하다

›› ⓣ seek to+동사원형 ~하려고 하다

congratulate
[kəngrǽtʃuleit]

v. 축하하다(on)

n. congratulation 축하

a. congratulatory 축하의

He has received many letters of congratulation.
그는 많은 축하 편지를 받았다.

○ letter n. 편지, 서신

›› ⓣ a letter of reference 소개서
›› ⓣ acknowledge the receipt of the letter 편지의 수신을 알리다

condole
[kəndóul]

v. 위로하다

n. condolence 위로

He offered his condolence to the victims of the blasts.
그는 폭발 희생자에게 위로를 전했다.

○ victim n. 희생자, 피해자
○ blast n. 폭발
　　　 v. 폭발시키다

function
[fʌ́ŋkʃən]

n. 기능, 행사

We are expecting over one hundred attendees at the function.
행사에 1백 명 이상의 참석자를 기대하고 있다.

○ expect v. 기대하다, (오기를) 기다리다
　　　 n. expectation 예상, 기대

★★ 'expect 목적어+to부정사'의 형태로 쓰이며 '~가 ~할 것이라고 예상(기대)하다'의 의미를 가진다.

›› ⓣ be expected to+동사원형 ~라고 기대되다

event
[ivént]

n. 행사, 사건

›› ⓣ in the event of ~의 경우에
My sister is an event planner.
내 언니는 이벤트 기획자이다.

Must-know Vocab

■ **reside**
[ri:záid]

v. 거주하다, 살다
n. residence 주택, 거주지
n. resident 거주민
” ⓣ reside in a small apartment 작은 아파트에 살다

■ **disappoint**
[dìsəpɔ́int]

v. 실망시키다
n. disappointment 실망
a. disappointing 실망스러운
” ⓣ Sales have been disappointing. 판매가 실망스럽다.

■ **lift**
[lift]

v. 들어올리다
” ⓣ lift some woods 나무를 들어올리다
Can you lift this box for me?
나를 위해서 이 상자를 들어줄 수 있니?

■ **bow**
[bɑu]

v. 절하다
” ⓣ bow to the audience 청중에게 인사하다
” ⓣ bow deeply 깊이 (고개 숙여) 절하다

■ **applaud**
[əplɔ́:d]

v. 박수 치다, 갈채를 보내다
n. applause 박수
syn. clap
cf. standing ovation 기립 박수
” ⓣ ask people to applaud 사람들에게 박수 치도록 요청하다
” ⓣ applaud the speaker 연사에게 박수를 보내다
” ⓣ clap for the speaker 연사에게 박수를 보내다
The audience applauded for over 10 minutes.
청중이 10분 이상 박수를 쳤다.

■ **pour**
[pɔ:r]

v. 붓다, 마구 쏟아지다
” ⓣ be poured into cups 컵에 부어지다
” ⓣ pour a cup of tea 차를 붓다
” ⓣ pour down 폭우가 내리다

unpack
[ʌnpǽk]

v. 풀다

ant. pack 짐을 싸다

  ›› ① unpack one's school bags 책가방을 풀다
  ›› ① unpack my luggage from the trip 내 여행 가방을 풀다

admire
[ədmáiər]

v. 존경하다, 감탄하며 바라보다

  ›› ① admire the scenery 경치를 감상하다

join
[dʒɔin]

v. 합류하다, 가입하다

  ›› ① join us for lunch 우리와 점심 식사를 함께 하다
  ›› ① join a company 입사하다

patron
[péitrən]

n. 후원자, 단골 고객

v. patronize 애용하다

cf. customer(고객), client(의뢰인)

  ›› ① store patrons 가게 단골들

The patrons were very happy about the big sale.
단골들은 대 세일에 대해 매우 기뻐했다.

Let's Drill

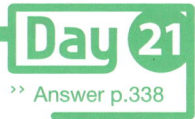

>> **A.** 다음 영영풀이에 해당하는 단어를 보기에서 고르세요.

〈보기〉 archives   engrave   applaud   reside   minutes   memorandum

>> **1.** _____ : to carve, cut, or etch into a material

>> **2.** _____ : a place or collection containing records, documents, or other materials
of historical interest

>> **3.** _____ : a short note written as a reminder

>> **4.** _____ : an official record of the proceedings of a meeting

>> **5.** _____ : to live in a certain place

>> **6.** _____ : to clap one's hands

>> **B.** 다음 구문의 빈칸을 채우세요.

>> **1.** 가게 단골들 store _____

>> **2.** 경치를 감상하다 _____ the scenery

>> **3.** 기립 박수 standing _____

>> **4.** 사기를 돋우다 _____ morale

>> **C.** 다음 문장의 빈칸에 적합한 단어를 고르세요.

>> **1.** He _____ her that she had a meeting at 10 a.m.
a. reminded   b. remembered   c. recalled   d. memorized

>> **2.** An inscription had been _____ on the goblet.
a. recorded   b. engraved   c. reminded   d. reported

>> **3.** She found lots of information about the local village in the county _____.
a. archives   b. memorandum   c. minutes   d. souvenir

>> **4.** The doctor couldn't _____ what patient he had seen only that morning.
a. remind   b. record   c. bear in mind   d. recall

>> **5.** The company signed a _____ of understanding with a French company in an effort to
turn the city into a fashion center.
a. reminder   b. memorandum   c. engraver   d. remembrance

Vocab Tool

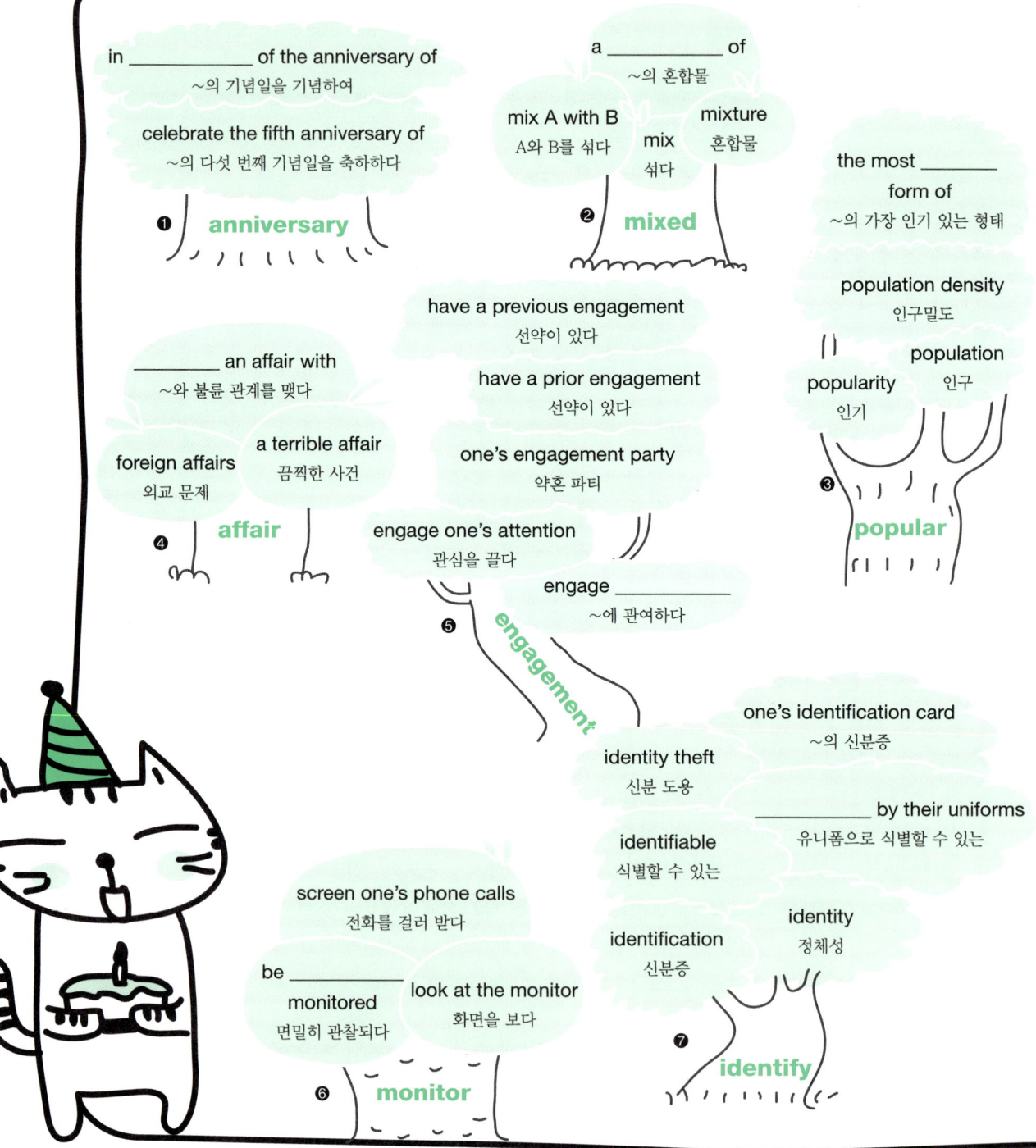

in _____ of the anniversary of
~의 기념일을 기념하여

celebrate the fifth anniversary of
~의 다섯 번째 기념일을 축하하다

❶ **anniversary**

a _____ of
~의 혼합물

mix A with B
A와 B를 섞다

mix
섞다

mixture
혼합물

❷ **mixed**

the most _____
form of
~의 가장 인기 있는 형태

population density
인구밀도

popularity
인기

population
인구

❸ **popular**

_____ an affair with
~와 불륜 관계를 맺다

foreign affairs
외교 문제

a terrible affair
끔찍한 사건

❹ **affair**

have a previous engagement
선약이 있다

have a prior engagement
선약이 있다

one's engagement party
약혼 파티

engage one's attention
관심을 끌다

engage _____
~에 관여하다

❺ **engagement**

one's identification card
~의 신분증

_____ by their uniforms
유니폼으로 식별할 수 있는

identity theft
신분 도용

identifiable
식별할 수 있는

identification
신분증

identity
정체성

❼ **identify**

screen one's phone calls
전화를 걸러 받다

be _____
monitored
면밀히 관찰되다

look at the monitor
화면을 보다

❻ **monitor**

216

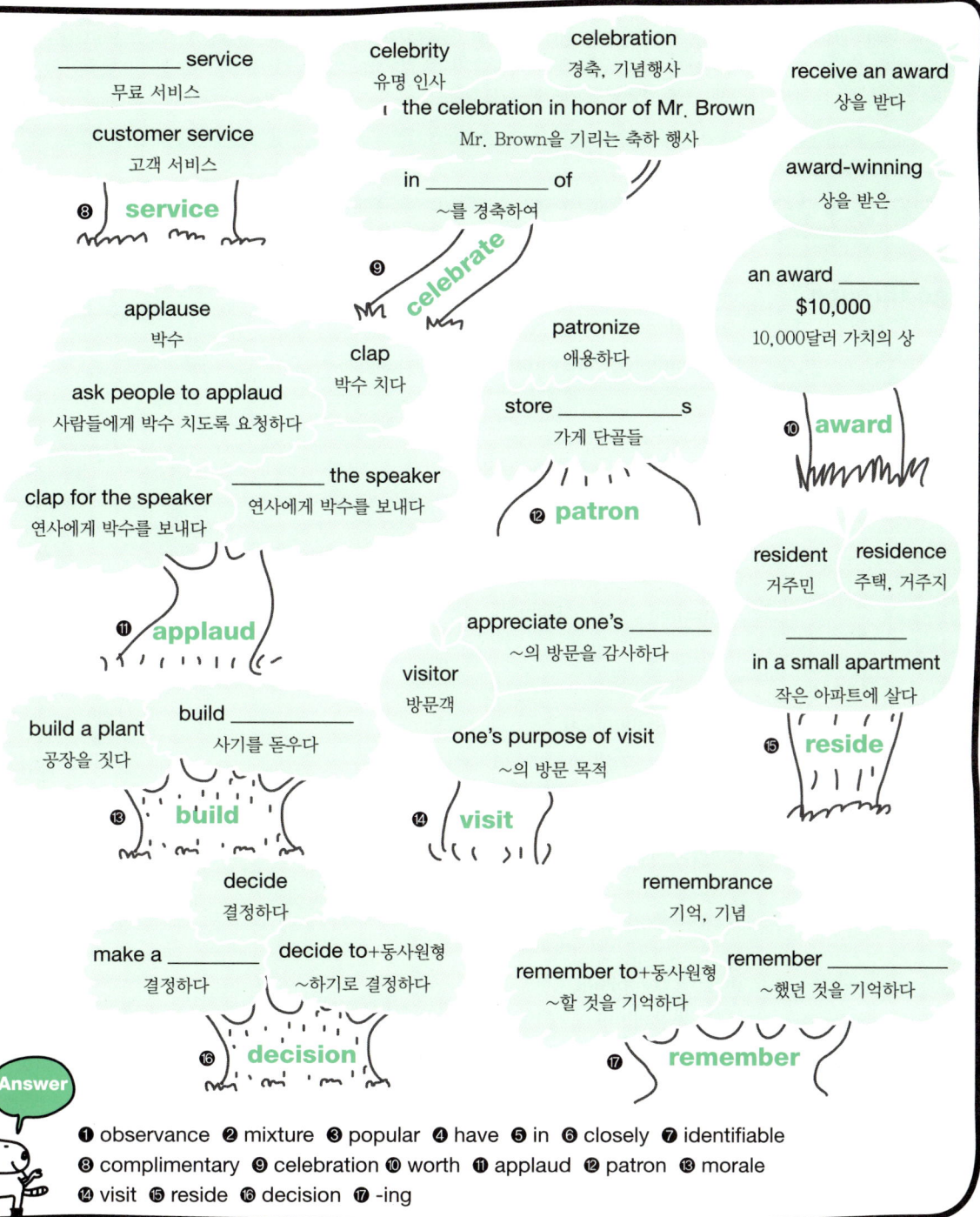

_____ service
무료 서비스

customer service
고객 서비스

❽ **service**

celebrity
유명 인사

celebration
경축, 기념행사

the celebration in honor of Mr. Brown
Mr. Brown을 기리는 축하 행사

in _____ of
~를 경축하여

❾ **celebrate**

receive an award
상을 받다

award-winning
상을 받은

an award _____
$10,000
10,000달러 가치의 상

❿ **award**

applause
박수

ask people to applaud
사람들에게 박수 치도록 요청하다

clap
박수 치다

_____ the speaker
연사에게 박수를 보내다

clap for the speaker
연사에게 박수를 보내다

⓫ **applaud**

patronize
애용하다

store _____s
가게 단골들

⓬ **patron**

resident
거주민

residence
주택, 거주지

appreciate one's _____
~의 방문을 감사하다

visitor
방문객

one's purpose of visit
~의 방문 목적

_____
in a small apartment
작은 아파트에 살다

⓯ **reside**

build a plant
공장을 짓다

build _____
사기를 돋우다

⓭ **build**

⓮ **visit**

decide
결정하다

make a _____
결정하다

decide to+동사원형
~하기로 결정하다

⓰ **decision**

remembrance
기억, 기념

remember to+동사원형
~할 것을 기억하다

remember _____
~했던 것을 기억하다

⓱ **remember**

Answer

❶ observance ❷ mixture ❸ popular ❹ have ❺ in ❻ closely ❼ identifiable
❽ complimentary ❾ celebration ❿ worth ⓫ applaud ⓬ patron ⓭ morale
⓮ visit ⓯ reside ⓰ decision ⓱ -ing

Day 22

Before publishing an article, it has to go through a group of people to look it over. The next step is for the group to investigate the facts, and review the article for spelling mistakes. Publishing an article is not an easy job; a quick glance is not enough.

기사를 게재하기 전에, 검토를 위해 한 그룹의 사람들을 거쳐야 한다. 다음 단계는 그 그룹이 사실을 조사하고, 철자 오류를 찾아내기 위해 기사를 검토하는 것이다. 기사를 출간하는 것은 쉬운 일이 아니다. 잠시 언뜻 보는 것은 충분하지 않다.

Basic Vocab

>> ⓣ = **TOEIC** 빈출 표현

■ go through
phr. 거치다, 겪다
syn. experience
The company went through major changes.
회사는 중요한 변화를 겪었다.

■ look over
phr. 살펴보다
She asked the mechanic to look over her car.
그녀는 자동차 수리공에게 차를 봐 달라고 요청했다.
　○ mechanic n. 정비공, 기계학
>> ⓣ A mechanic is repairing the car. 정비공이 자동차를 수리하고 있다.

■ investigate
[invéstigeit]
v. 조사하다
n. investigation 조사
>> ⓣ under investigation 조사 중인
>> ⓣ a full scale investigation 전면적 조사
>> ⓣ investigation into ~에 대한 조사
Complaints made by members were investigated.
회원들의 항의는 조사되었다.
　○ complaint n. 불평, 항의
　　　　　v. complain 불평하다
>> ⓣ make a complaint 항의하다
>> ⓣ complain about ~에 대해 불평하다, 항의하다

■ review
[rívju:]
v. 검토하다
n. 검토, 복습
The committee needs to review and vote on the proposal.
위원회는 제안서를 검토하고 표결에 붙여야 한다.

○ committee n. 위원회
○ vote v. 투표하다
  n. 투표, 표결

'' ⊤ vote for ~에 찬성표를 던지다
'' ⊤ vote against ~에 반대표를 던지다

■ glance
[glæns]

v. 얼핏 보다

n. 언뜻 봄

He glanced at his watch, remembering he had an appointment at 2 p.m.
그는 2시에 약속이 있다는 것을 기억하면서 시계를 얼핏 봤다.

○ appointment n. 약속, 임명, 지명

'' ⊤ make an appointment 약속을 잡다
'' ⊤ have an appointment with ~와 약속이 있다

■ examine
[igzǽmin]

v. 검사하다, 검토하다, 고찰하다

n. examination 검사, 검토

We have examined the effects of various medicines.
우리는 다양한 약의 효능을 검토했다.

○ effect n. 영향, 효과
  a. effective 효과적인
  a. efficient 능률적인, 유능한, 효율적인
  ad. effectively 효과적으로, 실질적으로

'' ⊤ effectively address one's concerns about ~에 대한 ~의 우려를 실질적으로 대처하다

○ address v. 연설하다, 고심하다, 다루다
  n. 주소, 연설

'' ⊤ address a problem 문제를 다루다

■ look
[luk]

v. 바라보다

n. 모양

'' ⊤ look through 대강 보다, 훑어보다
'' ⊤ look over 검토하다, 살펴보다
'' ⊤ take a look at ~를 보다

We looked through high school yearbooks.
우리는 고등학교 졸업 앨범을 훑어보았다.

○ yearbook n. 연감, 연보, 졸업 앨범
  cf. newsletter(소식지, 회보), almanac(연감)

■ **stare**

[steər]

v. 응시하다, 빤히 쳐다보다

She stared at him until his face turned red.
그녀는 그의 얼굴이 빨개질 때까지 그를 빤히 쳐다보았다.

○ turn v. ~해지다, 돌다
　　　　 n. 차례, 전환

>> ⓣ in turn 차례대로
>> ⓣ turn A into B A를 B로 전환하다
>> ⓣ turn on[off] the lights 불을 켜다[끄다]
>> ⓣ turn down 거절하다
>> ⓣ turn left[right] 좌회전[우회전]하다

■ **gaze**

[geiz]

v. 뚫어지게 보다

n. 응시

syn. stare

>> ⓣ gaze at ~를 응시하다
>> ⓣ gaze out a window 창 밖을 내다보다

She gazed up at the stars and wondered when she might hear from him again.
그녀는 별들을 바라보면서 언제쯤 그에게서 소식을 들을 수 있을지 궁금했다.

○ wonder v. 궁금해하다, 의아하게 여기다
　　　　　 n. 경탄, 경의

>> ⓣ wonder if ~인지 아닌지 궁금하다

■ **peep**

[pi:p]

v. 엿보다, 훔쳐보다

n. 살짝 봄, 훔쳐봄

The door was slightly open and she couldn't resist peeping in.
문이 약간 열려 있어서 그녀는 안을 엿보고 싶은 유혹을 뿌리칠 수가 없었다.

○ slightly ad. 약간, 다소

>> ⓣ increase slightly 다소 상승하다

○ resist v. 저항하다, (하고 싶은 것을 참고) 견디다
　　　　 n. resistance 저항, 저항력
　　　　 a. resistant 저항력이 있는, 잘 견디는

>> ⓣ resistant to temperature changes 온도 변화에 잘 견디는

■ **keep an eye on**　　phr. ~를 계속 지켜보다

Please keep an eye on the weather.
날씨를 계속 주시하세요.

■ **keep an eye out**　　phr. ~를 계속 알아보다, 살피다

Keep an eye out for any changes to your health.
건강의 변화를 계속 지켜봐라.

Must-know Vocab

■ **ask for**　　phr. ~를 요청하다

>> ⓣ ask for a promotion 승진을 요청하다
>> ⓣ ask for a pay raise 월급 인상을 요구하다

■ **notify**　　v. 통고하다, 알리다
[nóutəfai]　　n. notification 통지, 알림

★★ 'notify+사람+of+사건'의 형태로 쓰이며, 'inform+사람+of+사건'과 바꿔쓸 수 있다.

You must notify your supervisor of your vacation plans two months in advance.
상사에게 두 달 미리 너의 휴가 계획을 알려줘야 한다.

　　�‌○ supervisor n. 관리자, 감독관

>> ⓣ the manufacturing supervisor 제조 관리자
>> ⓣ the immediate supervisor 직속상관

　　◌○ in advance phr. 미리

■ **pave**　　v. (도로를) 포장하다
[peiv]　　n. pavement 포장도로
　　cf. repave 재포장하다

>> ⓣ repair the pavement 포장도로를 수리하다
>> ⓣ pave the road 도로를 포장하다

■ **research**　　n. 연구, 조사
[rísəːrtʃ]　　v. 연구하다, 조사하다

>> ⓣ conduct further research 더 많은 연구를 하다

　　◌○ further a. 더 이상의, 추가의
　　　　　 ad. 더 나아가

>> ⓣ until further notice 다음 통지가 있을 때까지

■ **respond**　　v. 응답하다, 반응하다
[rispáːnd]　　n. response 응답, 반응
　　a. responsive 즉각 반응하는, 호의를 보이는

>> ⓣ respond to ~에 응답하다
>> ⓣ respond to one's questions immediately ~의 질문에 즉각적으로 답하다

■ **carry**　　v. 운반하다, 지니다, (물건을) 취급하다
[kǽri]
>> ⓣ carry a basket 바구니를 들다
>> ⓣ carry-on luggage 기내 휴대용 수하물

light
[lait]

n. 빛, 광선, 전등

a. 밝은, 가벼운, 담백한

v. 불을 붙이다, (빛을) 비추다

- ⓣ light a candle with a match 성냥으로 초에 불을 붙이다
- ⓣ have a light dinner 가벼운 저녁 식사를 하다
- ⓣ in light of ~를 고려하여, ~를 비추어
- ⓣ traffic light 신호등

all the more
phr. 더더욱, 오히려

- ⓣ all the more remarkable 더욱더 훌륭한

It is all the more surprising because he is just a beginner.
그가 초보자이기 때문에 더욱더 놀랍다.

○ surprising a. 놀라운
　　　a. surprised 놀란
　　　v. surprise 놀라게 하다
　　　n. surprise 놀람

- ⓣ be surprised at ~에 대해 놀라다
- ⓣ a surprise party 깜짝 파티, 기습 파티
- ⓣ to one's surprise 놀랍게도

deposit
[dipá:zit]

n. 예금, 착수금

v. 두다, 예치하다

- ⓣ receive a deposit 예금을 받다
- ⓣ deposit money into a savings account 저축 예금 계좌에 돈을 저축하다

○ into prep. ~안으로, ~로, ~에 대한

- ⓣ translate A into B A를 B로 번역하다
- ⓣ come into effect 발효되다, 실행되다

discontinue
[dìskəntínjuː]

v. 중단하다, 멈추다

ant. continue 계속하다

- ⓣ discontinue one's operations 운영을 중단하다
- ⓣ discontinue producing ~를 생산하는 것을 중단하다

load
[loud]

n. 짐, 많음, 무게

v. 짐을 싣다, 적재되다

ant. unload 짐을 내리다

- ⓣ load bricks onto a cart 벽돌을 카트에 싣다
- ⓣ The truck is fully loaded. 트럭에 짐이 가득 실렸다.

>> **A.** 다음 영영풀이에 해당하는 단어를 보기에서 고르세요.

⟨보기⟩　stare　notify　peep　vote　deposit　look over

>> **1.** _____ : to look directly and fixedly

>> **2.** _____ : to examine or inspect something or someone

>> **3.** _____ : to indicate your choice officially in an election

>> **4.** _____ : to have a quick look

>> **5.** _____ : to officially inform someone about something

>> **6.** _____ : to pay money into a bank account

>> **B.** 다음 구문의 빈칸을 채우세요.

>> **1.** 벽돌을 카트에 싣다 _____ bricks onto a cart

>> **2.** 놀랍게도 to one's _____

>> **3.** ~를 고려하여 in _____ of

>> **4.** 온도 변화에 잘 견디는 _____ to temperature changes

>> **C.** 다음 문장의 빈칸에 적합한 단어를 고르세요.

>> **1.** He asked his mother if she would look _____ his math homework.
　　a. at　　　　　　b. over　　　　　c. to　　　　　　d. into

>> **2.** He _____ up at her.
　　a. watched　　　b. glanced　　　c. saw　　　　　d. peeped

>> **3.** He _____ at her dress in disapproval.
　　a. looked　　　　b. watched　　　c. saw　　　　　d. peeped

>> **4.** She _____ into thin air and thought about her future.
　　a. peeped　　　　b. glanced　　　c. gazed　　　　d. saw

>> **5.** The doctor _____ his chest and found nothing was wrong.
　　a. examined　　　b. investigated　　c. looked　　　　d. reviewed

Vocab Tool

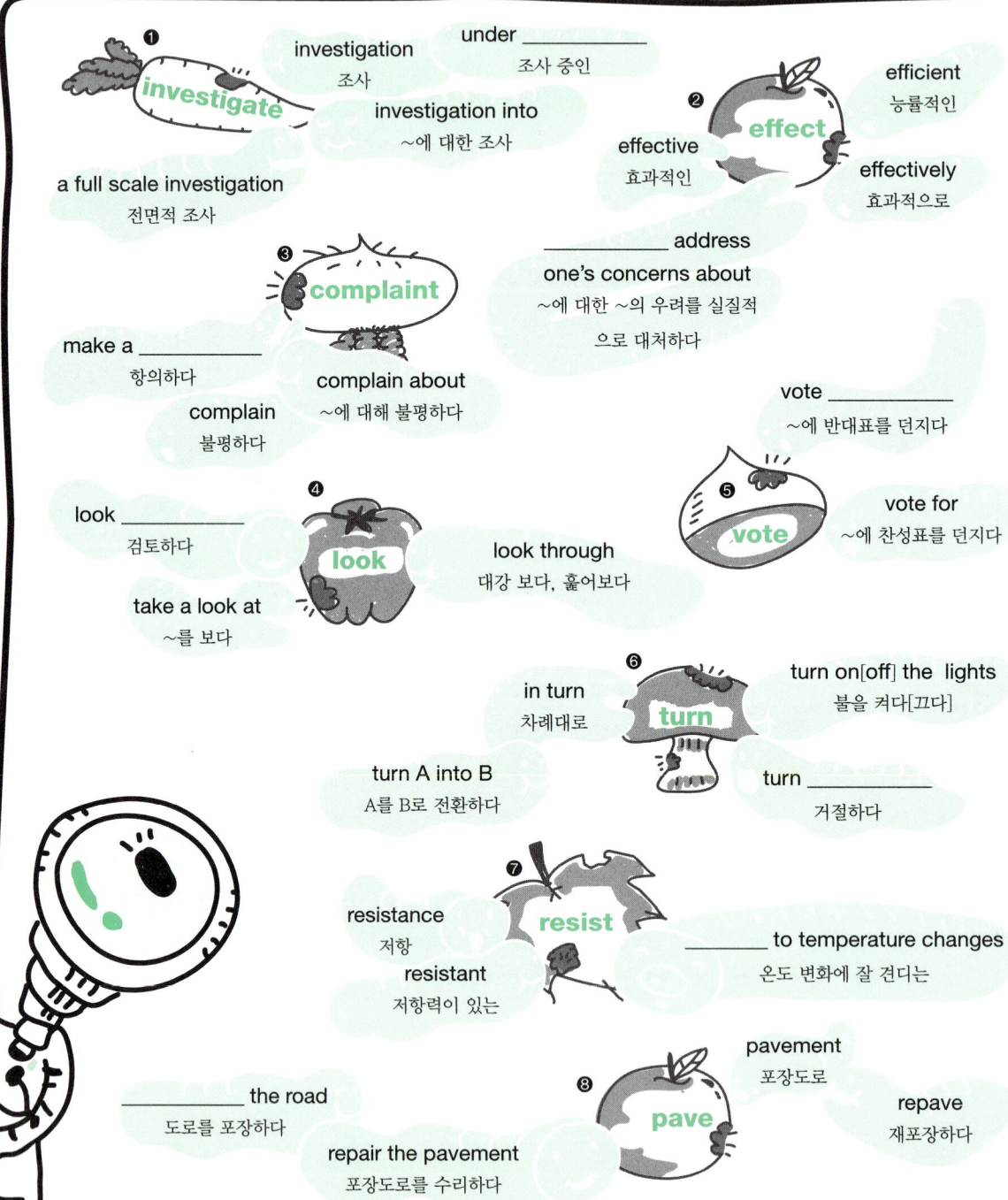

❶ investigate

investigation
조사

under _____
조사 중인

investigation into
~에 대한 조사

a full scale investigation
전면적 조사

❷ effect

efficient
능률적인

effective
효과적인

effectively
효과적으로

❸ complaint

_____ address
one's concerns about
~에 대한 ~의 우려를 실질적
으로 대처하다

make a _____
항의하다

complain about
~에 대해 불평하다

complain
불평하다

❹ look

look _____
검토하다

look through
대강 보다, 훑어보다

take a look at
~를 보다

❺ vote

vote _____
~에 반대표를 던지다

vote for
~에 찬성표를 던지다

❻ turn

in turn
차례대로

turn on[off] the lights
불을 켜다[끄다]

turn A into B
A를 B로 전환하다

turn _____
거절하다

❼ resist

resistance
저항

resistant
저항력이 있는

_____ to temperature changes
온도 변화에 잘 견디는

❽ pave

pavement
포장도로

repave
재포장하다

_____ the road
도로를 포장하다

repair the pavement
포장도로를 수리하다

responsive
즉각 반응하는

response
응답, 반응

respond

_____ to one's questions immediately
~의 질문에 즉각적으로 답하다

respond to
~에 응답하다

traffic light
신호등

light

light a candle with a match
성냥으로 초에 불을 붙이다

in light _____
~를 고려하여

have a light dinner
가벼운 저녁 식사를 하다

be _____ at
~에 대해 놀라다

to one's surprise
놀랍게도

a surprise party
깜짝 파티

surprising

surprised
놀라운

surprise
놀람, 놀라게 하다

deposit

receive a deposit
예금을 받다

deposit money into a _____ account
저축 예금 계좌에 돈을 저축하다

unload
짐을 내리다

load

load bricks onto a cart
벽돌을 카트에 싣다

The truck is fully _____.
트럭에 짐이 가득 실렸다.

discontinue one's operations
운영을 중단하다

discontinue

continue
계속하다

discontinue _____
~를 생산하는 것을 중단하다

Answer

❶ investigation ❷ effectively ❸ complaint ❹ over ❺ against ❻ down ❼ resistant
❽ pave ❾ respond ❿ of ⓫ surprised ⓬ savings ⓭ loaded ⓮ producing

감사·존경 가치

Day 23

Many teenagers suffer from a low self-esteem in North America. Many studies maintain that teenagers need to appreciate themselves before others appreciate them. Teenagers also need role models to admire and look up to. Parents have to realize that their role in shaping their teenage sons and daughters is very valuable.

북미의 많은 10대들은 열등감을 겪는다. 많은 연구들은 십대들이 다른 사람들이 그들을 인정하기 전에 자신이 스스로의 가치를 인정해야 한다고 주장한다. 십대들은 또한 경애하고 존경할 역할 모델이 필요하다. 부모들은 자신의 십대 자녀들을 형성하는 데 그들의 역할이 매우 소중하다는 것을 깨달아야만 한다.

Basic Vocab

›› ⓣ = **TOEIC** 빈출 표현

■ esteem
[istíːm]

v. 존경하다, 존중하다
n. 존경

›› ⓣ self-esteem 자긍심

Her colleagues hold her in high esteem.
그녀의 동료는 그녀를 대단히 존경하고 있다.

■ maintain
[meintéin]

v. 유지하다, 주장하다
n. maintenance 유지

You need to maintain high grades in order to enter the university.
대학에 입학하려면 높은 점수를 유지해야 한다.

　◯ grade n. 등급, 성적, 학년
　　　　　 v. 등급을 나누다, 성적을 매기다
　　　　　 cf. score 점수

›› ⓣ in second grade 2학년인

　◯ in order to phr. ~하기 위하여

★★ 'in order to+동사원형' 혹은 'in order that+주어+동사'의 형태로 쓰인다.

　◯ enter v. 들어가다, 입학하다, 기입하다, 출전하다, 시작하다
　　　　　 n. entrance 출입구, 등장

›› ⓣ enter data 자료를 입력하다
›› ⓣ enter+장소 ~에 들어가다
›› ⓣ enter into business 사업을 시작하다

■ appreciate
[əpríːʃieit]

v. 감사하다, 감상하다
n. appreciation 감사

He appreciated her by consistently sending flowers to her office.
그는 그녀의 사무실에 계속 꽃을 보내며 그녀에게 감사를 표했다.

○ consistently ad. 한결같이, 꾸준히

　　　　　a. consistent 한결같은, 꾸준한

" ⓣ be consistent with ~와 일치하다

" ⓣ have been consistently late 계속 지각해 왔다

■ **admire**

[ədmáiər]

v. 감탄하다, 숭배하다

n. admiration 찬양, 숭배

" ⓣ admire the scenery 경치를 감상하다

We stood for a few moments, admiring the view.

우리는 풍경에 감탄하면서 잠시 동안 서 있었다.

○ for a few moments phr. 잠시 동안

○ view n. 관점, 경관

　　　v. ~라고 여기다, 보다

" ⓣ a point of view 견해, 관점

" ⓣ view your account 네 계좌를 보다

■ **look up to**

phr. ~를 존경하다

I really look up to my boss.

난 정말 내 상사를 존경한다.

○ boss n. 상관, 사장

■ **shape**

[ʃeip]

n. 모양, 형체

v. 모양으로 만들다, 형성하다

" ⓣ in good shape (몸의) 상태가 좋은

My car is in bad shape.

내 차는 상태가 안 좋다.

■ **valuable**

[væljuəbl]

a. 소중한

n. value 가치, 중요성

v. value 존중하다

a. valued 평가된, 사정된

" ⓣ valued at 10,000 dollars 만 달러로 평가된

" ⓣ increase in value 가치가 상승하다

" ⓣ a very valuable employee 매우 소중한 직원

Your advice is always valuable to me and my colleagues.

당신의 조언은 나와 내 동료들에게 언제나 소중하다.

○ advice n. 조언, 충고

　　　v. advise 충고하다, 조언하다

" ⓣ offer advice 충고하다

" ⓣ take one's advice ~의 충고를 받아들이다

welcome
[wélkəm]

v. 환영하다

a. 반가운, 환영하는, ~해도 좋은

n. 환영, 반응

'' ⓣ You're welcome. 천만에요.

'' ⓣ be welcome to ~해도 좋다

'' ⓣ welcome some new interns 새로운 인턴들을 환영하다

The conference operator welcomed each participant.

회의 운영자가 각 참가자를 환영했다.

○ participant n. 참여자

v. participate 참여하다

n. participation 참여

'' ⓣ fully participate in ~에 전적으로 참여하다

'' ⓣ participation in ~에 대한 참여

cherish
[tʃériʃ]

v. 소중히 하다

a. cherishable 소중한

For many years he had cherished the letters she had sent him.

여러 해 동안 그는 그녀가 보낸 편지를 소중히 간직했다.

respect
[rispékt]

v. 존경하다, 존중하다

n. 존경

★★ 동사 respect는 타동사이므로 'respect+목적어'이며 명사 respect는 'respect for(~에 대한 존경)'처럼 사용된다.

If you have respect for someone, you have a good opinion of him.

만일 당신이 누군가를 존경한다면, 그를 좋게 생각하는 것이다.

gratitude
[grǽtətju:d]

n. 감사, 고마움, 사의

a. grateful 고마워하는

'' ⓣ my gratitude for your hospitality 당신의 환대에 대한 감사

'' ⓣ express one's gratitude 사의를 표하다

She expressed her gratitude for their support.

그녀는 그들의 후원에 대해 사의를 표명했다.

precious
[préʃəs]

a. 소중한

'' ⓣ precious metal 귀금속

I wore my most precious ring to the bath today, and now it's missing.

난 오늘 가장 소중한 반지를 끼고 목욕을 하다가 반지를 잃어버렸다.

○ wear v. 입다, 착용하다, 닳다

'' ⓣ wear and tear 마모, 마멸

○ missing a. 분실된, 실종된

★★ missing, existing(기존의), lasting(지속적인)은 항상 현재분사로 사용되며, 과거분사(-ed)
형태로 사용되지 않는다.

” ⓣ missing luggage 분실된 수하물

■ worth
[wəːrθ]

a. ~할 가치가 있는
n. 가치
a. worthy ~할 만한, 자격이 있는
syn. value

” ⓣ be worthy of ~할 만하다
” ⓣ worth -ing ~할 만한 가치가 있는
” ⓣ a dollar's worth of 1달러 가치의

I will be spending the $40 on this software, and I think it's worth every penny.
난 이 소프트웨어에 40달러를 사용할 것인데 그럴 가치가 있다고 생각한다.

■ look down on

phr. 멸시하다
syn. despise

He looked down on people who drank excessively and used drugs.
그는 술을 많이 마시고 마약을 사용하는 사람들을 멸시했다.

○ excessively ad. 지나치게, 과도하게
a. excessive 지나친, 과도한
n. excess 과도, 과잉

” ⓣ in excess of ~를 초과하여
” ⓣ be excessively concerned with ~에 지나친 관심을 보이다

○ concerned a. 우려하는, 관심 있는

” ⓣ be concerned about[for] ~에 대해 우려하다
” ⓣ be concerned with ~에 대해 관심을 보이다

■ despise
[dispáiz]

v. 멸시하다, 경멸하다
cf. despite ~에도 불구하고

I really despise people who constantly lie.
난 끊임없이 거짓말하는 사람을 정말 경멸한다.

○ constantly ad. 끊임없이, 거듭

” ⓣ constantly make mistakes 거듭해서 실수를 하다
” ⓣ in a constantly efficient manner 계속하여 효율적인 방식으로

■ contempt
[kəntémpt]

n. 경멸

For some reason, she has total contempt for her coworkers.
어떤 이유에서인지, 그녀는 동료들을 완전히 멸시한다.

○ reason n. 이유

” ⓣ the reason why ~인 이유
” ⓣ reason for ~에 대한 이유

hospitality

[hὰːspitǽləti]

n. 환대, 후대, 접대

›› ⓣ hospitality industry 접객업, 서비스업

›› ⓣ excellent hospitality 뛰어난 접대

He is well known for his great sense of hospitality.
그는 접대 감각이 뛰어나다고 잘 알려져 있다.

○ sense n. 감각, 감

›› ⓣ a sense of humor 유머 감각

›› ⓣ common sense 상식

›› ⓣ make sense 이치에 맞다

greet

[griːt]

v. 반갑게 맞다, 환영하다, 반응을 보이다

n. greeting 인사, 안부의 말

cf. salute 경례[거수경례]를 하다

›› ⓣ greet them personally 직접 그들을 반기다

›› ⓣ greet our esteemed guests 우리의 소중한 고객을 맞이하다

My dog always greets me at the door when I return home.
내 개는 내가 집에 돌아오면 언제나 문 앞에서 나를 맞아준다.

○ door n. 문

›› ⓣ knock the door 문을 두드리다

›› ⓣ The door is securely closed. 문이 안전하게 닫혀 있다.

ignore

[ignɔ́ːr]

v. 무시하다, 못 본 척하다

n. ignorance 무지, 무식

›› ⓣ ignore mistakes 실수를 못 본 척하다

Must-know Vocab

nor

[nɔːr]

con. ad. ~도 아니다, ~이 아닌 것은 마찬가지이다

›› ⓣ neither A nor B A도 B도 아니다

›› ⓣ accept neither personal checks nor credit cards
개인 수표나 신용 카드 둘 다 받지 않는다

Neither the management nor the workers were happy with the final agreement.
경영진이나 노동자들 모두 최종 합의에 만족하지 않았다.

○ worker n. 노동자, 근로자
　　　　 n. work 일
　　　　 v. work 일하다, 작동되다, 효과가 있다

›› ⓣ temporary workers 임시직 근로자들

›› ⓣ part-time workers 시간제 근로자들

›› ⓣ complete work assigned to me 내게 할당된 일을 마치다

■ partially
[páːrʃəli]

ad. 부분적으로

I partially agree with you.
난 너와 부분적으로는 의견이 같다.

○ agree v. 동의하다
        n. agreement 동의, 합의
        cf. coincide with ~와 동시에 발생하다

›› ⓣ agree with+사람 ~와 동의하다

›› ⓣ agree on+내용 ~에 동의하다

■ supply
[səplái]

v. 공급하다, 제공하다

n. 공급품, 비품

n. supplier 공급업체

›› ⓣ supply A with B A에게 B를 제공하다

›› ⓣ the most reliable supplier 가장 믿을 만한 공급업체

›› ⓣ staplers, pens, paper clips, and other supplies
스테이플러, 펜, 종이 클립, 그리고 다른 비품들

○ other+복수명사 phr. 다른 ~들

›› ⓣ one, the other (둘 중) 하나는, 다른 하나는

■ escort
[éskɔːrt]

v. 호위하다, 호송하다

n. 호위대

›› ⓣ escort+사람+to ~를 ~로 에스코트하다

›› ⓣ be escorted by ~에 의해서 호위를 받다

■ rotate
[róuteit]

v. 회전하다, 회전시키다, 교대하다

n. rotation 회전, 교대

cf. alternate 번갈아 생기는, 하나 거르는
        every other day 하루 걸러 하루마다, 이틀마다

›› ⓣ on a rotating two year basis (여러 명이) 번갈아 2년마다

In our office, many of the work responsibilities rotate among the employees.
우리 사무실에는 많은 작업 책임이 직원들 간에 번갈아 있다.

○ among prep. ~중에서

★★ 둘 사이에서는 between, 셋 이상 사이에서는 among을 사용한다.

›› ⓣ among people over 40 40세 이상의 사람들 중에서

■ environment   n. 환경

[inváirənmənt]

- ⓣ a pleasant work environment 쾌적한 작업 환경
- ⓣ maintain a quiet work environment 조용한 작업 환경을 유지하다

I quit because the work environment was too fast-paced and stressful.
난 작업 환경이 너무 빨리 진행되고 스트레스가 많아서 회사를 그만두었다.

○ quit v. 그만두다, (담배 등을) 끊다
- ⓣ quit smoking 담배를 끊다
- ⓣ quit one's job 직장을 그만두다

■ eager   a. 열렬한, 간절히 바라는

[íːgər]

★★ 'be eager for+명사' 혹은 'be eager+to부정사'와 같은 형태로 쓰여 '~를 바라다'의 의미를 가진다.

- ⓣ be eager to form business relations 사업 관계를 형성하고 싶다

■ as to   phr. ~에 대해서

cf. as for ~에 대해 말하자면
　　as of ~날짜로

- ⓣ undecided as to ~에 대해 결정되지 않은

■ invoice   n. 송장, 청구서

[ínvɔis]

- ⓣ send the invoice to ~에게 송장을 보내다
- ⓣ retain a copy of the invoice 송장 사본을 간직하다

■ show up   phr. 나타나다, 참석하다

cf. show off ~를 자랑하다

- ⓣ show great promise 대단한 가망을 보이다

○ promise n. 약속, 가망성
- ⓣ be expected to show up 참석할 것으로 기대된다

■ ladder   n. 사다리

[lǽdər]

- ⓣ hand a ladder to ~에게 사다리를 건네주다
- ⓣ climb the ladder 사다리를 올라가다

Let's Drill

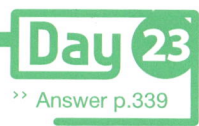

>> **A.** 다음 영영풀이에 해당하는 단어를 보기에서 고르세요.

> 〈보기〉 welcome esteem greet hospitality appreciate valuable

>> **1.** _____ : to be thankful or show gratitude for

>> **2.** _____ : to receive with pleasure and hospitality into one's company or home

>> **3.** _____ : to regard with respect

>> **4.** _____ : having worth or merit or value

>> **5.** _____ : to say hello

>> **6.** _____ : the food, drink, and other privileges which some companies provide for their visitors

>> **B.** 다음 구문의 빈칸을 채우세요.

>> **1.** 송장 사본을 간직하다 retain a copy of the _____

>> **2.** 참석할 것으로 기대된다 be expected to _____ _____

>> **3.** ～에 의해서 호위를 받다 be _____ by

>> **4.** 계속하여 효율적인 방식으로 in a _____ efficient manner

>> **C.** 다음 문장의 빈칸에 적합한 단어를 고르세요.

>> **1.** They showed their _____ by buying him dinner.
   a. thanking   b. gratitude   c. appreciate   d. cherish

>> **2.** Her problem is that she does suffer from low self-_____.
   a. value   b. worth   c. admiration   d. esteem

>> **3.** He had _____ her with all his heart and for all of his life.
   a. cherished   b. looked down   c. worth   d. respect for

>> **4.** In stocks, for every $1,000 cash you invest, you control a maximum of $2,000 _____ of stock.
   a. value   b. worth   c. precious   d. valuable

>> **5.** Most communist countries do not show any _____ for individual life.
   a. cherishment   b. admiration   c. respect   d. esteem

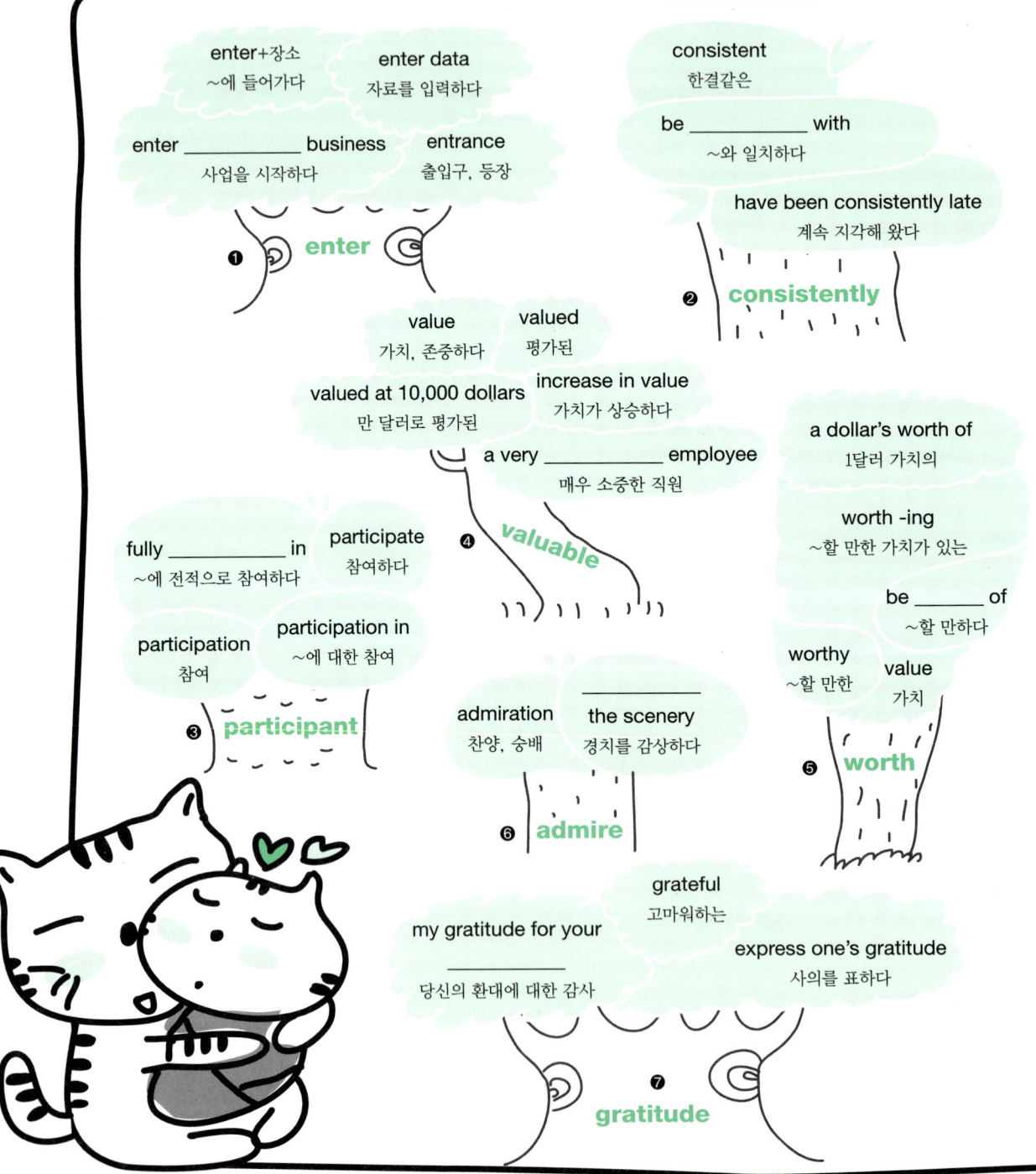

enter+장소
~에 들어가다

enter data
자료를 입력하다

enter _____ business
사업을 시작하다

entrance
출입구, 등장

❶ enter

consistent
한결같은

be _____ with
~와 일치하다

have been consistently late
계속 지각해 왔다

❷ consistently

value
가치, 존중하다

valued
평가된

valued at 10,000 dollars
만 달러로 평가된

increase in value
가치가 상승하다

a very _____ employee
매우 소중한 직원

❹ valuable

a dollar's worth of
1달러 가치의

worth -ing
~할 만한 가치가 있는

be _____ of
~할 만하다

worthy
~할 만한

value
가치

❺ worth

fully _____ in
~에 전적으로 참여하다

participate
참여하다

participation
참여

participation in
~에 대한 참여

❸ participant

admiration
찬양, 숭배

_____ the scenery
경치를 감상하다

❻ admire

grateful
고마워하는

my gratitude for your
_____
당신의 환대에 대한 감사

express one's gratitude
사의를 표하다

❼ gratitude

excessive
지나친, 과도한

in _____ of
~를 초과하여

be excessively
concerned with
~에 지나친 관심을 보이다

excess
과도, 과잉

❽ **excessively**

common
sense
상식

_____ sense
이치에 맞다

a sense of humor
유머 감각

❾ **sense**

greet them
personally
직접 그들을 반기다

greeting
인사

greet our _____ guests
우리의 소중한 고객을 맞이하다

❿ **greet**

temporary
workers
임시직 근로자들

work
일, 일하다

complete _____ assigned to me
내게 할당된 일을 마치다

part-time workers
시간제 근로자들

⓫ **worker**

rotation
회전, 교대

alternate
번갈아 생기는

on a _____ two year basis
번갈아 2년 마다

⓬ **rotate**

staplers, pens, paper clips,
and other supplies
스테이플러, 펜, 종이 클립, 그리고
다른 비품들

the most reliable supplier
가장 믿을 만한 공급업체

supplier
공급업체

supply A _____ B
A에게 B를 제공하다

⓭ **supply**

take one's _____
~의 충고를 받아들이다

offer advice
충고하다

advise
충고하다

⓮ **advice**

Answer

❶ into ❷ consistent ❸ participate ❹ valuable ❺ worthy ❻ admire ❼ hospitality
❽ excess ❾ make ❿ esteemed ⓫ work ⓬ rotating ⓭ with ⓮ advice

평가·중요성

Day 24

The insurance company assigned a doctor to diagnose the case and see if the applicant qualifies for coverage. The doctor stressed that the applicant is losing weight at a very fast rate. He also estimated that he only has few years to live. It's too premature to judge the case, but it appears that he will not be covered.

보험회사는 그 사건을 분석하고 신청자가 보험 보상을 받을 자격이 있는지 조사하도록 의사를 배정하였다. 의사는 신청자가 매우 빠른 속도로 체중이 감소하고 있다는 점을 강조했다. 그는 또한 그가 몇 년밖에 살지 못한다고 추정했다. 사건을 판단하는 것은 시기상조이지만, 그가 보험 보상을 받을 수 없는 것처럼 보인다.

Basic Vocab

”ⓣ = **TOEIC** 빈출 표현

■ **assign**
[əsáin]

v. 할당하다, 맡기다, 배정하다

n. assignment 배정, 과제

” ⓣ work on the assignment 과제를 하다

” ⓣ assign A to B A를 B에 할당하다

■ **diagnose**
[dáiəgnòus]

v. 진단하다, 분석하다

n. diagnosis 분석, 진단

Once diagnosed, the patient can be prescribed treatment.
일단 진단받으면, 환자는 치료를 처방받을 수 있다.

◐ prescribe v. 처방하다, 규정하다
　　　 n. prescription 처방, 처방전

” ⓣ prescribe medicine 약을 처방하다

” ⓣ fill the prescription 처방전대로 약을 주다

Tip　sis로 끝나는 명사: analysis(분석), paralysis(마비), emphasis(강조)

■ **case**
[keis]

n. 경우, 사건, 사례

” ⓣ in case of ~의 경우에

The doctor had never encountered a case like this before.
의사는 전에 이와 같은 경우에 부딪혔던 적이 전혀 없다.

◐ encounter v. 직면하다, 마주치다
　　　 n. 만남

■ **qualify**
[kwá:lifai]

v. 자격을 주다, 자격을 얻다

n. qualification 자격

a. qualified 자격이 있는

236

" ⓣ qualified applicants 자격을 갖춘 지원자들

" ⓣ qualified for the post 직책에 대한 자격이 있는

    ◐ post n. 우편, 직책
             v. 우송하다, 배치하다

" ⓣ the post office 우체국

" ⓣ post a document in ~에 서류를 두다

I am sure that you qualify for the position.
귀하가 그 직위에 대한 자격이 있다고 확신합니다.

    ◐ position n. 자리, 위치, 직위
              v. (특정한 위치에) 두다

" ⓣ the managerial position 매니저 직위

    ◐ managerial a. 매니저의
            n. manager 매니저, 경영자, 감독
            v. manage 경영하다, 관리하다
            n. management 경영, 관리, 경영진

" ⓣ the senior manager 상급 관리자

▮ coverage
[kʌ́vəridʒ]

n. (보험의) 보상 범위, 보도

" ⓣ press coverage 언론 보도

" ⓣ insurance coverage 보험의 보상 범위

▮ lose weight

phr. 체중이 줄다

My cousin managed to lose a lot of weight using the new diet.
내 사촌은 새로운 다이어트 법을 사용하여 많은 체중이 줄었다.

    ◐ cousin n. 사촌
    ◐ manage v. 간신히 ~하다

" ⓣ manage to 간신히 ~하다

    ◐ lose v. 잃다, 줄다, 지다

" ⓣ lose one's temper 화를 내다

    ◐ diet n. 다이어트, 식습관, 규정식

" ⓣ go on a diet 다이어트 하다

" ⓣ diet pills 다이어트용 알약

▮ rate
[reit]

v. (값을) 매기다, 평가하다

n. 등급, 비율, 요금

" ⓣ at the rate of ~의 비율로, ~의 속도로

" ⓣ with its production rates at an all-time low 가장 낮은 생산율로

He is rated as the second best athlete in the country.
그는 그 나라의 두 번째로 훌륭한 운동선수로 평가받았다.

    ◐ athlete n. 운동선수

■ estimate

[éstimeit/-mət]

v. 어림 잡아 측정하다, 평가하다

n. 견적서

n. estimation 평가

'' ⓣ give an estimate 견적을 내주다

'' ⓣ cost estimate 원가 견적

The plumber estimated that repairs would cost about $200.
그 배관공은 수리비가 200달러 정도 될 것으로 추정했다.

○ plumber n. 배관공

■ premature

[prìːmətjúr]

a. 정상보다 이른, 시기상조의

syn. immature

Don't make any premature decision about your future.
네 미래에 대해 시기상조의 결정을 내리지 말아라.

○ future n. 미래

'' ⓣ in the foreseeable future 가까운 장래에

'' ⓣ in the near future 가까운 장래에

■ judge

[dʒʌdʒ]

v. 평가하다, 심판하다

n. 판사, 심판

n. judgment 평가

The company judged the employees on the basis of their performance evaluation score.
회사는 직원의 업무 평가 점수를 토대로 그들을 평가했다.

○ on the basis of phr. ~를 토대로

○ basis n. 근거, 기준
　　　 cf. base 기초, 본거지, 군사기지

'' ⓣ be based on ~에 토대를 두다

○ performance n. 공연, 성과, 연주
　　　 v. perform 공연하다, 실행하다

'' ⓣ perform outdoor 야외 공연하다

'' ⓣ work performance 업무 성과

○ evaluation n. 평가, 감정
　　　 v. evaluate 평가하다, 감정하다

'' ⓣ an evaluation form 평가서

○ score n. 점수, 성적

appear
[əpíər]

v. 보이다, 나타나다, ~인 것처럼 보이다

All of the important information appears on the first and last page of the contract.
모든 중요한 정보는 계약서의 첫 페이지와 마지막 페이지에 나온다.

○ important a. 중요한
      n. importance 중요성

★★ 주로 'It is important that 주어+동사원형'의 형태로 쓰인다.

ⓣ VIP (= very important person) 주요 고객, 귀빈

cover
[kʌ́vər]

v. 덮다, 포함시키다

n. 표지, 위장, 덮개

ⓣ be covered with ~로 뒤덮이다

ⓣ The fee covers registrations. 비용은 등록비를 포함한다.

This agreement covers all matters relating to payment and penalties.
이 계약서는 지불과 위약금에 대한 모든 문제들을 포함한다.

○ penalty n. 벌금, 위약금

ⓣ pay a penalty 벌금을 내다

evaluate
[ivǽljueit]

v. 평가하다

n. evaluation 평가

The new manager's job is to evaluate employee's performance.
새로운 매니저의 일은 직원들의 업무 수행 능력을 평가하는 것이다.

○ employee n. 직원, 고용인
      cf. employer 고용주

appraise
[əpréiz]

v. 감정하다

n. appraisal 감정

A company was called in to appraise the diamond's properties.
다이아몬드의 특성을 평가하기 위해 한 회사를 불렀다.

○ property n. 특성, 재산, 부동산

ⓣ intellectual property 지적 재산

assess
[əsés]

v. 평가하다

n. assessment 평가

cf. access 접근하다, 이용하다

It's difficult to assess her aptitude for the job.
그 일에 대한 그녀의 적합성을 평가하는 것은 어려운 일이다.

○ aptitude n. 적성, 소질
      cf. attitude 태도

■ **measure**

[méʒər]

v. 측정하다, 재다

n. 방책

n. measurement 측정

›› ⓣ take a measurement 치수를 재다

›› ⓣ a protective measure 보호 방책

　　　○ protective a. 보호의, 보호용의, 방어적인
　　　　　　　n. protection 보호, 방어
　　　　　　　v. protect 보호하다, 방어하다

›› ⓣ protective equipment 보호 장비

Record sales are not always a measure of a singer's popularity.
음반 판매가 항상 가수의 인기를 측정하는 척도는 아니다.

　　　○ popularity n. 인기

›› ⓣ gain[win] popularity 인기를 얻다

■ **weigh**

[wei]

v. 무게를 재다, 무게가 ～이다

n. weight 무게

›› ⓣ How much does it weigh? 그것은 무게가 얼마나 나가니?

They weighed benefit against risk very carefully.
그들은 매우 조심스럽게 위험성과 이익을 비교 측정하였다.

　　　○ against prep. ～에 반대하여, ～가까이에

›› ⓣ lean against the wall 벽에 기대다

›› ⓣ take action against ～에 대해 조치를 취하다

　　　○ risk n. 위험
　　　　　a. risky 위험한

›› ⓣ at risk 위험에 처한

›› ⓣ take a risk 위험을 무릅쓰다

›› ⓣ inherently risky 본질적으로 위험한

■ **approximate**

[əprɑ́:ksimət/-meit]

a. 대략의, 근사치의

v. 어림잡다, 비슷하다

ad. approximately 대략

You should approximate the date as closely as possible.
가능한 근접하게 날짜를 어림잡아야 한다.

　　　○ closely ad. 접근하여, 단단히, 밀접하게

›› ⓣ work closely in line with ～와 긴밀히 연결하여 일하다

　　　○ in line with phr. ～와 긴밀히 연결되도록

■ **primary**

[prɑ́imeri]

a. 제1의, 주요한

The primary source of information was from national and local archives.
정보의 주요 출처는 국립 및 지방 문서 보관소에서 나왔다.

○ source n. 출처, 원천
　　　　cf. sauce 소스

'' ⓣ as a source of ~의 출처로

○ national a. 국가의, 전국적인, 국립의
　　　　n. nation 국가
　　　　n. nationality 국적

'' ⓣ across the nation 전국적으로
'' ⓣ What is your nationality? 국적이 어디인가요?

○ local a. 지역의, 현지의
　　　　a. localized 국지적인, 국부적인

'' ⓣ local dishes 현지 음식
'' ⓣ local supporters 지역 지지자들

■ **minor**
[máinər]

a. 보다 작은, 대수롭지 않은
n. 부전공, 미성년자
n. minority 소수, 소수집단

'' ⓣ a minor cold 대수롭지 않은 감기

She asked the publisher to make a few minor alterations to the magazine cover.
그녀는 출판사에게 그 잡지 표지에 몇 가지만 약간 수정하도록 요구했다.

○ publisher n. 출판사, 출판업자
　　　　n. publication 출판, 출판물
　　　　v. publish 출판하다
　　　　cf. publicity 홍보

○ alteration n. 변화, 개조, 변경
　　　　v. alter 바꾸다, 변경하다

'' ⓣ an alteration to ~에 대한 변경

■ **insignificant**
[ìnsignífikənt]

a. 대수롭지 않은, 중요하지 않은, 보잘것 없는
ant. significant 중요한, 의미심장한

'' ⓣ relatively insignificant 비교적 중요하지 않은

That was important to them but insignificant to me.
그것은 다른 사람들에게는 중요하지만 나한테는 중요하지 않다.

■ **significant**
[signífikənt]

a. 중요한, 의미심장한

The fire became significant due to poor vehicle access.
극도로 열악한 차량 접근으로 인해 화재가 심해졌다.

○ poor a. 가난한, 빈약한
　　　　n. poverty 가난, 빈곤

'' ⓣ be poor at ~에 능숙하지 못하다
'' ⓣ poor performance 저조한 성과
'' ⓣ poor visibility 가시성이 안 좋음

premier
[primíər]

a. 첫째의, 으뜸의

n. 수상 (= prime minister)

cf. premiere n. 개봉, 초연

　　　　　　v. 개봉하다

We are a premier company that offers professional pool maintenance.
저희는 전문적인 수영장 관리를 하는 최고의 기업입니다.

　○ professional a. 전문적인

　　　　　　n. 전문적인 종사자

　　　　　　n. profession 전문적인 직업, 전문직

”　ⓣ health-care profession 보건 전문직

serious
[síəriəs]

a. 심각한, 진지한

n. seriousness 심각성, 진지함

”　ⓣ have a serious effect on ~에 심각한 영향을 미치다

We had a serious conversation.
우리는 심각한 대화를 나누었다.

　○ have a conversation phr. 대화를 하다

critical
[krítikəl]

a. 결정적인, 위독한, 비판의

n. criticism 비판

n. critic 비평가

”　ⓣ be critical of ~에 대해 비판적이다

”　ⓣ receive criticism 비판을 받다

The most critical task we face is the stability of business.
우리가 직면한 가장 중요한 업무는 사업의 안정성이다.

　○ face v. 직면하다, 마주보다

　　　　　n. 얼굴, 표면, 앞면

”　ⓣ be faced with ~에 직면하다

”　ⓣ face value 액면가

incidental
[ìnsidéntəl]

a. 부차적인, 우발적인

n. incidence 우발적(부수적) 사건

Generally, meal and incidental expenses are reimbursed at a per diem rate.
흔히, 식사비와 잡비는 일당으로 환불된다.

　○ generally ad. 일반적으로

　　　　syn. in general

　○ per diem phr. 하루 단위의

■ priority
[praiɔ́:rəti]

n. 우선 순위

a. prior 이전의, 앞서는

›› ⓣ the highest priority 최우선권

›› ⓣ prior to ~보다 이전에

The police were treating the bank robbery as a priority case.
경찰은 은행 강도 사건을 급선무로 다루고 있었다.

○ treat v. 대접하다, 치료하다, 다루다
　　　n. treatment 대접, 치료, 취급
　　　syn. handle, deal with

›› ⓣ I will treat you. (= It's on me.) 내가 낼게.

Tip than 대신에 to를 사용하는 단어: prefer A to B(B보다 A를 더 좋아하다), superior to(~보다 월등한), inferior to(~보다 열등한)

■ seniority
[si:njɔ́:rəti]

n. 선임 순위

a. senior 4학년의, 선배의

His experience and reputation granted seniority over the rest of the staff.
그는 경험과 명성 때문에 다른 직원보다 선임이 되었다.

○ grant v. 승인하다, 인정하다, 주다
　　　n. (정부의) 보조금

›› ⓣ grant employees an extra week of vacation 직원들에게 휴가를 한 주 더 주다

○ extra a. 여분의, 추가의

›› ⓣ work extra hours 초과근무하다

›› ⓣ extra curricular activities 방과 후 활동

■ indispensable
[ìndispénsəbl]

a. 필수 불가결한, 없어서는 안 되는

syn. necessary

My cell phone is totally indispensable in my work.
내 직장에선 휴대전화가 매우 필수 불가결하다.

○ totally ad. 완전히, 매우

■ prominent
[prɑ́:mənənt]

a. 두드러진, 현저한, 유명한, 돌출된

n. prominence 중요성, 명성, 현저함

syn. conspicuous

›› ⓣ a prominent figure 거물

○ figure n. 수치, 인물, 사람

›› ⓣ sales figure 판매 수치

She is one of the most prominent attorneys in the city.
그녀는 도시에서 가장 유명한 변호사 중 하나이다.

○ one of+복수명사 phr. ~중의 하나
○ attorney n. 변호사, 대리인

essential
[isénʃəl]

a. 필수적인, 극히 중요한
n. 필수적인 것

›› ⓣ be essential to ~에 필수적이다

It is essential that you arrive on time for this meeting.
당신은 반드시 이 회의에 제 시간에 도착해야 한다.

○ on time phr. 제 시간에
cf. in time 시간 내에

celebrity
[silébriti]

n. 유명 인사, 명성
syn. popularity, fame, reputation
cf. celebration 축하, 경축

She always wanted to become a celebrity.
그녀는 언제나 유명 인사가 되길 바랬다.

imperative
[impérətiv]

a. 반드시 해야 하는, 긴요한

★★ '형용사(imperative, important, necessary, vital…) / 동사(recommend, suggest, request, insist…)+that+주어+(should)+동사원형'의 형태로 쓰인다.

It is imperative that he return the form before April 15. (cf. ~ returns ~ (×))
그는 양식을 반드시 4월 25일 전에 돌려보내야 한다.

○ return v. 돌려보내다, 돌아오다, 반납하다
n. 반납, 복귀, 수익

vital
[váitəl]

a. 필수적인
ad. vitally 매우, 지극히

›› ⓣ Periodic employee training is vital. 정기 직원 교육은 필수적이다.

It is vitally important to maintain good customer relations.
고객과의 관계를 잘 유지하는 것이 매우 중요하다.

mandatory
[mǽndətɔːri]

a. 의무적인, 법에 정해진
syn. compulsory

The mandatory retirement age is 65.
법적 퇴직 연령은 65세이다.

○ retirement n. 은퇴, 퇴직
v. retire 퇴직하다, 은퇴하다

›› ⓣ announce one's retirement 은퇴를 선언하다

Must-know Vocab

■ **get out of** phr. (차 따위에서) 나오다
> ⓣ get off (버스, 지하철 등에서) 내리다
> ⓣ get into ~에 들어가다
> ⓣ get on ~에 올라타다

■ **a pair of** phr. 한 쌍의
> ⓣ a pair of eye glasses 안경 한 개
> ⓣ a pair of customers 두 명의 고객

■ **auditorium** n. 강당
[ɔ́:ditɔ́:riəm]
> ⓣ gather in an auditorium 강당에 모이다
> ⓣ many seats in the auditorium 강당의 많은 좌석들

The performance will be held in the auditorium.
공연은 강당에서 개최될 것이다.

■ **draw** v. 그리다, (관심 등을) 끌다, 비기다
[drɔː] n. 추첨, 무승부, 인기를 끄는 것
> ⓣ draw a portrait 초상화를 그리다
> ⓣ draw attention 관심을 끌다
> ⓣ 3 wins and 1 draw 3승 1무
> ⓣ draw up (서류, 계약서 등을) 작성하다

Try not to draw any attention to yourself.
네게 관심을 끌려고 하지 말아라.

○ try to phr. ~하려고 하다

■ **schedule** n. 예정, 스케줄
[skédʒuːl] v. 예정하다
> ⓣ scheduled travel plans 예정된 여행 계획
> ⓣ be scheduled to ~하기로 예정되다
> ⓣ production schedule 생산 일정
> ⓣ schedule an interview 인터뷰를 잡다

○ interview n. 면접, 인터뷰
v. 인터뷰하다
n. interviewer 면접관
n. interviewee 면접받는 사람

> ⓣ interview job candidates 구직자를 면접하다
> ⓣ invite for an interview 인터뷰를 청하다

○ invite v. 초대하다, 청하다
n. invitation 초대

output
[áutput]

n. 생산, 산출량

›› ⓣ high agricultural output 높은 농업 생산
›› ⓣ daily output 일일 생산량

lay out

phr. 펼치다

›› ⓣ Towels are laid out. 타월이 펼쳐져 있다.

All of the materials will be laid out on the conference table.
모든 자료는 회의 탁자에 펼쳐질 것이다.

assemble
[əsémbl]

v. 조립하다, 모이다

n. assembly 조립(대)

›› ⓣ assemble a bookcase 책장을 조립하다
›› ⓣ go to the assembly (line) 조립대에 가다

All of the top salespeople will assemble for the awards ceremony.
모든 최우수 영업사원들이 시상식을 위해 모일 것이다.

◐ top n. 꼭대기, 최상
　　　a. 맨 위의, 최고의
　　　v. 최고이다, 능가하다

lean
[liːn]

v. 기대다

a. (고기가) 기름기 없는

›› ⓣ lean against ~에 기대다
›› ⓣ lean beef 기름기 없는 소고기

diner
[dáinər]

n. 식사하는 사람

v. dine 식사를 하다, 만찬을 들다

›› ⓣ shade the diners 식사하는 사람을 그늘로 가리다

The diners were very pleased with both the meal and the service.
식사하는 사람들은 식사와 서비스 둘 다에 매우 만족했다.

◐ be pleased with phr. ~에 만족하다 (= be satisfied with)
◐ both A and B phr. A와 B 둘 다
◐ meal n. 식사

›› ⓣ order one's meal ~의 식사를 주문하다
›› ⓣ a complimentary meal 무료로 제공되는 식사

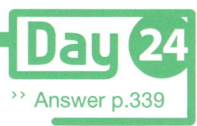
>> **A.** 다음 영영풀이에 해당하는 단어를 보기에서 고르세요.

〈보기〉 priority auditorium diagnose assess imperative seniority

>> **1.** _____ : to estimate the quality, amount, size, and other features of

>> **2.** _____ : to analyze the nature or cause of

>> **3.** _____ : a large hall or building which is used for events

>> **4.** _____ : extremely important and must be done

>> **5.** _____ : the power a person has compared to others in an organization

>> **6.** _____ : the most important thing you have to do

>> **B.** 다음 구문의 빈칸을 채우세요.

>> **1.** 기름기 없는 소고기 _____ beef

>> **2.** 높은 농업 생산 high agricultural _____

>> **3.** 관심을 끌다 _____ attention

>> **4.** 비판을 받다 receive _____

>> **C.** 다음 문장의 빈칸에 적합한 단어를 고르세요.

>> **1.** Can you give a rough _____ on how much it will cost to get my car fixed?
   a. estimate   d. measure   c. assess   d. judge

>> **2.** She helped her mother _____ out the ingredients.
   a. measure   b. judge   c. evaluate   d. estimate

>> **3.** The teacher _____ Jane's ability and decided what class she would go into.
   a. accepted   b. accessed   c. assessed   d. assumed

>> **4.** Since she has been on a diet she _____ herself every morning.
   a. rates   b. measures   c. weighs   d. judges

>> **5.** The doctor _____ her as having epilepsy.
   a. rated   b. diagnosed   c. appraised   d. weighed

Vocab Tool

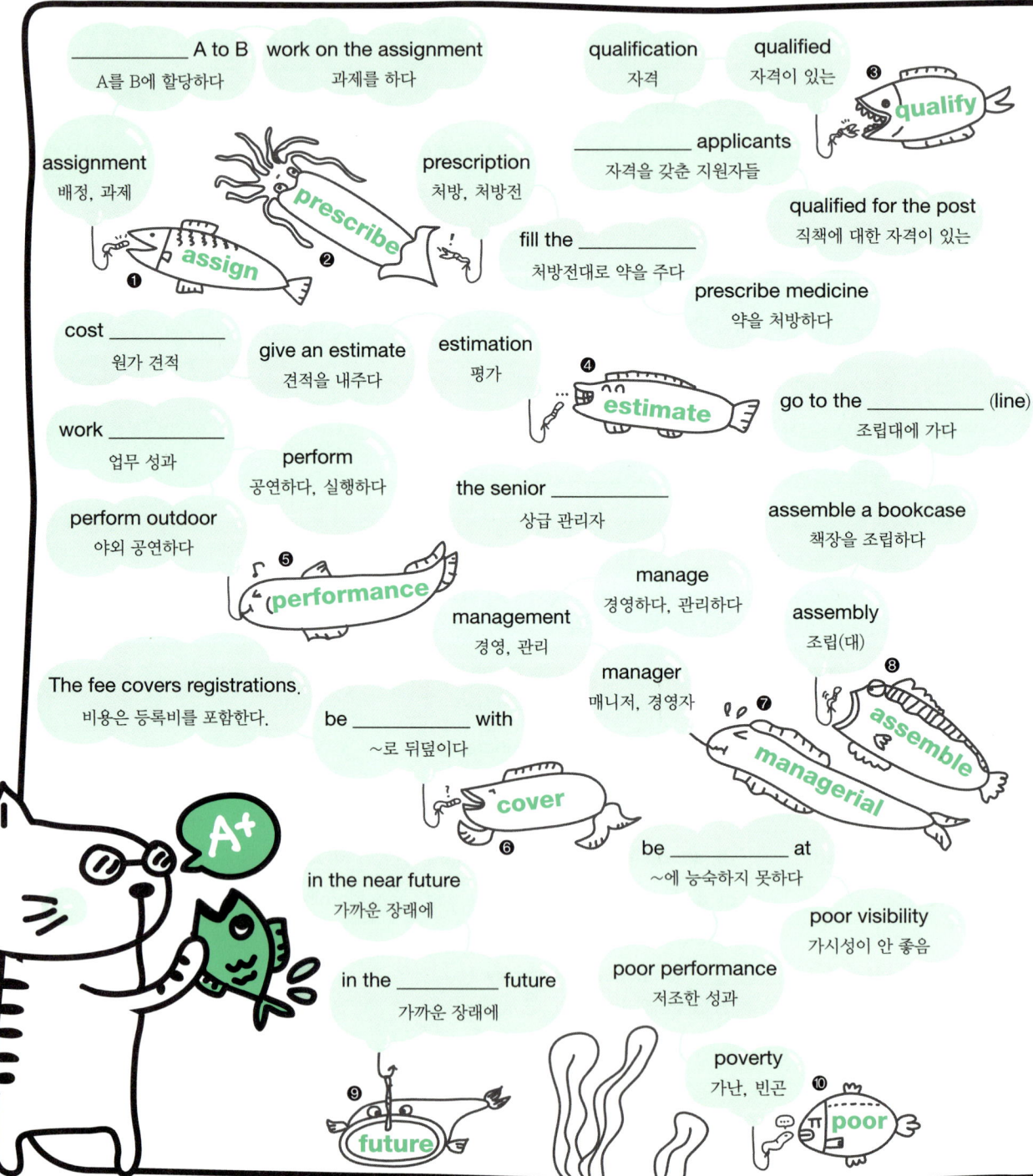

_____ A to B
A를 B에 할당하다

work on the assignment
과제를 하다

qualification
자격

qualified
자격이 있는

qualify ❸

assignment
배정, 과제

prescribe

prescription
처방, 처방전

_____ applicants
자격을 갖춘 지원자들

qualified for the post
직책에 대한 자격이 있는

assign ❶

fill the _____
처방전대로 약을 주다

prescribe medicine
약을 처방하다

cost _____
원가 견적

give an estimate
견적을 내주다

estimation
평가

estimate ❹

go to the _____ (line)
조립대에 가다

work _____
업무 성과

perform
공연하다, 실행하다

the senior _____
상급 관리자

assemble a bookcase
책장을 조립하다

perform outdoor
야외 공연하다

performance ❺

manage
경영하다, 관리하다

assembly
조립(대)

management
경영, 관리

manager
매니저, 경영자

assemble ❽

managerial ❼

The fee covers registrations.
비용은 등록비를 포함한다.

be _____ with
~로 뒤덮이다

cover ❻

be _____ at
~에 능숙하지 못하다

poor visibility
가시성이 안 좋음

in the near future
가까운 장래에

poor performance
저조한 성과

in the _____ future
가까운 장래에

poverty
가난, 빈곤

future ❾

poor ❿

A+

248

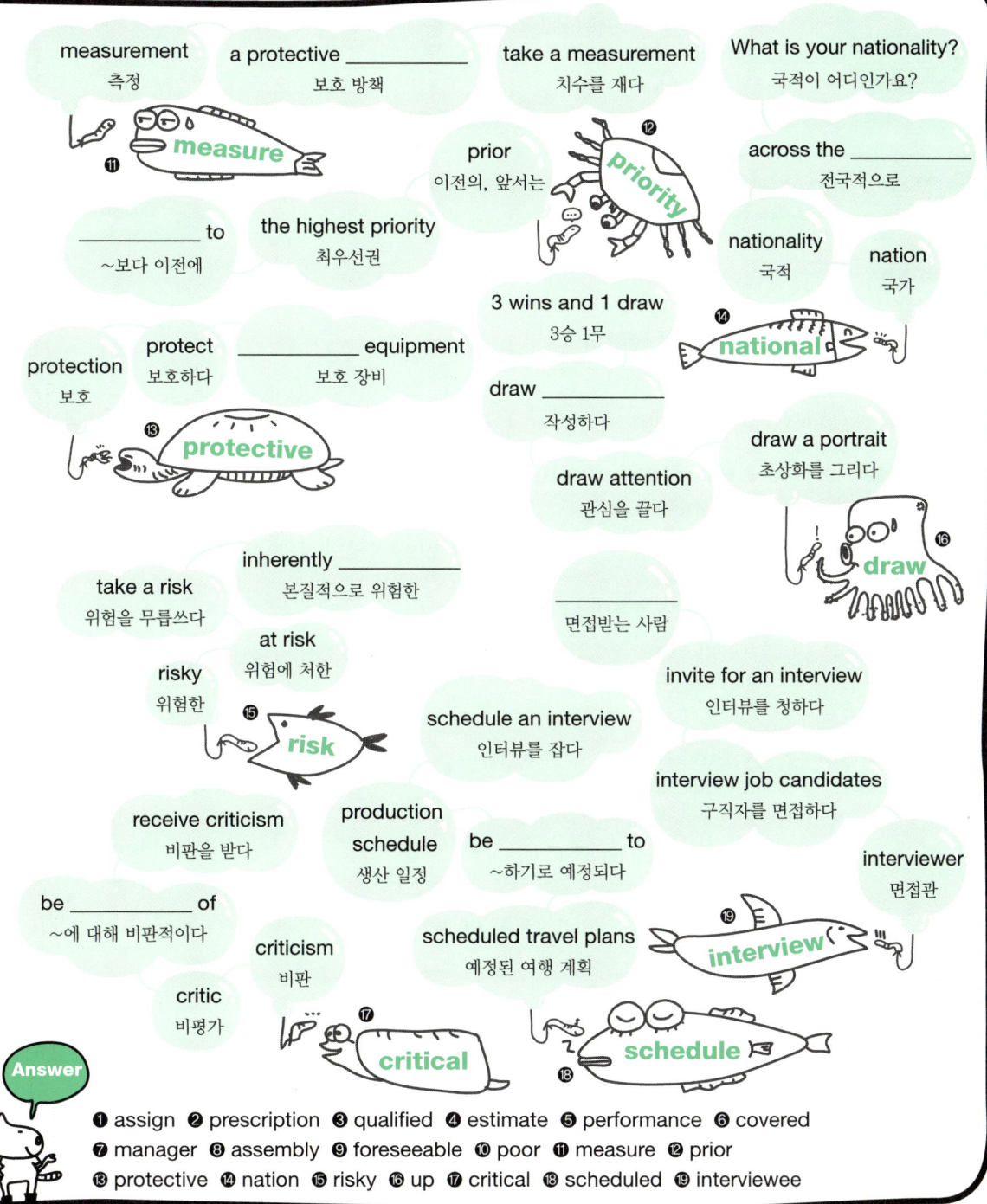

measurement
측정

a protective _____
보호 방책

take a measurement
치수를 재다

What is your nationality?
국적이 어디인가요?

measure

prior
이전의, 앞서는

priority

across the _____
전국적으로

_____ to
~보다 이전에

the highest priority
최우선권

nationality
국적

nation
국가

protection
보호

protect
보호하다

_____ equipment
보호 장비

3 wins and 1 draw
3승 1무

national

protective

draw _____
작성하다

draw attention
관심을 끌다

draw a portrait
초상화를 그리다

draw

take a risk
위험을 무릅쓰다

inherently _____
본질적으로 위험한

면접받는 사람

at risk
위험에 처한

risky
위험한

invite for an interview
인터뷰를 청하다

risk

schedule an interview
인터뷰를 잡다

interview job candidates
구직자를 면접하다

receive criticism
비판을 받다

production
schedule
생산 일정

be _____ to
~하기로 예정되다

interviewer
면접관

be _____ of
~에 대해 비판적이다

criticism
비판

scheduled travel plans
예정된 여행 계획

interview

critic
비평가

critical

schedule

Answer

❶ assign ❷ prescription ❸ qualified ❹ estimate ❺ performance ❻ covered
❼ manager ❽ assembly ❾ foreseeable ❿ poor ⓫ measure ⓬ prior
⓭ protective ⓮ nation ⓯ risky ⓰ up ⓱ critical ⓲ scheduled ⓳ interviewee

포함·통합 분리

Day 25

The two companies have decided to merge after long negotiations between the General Managers. All the affiliates and the associated members have combined their efforts to come up with innovative ideas for the merger.

두 회사는 총괄 매니저의 장기 협상 후에 합병하기로 결정했다. 모든 계열사와 제휴사들은 함께 노력을 기울여 합병에 대한 혁신적인 아이디어를 제안했다.

Basic Vocab

ⓣ = TOEIC 빈출 표현

■ **decide**
[disáid]

v. 결정하다
n. decision 결정
a. decisive 결단력 있는

ⓣ make a decision 결정하다
ⓣ decide to+동사원형 ~하기로 결정하다

■ **affiliate**
[əfílieit]

v. 협력하다, 제휴하다, 가입시키다
n. affiliation 제휴, 합병

Take a good look at a credit card affiliated with your carrier.
당신이 이용하는 항공사와 제휴된 신용 카드가 있는지 살펴보아라.

○ carrier n. 항공사, 수송 회사

ⓣ a mail carrier 우편배달부
ⓣ an international carrier 국제 항공사

■ **associated**
[əsóuʃieitid]

a. 연관된, 합동의
n. association 관련, 협회
cf. connected 연결된(with)

ⓣ be associated with ~와 연관되다
ⓣ in association with ~와 연합하여, ~와 제휴하여

Adolescent alcohol use is associated with personality disorders.
청소년의 음주는 성격 장애와 관계가 있다.

○ adolescent n. 청소년
　　　　　　　a. 청소년의, 청년기의
　　　　　　　n. adolescence 청소년기

○ personality n. 인격, 성격, 개성

ⓣ reflect one's personality ~의 성격을 반영하다

○ reflect v. 거울에 비추다, 반영하다, 비추다, 반사하다

n. reflection 반사, 반영, 심사숙고

›› ⓣ be reflected in the mirror 거울에 비춰지다

›› ⓣ reflect on ~에 대해 곰곰이 생각하다

　　◐ disorder n. 질병, 무질서

›› ⓣ inherited disorder 유전병

■ **combine**
[kəmbáin]

v. 결합하다

n. combination 결합, 통합

›› ⓣ combine A with B A를 B와 결합하다

Once combined, the company will have about $58 billion in assets.
통합되면 회사는 자산이 580억 달러 정도될 것이다.

　　◐ once con. 일단 ~하자마자
　　　　ad. 한번은, 언젠가

›› ⓣ once the position is filled 일단 그 직책에 사람이 충원되면

›› ⓣ once a year 일 년에 한번

■ **come up with**

phr. ~를 제시하다, (의견을) 내놓다

›› ⓣ come up with an idea 의견을 내놓다

■ **innovative**
[ínəveitiv]

a. 혁신적인, 획기적인

n. innovation 혁신, 획기적인 일(사건)

v. innovate 혁신하다, 획기적으로 하다

›› ⓣ the company's innovative web browser 회사의 획기적인 웹 브라우저

›› ⓣ value innovation 혁신을 중요시하다

›› ⓣ an innovation in chemistry 화학 분야의 혁신

　　◐ chemistry n. 화학

■ **overall**
[óuvərɔ́:l]

a. 전부의, 종합적인

ad. 전부, 종합적으로

›› ⓣ overall productivity 전반적 생산성

The research is overall of very high quality.
연구는 전반적으로 매우 높은 수준이다.

　　◐ very ad. 매우

★★ very는 원급 형용사를, much, a lot, far, even(훨씬)은 비교급 형용사를 수식한다.

›› ⓣ very interesting 매우 재미있는

›› ⓣ very delicious 매우 맛있는

　　◐ quality n. 품질, 우수성

” ⓣ quality control 품질관리

” ⓣ offer the highest quality in ~에 있어서 최고 품질을 제공한다

■ **comprehensive** a. 포괄적인, 범위가 넓은

[kὰːmprihénsiv]

n. comprehension 이해, 포함

v. comprehend 이해하다, 포함하다

The test is basic and not comprehensive to evaluate the students' grades.
그 시험은 학생들의 성적을 평가할 수 있는 기본적인 시험으로 포괄적이지 않다.

⊙ test n. 시험

v. 시험하다, 점검하다

” ⓣ test ~ regularly ~를 정기적으로 점검하다

■ **general**

[dʒénərəl]

a. 일반적인, 대체적인

ad. generally 일반적으로, 대체로

” ⓣ in general 일반적으로

” ⓣ provide a general description of ~에 대한 대체적 설명을 하다

In general his employee record was about average.
대체적으로 그의 직무 평가는 평균점 정도였다.

⊙ about ad. 약, ~쯤

prep. ~에 관하여

” ⓣ be about to 막 ~하려고 하다

” ⓣ be concerned about ~에 대해 걱정하다

” ⓣ How about -ing? ~하는 게 어때?

” ⓣ inquire about the price 가격에 대해 묻다

■ **in total**

phr. 총 (= all in all)

The company had in total about $70,000 worth of useless stock.
회사는 총 약 7만 달러 가치의 쓸모없는 재고를 지니고 있었다.

⊙ company n. 회사, 함께 있음, 함께 있는 사람들

” ⓣ enjoy one's company 같이 있어 즐겁다

” ⓣ the company's annual meeting 회사의 연례 회의

⊙ annual a. 연례의

syn. yearly, once a year

cf. quarterly(분기마다의), monthly(매달의), weekly(매주의)

” ⓣ annual reviews of job performance 업무 실적에 대한 연례 검토

” ⓣ The company became the major force. 회사는 주요 세력이 되었다.

⊙ force n. 물리력, 힘, 실력자, 세력가

v. ~를 강요하다, ~할 수 밖에 없게 만들다

›› ⓣ force universities to be more competitive
대학들이 더욱더 경쟁적이 될 수 밖에 없게 하다

　○ useless a. 쓸모없는, 소용없는
　　　　ant. useful 쓸모있는, 유용한

■ stock
[staːk]

n. 재고품, 주식

v. 채우다

›› ⓣ be stocked with ~로 채워지다
›› ⓣ in stock 비축되어, 재고로
›› ⓣ out of stock 재고가 없는
›› ⓣ a stock market analyst 주식 시장 분석가

■ cooperative
[kouáːpərətiv]

a. 협동의, 협조적인

n. 협동조합

n. cooperation 협동

v. cooperate 협조하다

›› ⓣ cooperate with ~와 협조하다

He has positive and cooperative attitude.
그는 긍정적이며 협조적인 태도를 갖고 있다.

　○ positive a. 긍정적인, 양성인

›› ⓣ receive a positive review 긍정적인 평가를 받다
›› ⓣ be positive[optimistic] about ~에 대해서 낙관하다

■ joint
[dʒɔint]

a. 합작의, 공동의

n. 접합점

v. 접합하다

›› ⓣ a joint account 공동 계좌
›› ⓣ joint venture 합작 투자

We will form a joint company to carry out the project.
우리는 프로젝트를 수행하기 위해 합작 회사를 만들 것이다.

　○ form v. 형성하다, 만들다
　　　　 n. 종류, 방식, 서식

›› ⓣ sign a form 서식에 서명하다
›› ⓣ fill out a form 서식을 작성하다
›› ⓣ the enclosed application form 동봉된 신청서

　○ carry out phr. 실행하다
　　　　 syn. conduct

consolidate
[kənsá:lideit]

v. 통합하다, 연결하다, 공고하게 하다

n. consolidation 합동, 통합

⟩⟩ ⓣ terms and conditions of their consolidation 그들의 통합 조건들

　⭘ term n. 조건, 용어, 기간

⟩⟩ ⓣ the company's long-term goals 회사의 장기 목표

The company was able to consolidate itself in the international market.
회사는 국제 시장에 자사의 입지를 공고히 할 수 있었다.

　⭘ be able to+동사원형 phr. ~할 수 있다
　　　　cf. be capable of+명사 ~할 수 있다

unite
[junáit]

v. 통합하다, 결합하다

n. unity 통합

cf. unit 단위, 상품의 한 개

He planned to unite the two companies.
그는 두 회사를 통합시키려 계획했다.

contain
[kəntéin]

v. 포함하다, ~이 함유되어 있다

n. content 내용

n. containment 봉쇄, 견제

n. container 용기

⟩⟩ ⓣ contain too much unusable space 사용할 수 없는 공간을 너무 많이 포함하다
⟩⟩ ⓣ contain six to ten characters 여섯 자리에서 열 자리의 글자를 포함하다

　⭘ character n. 성격, 특징, 등장인물, 글자, 부호

⟩⟩ ⓣ as the main character 주인공으로

Low fat means the food contains 3 grams or less fat per serving.
저지방이란 1인분에 3그램 또는 그 미만의 지방이 포함되었다는 뜻이다.

　⭘ less a. (양이) 더 적은
　　　　cf. fewer (숫자가) 더 적은

⟩⟩ ⓣ less than (= under) ~보다 더 적은, ~미만의 ↔ more than (= over) ~이상의
　⭘ per prep. ~에 대하여, ~당

⟩⟩ ⓣ per year 일 년에

　⭘ serving n. 한끼 분

surround
[səráund]

v. 둘러싸다

⟩⟩ ⓣ be surrounded by ~에 둘러싸이다

Police and paramedics surrounded the scene of the accident.
경찰과 응급처치 요원들이 사건 현장을 둘러쌓았다.

○ paramedic n. 준 의료 활동 봉사자
○ scene n. 장면, 현장, (활동) 분야
›› ⓣ make a scene 난동부리다, 소란피우다

encircle
[insə́:rkl]

v. 둘러싸다, 두르다 (= surround)

n. encirclement 에워쌈

The village is encircled by oak trees.
그 마을은 오크 나무에 의해 둘러싸여 있다.

encompass
[inkʌ́mpəs]

v. 포함하다, 둘러싸다

n. encompassment 에워쌈

The report encompasses results from all sectors of the organization.
그 보고서는 그 회사의 모든 부문에서의 결과를 포함한다.

○ sector n. 부문, 분야
›› ⓣ the private sector 민간 부문
›› ⓣ the public sector 공공 부문

envelop
[invéləp]

v. 감싸다, 봉해 넣다

n. envelope 봉투

n. envelopment 포위, 싸개

The cloud of accusations enveloped the industry.
비난의 먹구름이 업계를 둘러싸고 있다.

○ cloud n. 구름, 먹구름
○ accusation n. 비난, 고소, 혐의
　　　　　　v. accuse 고소하다, 비난하다
›› ⓣ accuse A of B A를 B로 비난하다, 기소하다

include
[inklú:d]

v. 포함하다

n. inclusion 포함

a. inclusive 포함되는

›› ⓣ all inclusive 모두 포함하는
›› ⓣ be inclusive of ~를 포함하다

The cost for a room at the hotel includes breakfast.
이 호텔 룸의 비용에 아침 식사가 포함되어 있다.

○ cost n. 비용, 노력, 희생
　　　　v. 비용이 들다, ~를 희생시키다
›› ⓣ reduce the cost of ~의 비용을 줄이다
›› ⓣ at the same cost as ~와 같은 비용에

◐ breakfast n. 아침 식사

'' ⓣ one's already famous breakfast menu ~의 이미 유명한 아침 식사 메뉴
'' ⓣ B&B (= bed and breakfast) 숙식과 조식 제공

■ embrace
[imbréis]

v. 포함하다, 제안을 받아들이다, 포옹하다

n. embracement 포옹, 수락

'' ⓣ embrace a wide range of issues 폭넓은 이슈들을 아우르다

◐ a wide range of phr. 광범위한, 폭넓은
◐ issue n. 주제, 쟁점, 문제
　　　　　v. 발표하다, 발부하다, 발행하다

'' ⓣ discuss the issue 쟁점에 대해 토론하다

This book embraces the adventures of one man.
이 책은 한 남자의 모험을 담고 있다.

◐ adventure n. 모험
　　　　　a. adventurous 모험적인

■ exclude
[iksklú:d]

v. 배제하다, 제외하다

n. exclusion 제외, 배제

a. exclusive 배타적인, 독점적인

ad. exclusively 오로지, 독점적으로

'' ⓣ focus exclusively on 오로지 ~에 초점을 맞추다
'' ⓣ available exclusively to ~에게만 이용 가능한

Please exclude my home address from the company telephone directory.
회사 전화번호부에서 내 집 주소를 빼주세요.

◐ directory n. 안내 책자

'' ⓣ the telephone directory 전화번호부

■ exempt
[igzémpt]

v. 제외하다

a. 면제된

n. exemption 면제, 제외

'' ⓣ be exempted from the sales tax 판매세가 면제되다

His status still exempted him from certain taxes.
그의 신분은 아직도 그가 특정 세금을 면제받도록 하였다.

◐ status n. 신분, 자격, 상황

'' ⓣ the current status of ~의 현재 상황
'' ⓣ marital status 결혼 상태(여부)

◐ tax n. 세금
　　　v. 세금을 부과하다

>> ⓣ impose[levy] a tax on ~에 세금을 부과하다

　　◎ impose v. 부과하다
　　◎ levy v. 부과하다

>> ⓣ additional tax 부가세
>> ⓣ applicable sales tax 적절한 판매세
>> ⓣ income tax return 소득세 신고

　　◎ income n. 소득, 수입

>> ⓣ low income families 저소득층 가정
>> ⓣ disposable income 실질(가처분) 소득

　　◎ disposable a. 일회용의, 처분 가능한

>> ⓣ a disposable diaper 일회용 기저귀
>> ⓣ a disposable cup 일회용 컵

■ enclose
[inklóuz]

v. 에워싸다, 동봉하다

n. enclosure 동봉, 둘러쌈

>> ⓣ the enclosed postage-paid envelope 동봉된 우편요금 선납 우편 봉투

Enclosed is a check made payable to your company.
귀사에 지불되는 수표를 동봉합니다.

　　◎ payable a. 지불해야 하는, ~를 수취인으로 하는

■ divide
[diváid]

v. 분리하다

n. division 분리, 부서

cf. dividend 배당금

>> ⓣ the research division 연구 부서
>> ⓣ divide ~ into ~를 ~로 나누다

The Bible is traditionally divided into 66 books for Protestants.
성경은 전통적으로 신약 66권으로 나뉜다.

　　◎ traditionally ad. 전통적으로, 자고로

■ detach
[ditǽtʃ]

v. 떼어내다, 분리하다

n. detachment 분리

>> ⓣ detach the slip and send it back 전표를 떼어내어 반송하다

　　◎ send v. 보내다, 발송하다

★★ 'send+사람+사물(= send+사물+to+사람)'의 형태로 쓰이며 '~에게 ~를 보내다'의 의미를 가진다.

>> ⓣ send by email 이메일로 보내다

Please detach the payment slip and return together with check.
지불 전표를 떼어내어 수표와 함께 보내세요.

○ slip n. 쪽지, 종이 조각, 말실수, 미끄러짐
　　　v. 미끄러지다, 살짝 오다

›› ⓣ a remittance slip 송금 전표
›› ⓣ a withdrawal slip 인출 전표

　○ together ad. 함께

›› ⓣ work together 함께 일하다
›› ⓣ put together (= assemble) 조립하다

■ classify

[klǽsifai]

v. 분류하다

n. classification 분류

›› ⓣ the classified ad 안내 광고

The documents were classified as top secret.
그 문서는 최고 기밀문서로 분류되었다.

　○ document n. 문서, 서류

›› ⓣ post a document in ~에 서류를 두다

　○ as prep. ~로서, ~처럼, ~같이

›› ⓣ such as ~와 같은
›› ⓣ as+형용사/부사+as ~만큼 ~한
›› ⓣ the same A as B B와 같은 A

　○ secret a. 비밀의, 비밀스러운
　　　　n. 비밀
　　　　syn. confidential
　　　　cf. secrete 분비하다

■ fraction

[frǽkʃən]

n. 분수, 조금

›› ⓣ a fraction of 극히 일부분만큼의

He hesitated only for a fraction of a second.
그가 아주 잠시 망설였다.

　○ hesitate v. 망설이다, 주저하다
　　　　a. hesitant 망설이는
　　　　n. hesitation 망설임, 주저함

›› ⓣ don't hesitate to 주저하지 말고 ~해라, 서슴없이 ~해라
›› ⓣ be not at all hesitant about ~에 대해 조금도 주저하지 않다

■ separate

[sépəreit/-rət]

v. 분리하다

a. 분리된, 별개의

n. separation 분리

›› ⓣ each separate bag 각각의 가방
›› ⓣ separate A into B A를 B로 분리하다

Boys and girls use separate bathrooms.
소년들과 소녀들은 화장실을 따로 사용한다.

■ split
[split]

v. 쪼개다, 분리시키다, 쪼개지다

n. 쪼개짐, 분열

When you go out to dinner with your friends, how do you split the bill?
친구들과 저녁 식사 외출을 하면, 어떻게 계산서를 나눠 내니?

○ bill n. 고지서, 청구서, 계산서, 법안

›› ⓣ the utilities bill 공과금

■ sort
[sɔːrt]

v. 분류하다, 추려내다

n. 종류

›› ⓣ what sort[kind] of 어떤 종류의
›› ⓣ sort out 분류하다

Every morning the secretary sorts through the mail.
매일 아침 비서는 우편물을 분류한다.

○ every ad. 매 ～마다

›› ⓣ every Sunday afternoon 매 일요일 오후마다

■ isolate
[áisəleit]

v. 격리시키다

n. isolation 격리

›› ⓣ We need to isolate all of the patients who test positive for the flu.
우리는 독감에 양성반응을 보이는 모든 환자를 격리해야 한다.

○ need to phr. ～해야 한다

›› ⓣ need to know regarding ～에 대해서 알아야 한다

■ quarantine
[kwɔ́ːrəntiːn]

v. 고립시키다, 격리하다

n. 격리, 검역

A bird which died in quarantine has tested positive for avian flu.
검역 중에 죽은 앵무새는 테스트 결과 조류독감 양성이었다.

○ avian a. 조류의

›› ⓣ avian influenza 조류인플루엔자

category
[kǽtəgɔːri]

n. 범주, 부문

v. categorize 범주를 나누다

The categories of products are in conformity with the Customs Code.
상품 종류는 세관 법규에 따른다.

○ be in conformity with phr. (규칙 등에) 따르다 (= abide by = comply with
= stick to = obey)

sever
[sévər]

v. 절단하다, 떼어놓다

n. severance 단절, 절단

Events in China caused the severance of diplomatic relations.
중국의 사건들은 외교 단절을 초래했다.

○ cause v. 초래하다, 야기시키다
n. 원인

⟩⟩ ⓣ the cause of ~의 원인

⟩⟩ ⓣ cause+목적어+to+동사원형 ~가 ~하게 (초래)하다

○ diplomatic a. 외교의
n. diplomacy 외교
n. diplomat 외교관

⟩⟩ ⓣ diplomatic immunity 외교 면책특권

○ immunity n. 면역력, 면제
a. immune 면역력이 있는

⟩⟩ ⓣ be immune to ~에 면역력이 있다

Must-know Vocab

ethic
[éθik]

n. 윤리

a. ethical 윤리적인

cf. ethnical (= ethnic) 민족적인

⟩⟩ ⓣ work ethic 직업윤리

be back

phr. 돌아오다

syn. return

The manager will be back from vacation next week.
매니저는 다음 주에 휴가에서 돌아올 것이다.

■ **approach**
[əproutʃ]

n. 접근, 접근 방법

v. 다가가다, 접촉하다, 다가가 말을 걸다

" ⓣ take[adopt] an approach 접근법을 택하다

　　○ adopt v. 채택하다, 입양하다
　　　　cf. adapt 맞추다, 적응하다
　　　　adept 능숙한

" ⓣ adapt oneself to ~를 ~에 적응시키다
" ⓣ be adept at[in] ~에 능숙하다
" ⓣ innovative marketing approaches 혁신적 마케팅 접근 방법

　　○ marketing n. 마케팅

" ⓣ marketing strategy 마케팅 전략

■ **certify**
[sə́:rtifai]

v. (서면으로) 증명하다, 자격증을 교부하다

n. certification 자격증

" ⓣ obtain certification 자격증을 따다

■ **change**
[tʃeindʒ]

v. 바꾸다

n. 변화, 거스름돈, 기분 전환

" ⓣ make a change 바꾸다
" ⓣ for a change 기분 전환으로
" ⓣ a slight change 약간의 변화

■ **confidential**
[kɑ̀:nfidénʃəl]

a. 기밀인

cf. confident 자신 있는

" ⓣ strictly confidential 절대 기밀인

■ **generous**
[dʒénərəs]

a. 관대한, 너그러운

n. generosity 관대함

ad. generously 관대하게, 너그럽게

" ⓣ generously offer 너그러이 제안하다

■ **rack**
[ræk]

n. 선반

" ⓣ be hung on a rack 선반에 걸려 있다

■ **take a picture**　phr. 사진을 찍다

syn. take a photograph

○ photograph n. 사진

　　　　　n. photography 사진술

　　　　　n. photographer 사진사, 사진작가

>> ① develop a photo 사진을 현상하다

Do you want me to take a picture of you?
제가 사진 찍어 드릴까요?

■ **agenda**　n. 의사일정, 안건

[ədʒéndə]

>> ① the agenda for the meeting 회의의 안건

>> ① **What is on the agenda?** 안건이 무엇입니까?

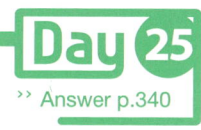

Let's Drill

>> **A.** 다음 영영풀이에 해당하는 단어를 보기에서 고르세요.

〈보기〉 detach   joint   serving   comprehensive   cooperative   classify

>> **1.** _____ : so large in scope or content as to include much

>> **2.** _____ : done in cooperation with others

>> **3.** _____ : belonging to two or more people

>> **4.** _____ : an amount of food that is given to one person at a time

>> **5.** _____ : to divide things into groups

>> **6.** _____ : to remove one thing from another

>> **B.** 다음 구문의 빈칸을 채우세요.

>> **1.** 절대 기밀인 strictly _____

>> **2.** 회의의 안건 the _____ for the meeting

>> **3.** 자격증을 따다 obtain _____

>> **4.** 외교 면책특권 diplomatic _____

>> **C.** 다음 문장의 빈칸에 적합한 단어를 고르세요.

>> **1.** The insurance company offers a(n) _____ coverage package that includes car and pet insurance.
   a. comprehensive   b. united   c. merged   d. included

>> **2.** He denied accusations that he was _____ with the jailed accountant.
   a. merged   b. joined   c. cooperative   d. associated

>> **3.** The university science department is strongly _____ with environmental groups.
   a. affiliated   b. accepted   c. joined   d. negotiated

>> **4.** Even though Giles' farm had been hit by a storm, he would reap profits from the farmers _____.
   a. cooperative   b. associate   c. affiliate   d. merger

>> **5.** Both directors announced that they are presently involved in talks to _____ their companies.
   a. join   b. cooperate   c. associate   d. merge

Vocab Tool

❶ associated

in _____ with
~와 연합하여

be associated with
~와 연관되다

connected
연결된

association
관련, 협회

❷ stock

in stock
비축되어, 재고로

be stocked with
~로 채워지다

a stock market analyst
주식 시장 분석가

_____ of stock
재고가 없는

❸ form

_____ out a form
서식을 작성하다

sign a form
서식에 서명하다

the enclosed application form
동봉된 신청서

❹ include

inclusion
포함

inclusive
포함되는

be inclusive of
~를 포함하다

all _____
모두 포함하는

❺ general

generally
일반적으로

in _____
일반적으로

provide a general description of
~에 대한 대체적 설명을 하다

❻ tax

additional tax
부가세

_____ tax return
소득세 신고

impose a tax on
~에 세금을 부과하다

applicable sales tax
적절한 판매세

❼ hesitate

don't hesitate to
주저하지 말고 ~해라

_____
망설이는

hesitation
망설임

be not at all hesitant about
~에 대해서 조금도 주저하지 않다

❽ innovative

innovate
혁신하다

an innovation in chemistry
화학 분야의 혁신

the company's _____ web browser
회사의 획기적인 웹 브라우저

value innovation
혁신을 중요시하다

innovation
혁신

264

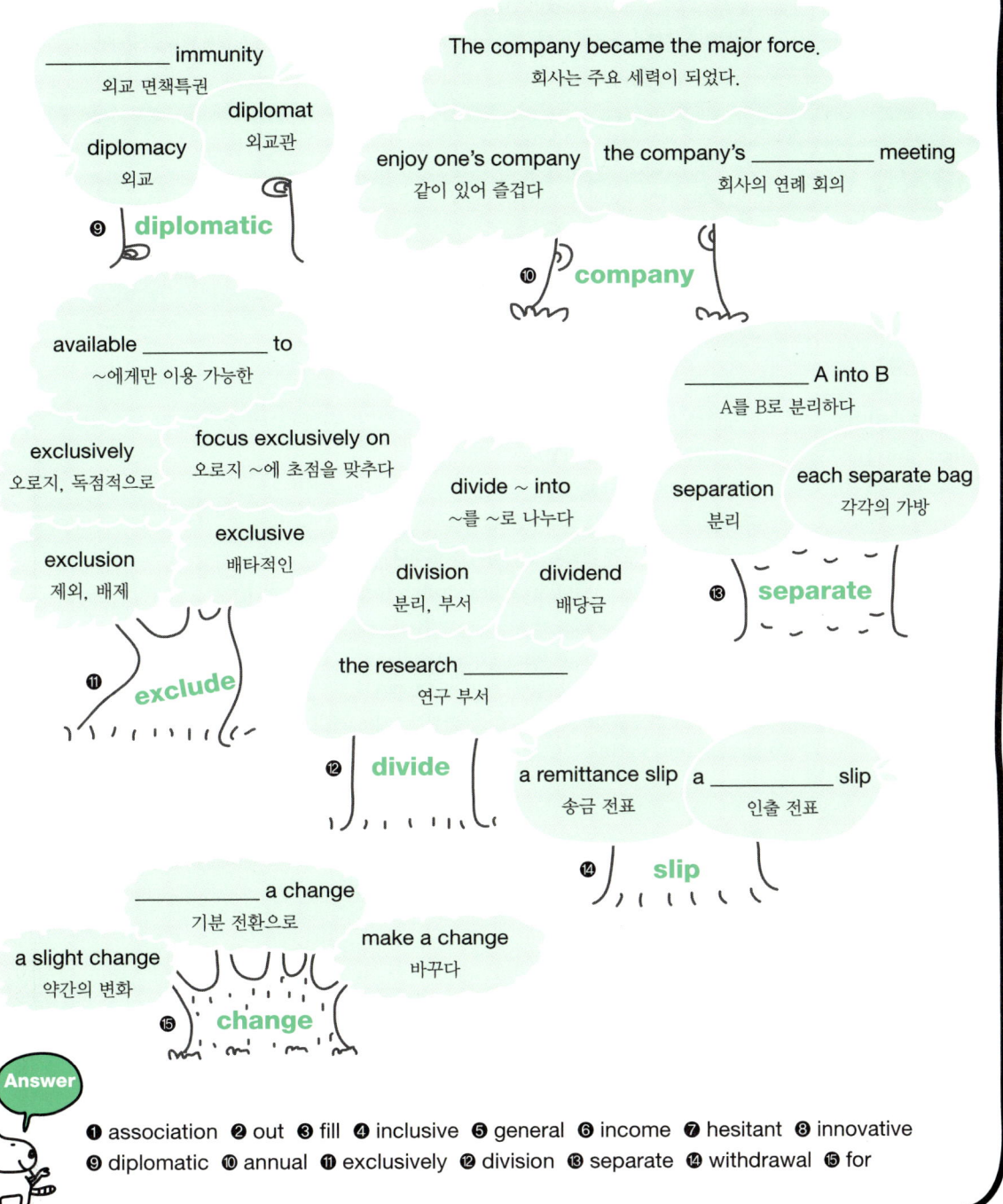

_____ immunity
외교 면책특권

diplomat
외교관

diplomacy
외교

❾ **diplomatic**

The company became the major force.
회사는 주요 세력이 되었다.

enjoy one's company
같이 있어 즐겁다

the company's _____ meeting
회사의 연례 회의

❿ **company**

available _____ to
~에게만 이용 가능한

exclusively
오로지, 독점적으로

focus exclusively on
오로지 ~에 초점을 맞추다

exclusive
배타적인

exclusion
제외, 배제

⓫ **exclude**

divide ~ into
~를 ~로 나누다

division
분리, 부서

dividend
배당금

the research _____
연구 부서

⓬ **divide**

_____ A into B
A를 B로 분리하다

separation
분리

each separate bag
각각의 가방

⓭ **separate**

a remittance slip
송금 전표

a _____ slip
인출 전표

⓮ **slip**

_____ a change
기분 전환으로

make a change
바꾸다

a slight change
약간의 변화

⓯ **change**

양·수
부피·넓이

Day 26

The civil engineer has come up with a new expansive blue print for the new complex to be built in the area. He intends to broaden the options the area has to offer by expanding the size of the stores, and shrinking the size of the original park area.

토목 기사가 그 지역에 지어지는 새로운 복합 단지를 위해 확장된 새 설계도를 제안했다. 그는 상점의 규모를 확대하고 원래 공원 크기를 축소하여 그 지역이 제안하는 선택 사항을 늘릴 작정이다.

Basic Vocab

'' ⓣ = **TOEIC** 빈출 표현

■ **civil**
[sívəl]

a. 시민의, 민간의, 정중한
>> ⓣ civil engineering 토목 공학
>> ⓣ the Civil War 남북전쟁

■ **expansive**
[ikspǽnsiv]

a. 광대한, 확장적인
v. expand 넓히다, 펼치다
n. expansion 광대함, 확장
cf. expend (돈, 시간, 에너지를) 들이다
　　extend 더 길게 만들다, 연장하다, 확장하다

The expansive coastal beaches stretch for over 20 miles.
광활한 해변이 20마일 넘게 펼쳐져 있다.

　○ stretch v. 늘이다, 펴다, 뻗다, (지역에) 펼쳐지다
　　　　　 n. 펼쳐져 있는 구역, 기간, 팔다리 운동
　　　　　 cf. range from A to B 범위가 A에서 B에 이르다
>> ⓣ stretch one's arms 팔을 쭉 뻗다

■ **complex**
[kəmpléks/kά:mpleks]

a. 복잡한
n. 복합건물, 단지
>> ⓣ an apartment complex 아파트 단지

■ **intend to**

phr. ～할 작정이다
v. intend 작정하다, 의도하다
n. intention 작정, 의도
>> ⓣ intend to place our orders 발주할 생각이다

■ **option**
[á:pʃən]

n. 옵션, 선택권, 선택과목
>> ⓣ various options 다양한 선택거리

■ **shrink**

[ʃriŋk]

v. 줄이다, 줄어들다

n. 정신과 의사

›› ⓣ The fabric shrank. 옷감이 줄었다.

◯ fabric n. 직물, 옷감
　　 syn. cloth

Management complained of a shrinking work force.
경영진은 노동력이 줄고 있는 것에 대해 불만을 토로하였다.

◯ work force phr. 노동력

■ **prevalent**

[prévələnt]

a. 널리 퍼진, 유행하고 있는

v. prevail 우세하다

Social ills are hugely prevalent in inner-city areas.
사회악은 도심 내부 지역에 크게 퍼져 있다.

◯ hugely ad. 엄청나게, 크게, 아주
◯ inner a. 내부의, 안쪽의

›› ⓣ the inner ventilation system 내부 환기장치

◯ ventilation n. 통풍, 환기
　　 v. ventilate 환기시키다, (감정을) 표명하다

■ **capacious**

[kəpéiʃəs]

a. 광대한, 용량이 큰

n. capacity 수용력, 용량

syn. spacious

The capacious vehicle was big enough for the entire family.
공간이 넓은 차량은 가족 전체가 탈 수 있을 만큼 충분했다.

◯ vehicle n. 탈것, 자동차, 매개체

›› ⓣ a vehicle manufacturer 자동차 제조업체

■ **extensive**

[iksténsiv]

a. 광범위한, 폭넓은

v. extend 뻗다, 연장하다

n. extension 연장

The extensive report included figures from a recent survey.
광범위한 보고서는 최근 한 조사에서 얻은 수치를 포함했다.

◯ figure n. 모양, 인물, 수치

›› ⓣ sales figures 판매 수치

›› ⓣ figure out 파악하다, 알아내다

widespread
[wàidspréd]

a. 널리 퍼진, 광범위한

>> ① the sense of excitement that is widespread 널리 퍼져 있는 흥분감
>> ① widespread speculation 널리 퍼진 추측

◐ speculation n. 추측, 투기
　　　　　 v. speculate 추측하다, 투기하다

The possible chemical attack on Tokyo caused widespread panic.
도쿄에 화학무기를 이용한 공격이 있을 수 있다는 점이 널리 공포를 불러일으켰다.

◐ possible a. 가능한
　　　　 n. possibility 가능성

>> ① provide the best possible service to ~에게 가능한 한 최상의 서비스를 제공하다

◐ panic n. 극심한 공포, 공황 상태
　　　 v. 겁에 질려 어쩔 줄 모르다

condense
[kəndéns]

v. 응축하다, 요약하다
n. condensation 응결, 압축

>> ① condense A into B A를 B로 응축하다, 압축하다

Condense the text into its most essential main points.
본문을 가장 중요한 요점으로 요약하여라.

◐ text n. 본문, 글, 원고, 교재

>> ① a text message 문자 메시지

enlarge
[inláːrdʒ]

v. 확대하다, 크게 하다
n. enlargement 확장
cf. swell 부풀다

>> ① enlarge the area 지역을 확장하다

Click the zoom-in button to enlarge the photo.
사진을 확대하려면 확대 버튼을 눌러라.

broaden
[brɔ́ːdn]

v. 넓히다, 확장하다
a. broad 넓은
n. breadth 넓이
syn. widen

>> ① broaden research into 연구를 ~로 확장하다

The company will broaden the scope of service.
회사는 서비스 범위를 넓힐 것이다.

◐ scope n. 범위, 기회, 여지

>> ① the scope of ~의 범위

Tip -en으로 끝나는 동사: weaken(약하게 하다), darken(어둡게 하다), whiten(희게 하다), lengthen(길어지다, 길게 하다)

■ dilate
[dailéit]

v. 넓히다, 확장하다

n. dilation 확장

Your pupil will be dilated with eye drops.

눈약을 넣으면 동공이 팽창될 것이다.

○ pupil n. 문하생, 제자, 눈동자

■ contract
[káːntrækt/kəntrǽkt]

n. 계약서

v. 수축시키다, 긴축하다, 병에 걸리다

n. contraction 수축

›› ⓣ a contracting market 수축되는 시장

›› ⓣ contract a disease 병에 걸리다

The steel industry contracted with the advent of metal alloys.

철강 업계는 금속 합금의 출현으로 위축되었다.

○ advent n. 도래, 출현

›› ⓣ the advent of ~의 도래, 출현

○ alloy n. 합금
   v. 합금하다

■ account for

phr. ~을 차지하다, 설명하다

v. account 간주하다, 여기다

n. account 계좌, 설명

a. accountable 책임질 수 있는

›› ⓣ open a bank account 은행 계좌를 개설하다

›› ⓣ Managers are held accountable for the team performances.

매니저가 팀의 실적에 책임을 지다.

He couldn't account for the money that had gone out of the expense account.

그는 접대비에서 빠져 나간 돈을 설명할 수 없었다.

○ expense account phr. 비용 계정, 교제비, 접대비

Bituminous accounts for half of the coal production in Canada.

역청은 캐나다 석탄 생산의 절반을 차지한다.

○ half a. 절반의
   n. 절반

★★ 명사 앞에 the가 있을 때 half/half of를 둘 다 사용할 수 있다.

›› ⓣ the other half 나머지 절반

■ multiple
[mʌ́ltipl]

a. 다수의, 복합적인

v. 곱하다, 증식시키다

He was constantly doing multiple projects at the same time.

그는 동시에 여러 개의 프로젝트를 계속하고 있다.

○ project n. 프로젝트

›› ⓣ several project proposals 몇 개의 프로젝트 제안들

　　　　❍ at the same time phr. 동시에
　　　　　　　　　　　syn. simultaneously

■ **a couple of**　　phr. 두 개의

　　　　　cf. a pair of 한 쌍의

　　　　　The company plans to hire a couple of employees.
　　　　　회사는 직원 두 명을 채용할 계획이다.

　　　　　❍ hire v. 고용하다
　　　　　　　　n. hiring 고용

›› ⓣ a hiring freeze 고용 동결
›› ⓣ hire more workers 더 많은 근로자들을 고용하다
›› ⓣ instead of hiring internally 국내에서 고용하는 대신에

　　　　　❍ internally ad. 내부에서, 국내에서, 부서 내에서

■ **abundant**　　a. 많은, 풍부한

[əbʌ́ndənt]　　n. abundance 풍부함

　　　　　v. abound 풍부하다

›› ⓣ abound with[in] ~이 풍부하다

　　　　　The company has abundant funding.
　　　　　회사는 풍부한 자금을 보유하고 있다.

　　　　　❍ funding n. 자금, 자금 제공
　　　　　　　cf. fund (특정 목적을 위한) 자금, 기금

›› ⓣ a disaster fund 재난 기금
›› ⓣ gain more funding 더 많은 자금을 구하다

■ **copious**　　a. 많은, 대량의

[kóupiəs]　　n. copiousness 풍부함

　　　　　There is a copious amount of work to finish.
　　　　　끝마쳐야 할 일이 많다.

　　　　　❍ amount n. 양

›› ⓣ a large amount of 많은 양의

　　　　　❍ large a. 큰, 많은

›› ⓣ sell a large selection of beverages 많은 종류의 음료수를 판매하다
›› ⓣ five times as large as ~의 다섯 배가 큰
›› ⓣ the amount of information available to ~가 이용할 수 있는 정보의 양

innumerable
[injú:mərəbl]

a. 셀 수 없이 많은, 무수한

The natural disaster resulted in the death of innumerable population.
자연 재해는 무수한 사람들의 죽음을 초래했다.

- ◯ natural disaster phr. 자연 재해
- ◯ result in phr. 결과로 ∼이 되다, ∼를 초래하다
  - n. result 결과
  - v. result 발생하다
- ›› ⑪ result from ∼에서 야기되다
- ›› ⑪ the result of ∼의 결과

myriad
[míriəd]

n. 무수, 매우 많음

- ›› ⑪ a myriad of 무수히 많은

He gave a whole myriad of excuses as to why he was late.
그는 왜 늦었는지에 대해 수많은 변명을 늘어놓았다.

- ◯ whole n. 전체의, 온전한, 대단한
- ›› ⑪ as a whole 대체로
  - ◯ excuse n. 변명, 핑계
    - v. (무례함을) 용서하다, 변명하다
- ›› ⑪ as an excuse 변명으로
  - ◯ late a. 늦은
    - ad. 늦게, 말에
- ›› ⑪ late next year 내년 말에
- ›› ⑪ The delivery was late. 배달이 늦었다.

numerous
[njú:mərəs]

a. 매우 많은, 무수한

- ›› ⑪ lay off[fire] numerous workers 많은 근로자들을 해고하다

We have numerous customers in the United States.
우리는 미국에 무수한 고객을 확보하고 있다.

enormous
[inɔ́:rməs]

a. 막대한, 엄청난

- ›› ⑪ enormous potential 막대한 잠재력
  - ◯ potential a. 가능성이 있는, 잠재적인
    - n. 가능성, 잠재력
    - cf. prospective 유망한, 장래의
- ›› ⑪ a potential customer 잠재 고객
- ›› ⑪ a prospective employer 유망 고용주

■ **plenty of**

phr. ~이 많은, 풍부한

Companies have to pay for plenty of expenses.

기업들은 많은 비용을 지불해야 한다.

 ◐ expense n. 비용, 경비, 업무상의 경비(pl.)

 syn. expenditure

›› Ⓣ overhead expenses 경상비

›› Ⓣ incidental expenses 잡비, 부수비용

›› Ⓣ travel expenses 여행 경비

■ **a lot of**

phr. 많은 (= lots of)

cf. a lot 많이

A lot of people attended the conference.

많은 사람들이 회의에 참석했다.

 ◐ conference n. 회의

›› Ⓣ during the conference 회의 중에

 ◐ during prep. ~동안에 (하나의 단위로 여겨질 수 있는 특정 기간)

 cf. for ~ 동안에 (for+숫자+기간)

›› Ⓣ during business hours 영업시간 중에

■ **several**

[sévərəl]

a. 몇몇 개의

›› Ⓣ succeed in opening several restaurants 몇 개의 식당 개업에 성공하다

 ◐ succeed in -ing phr. ~하는데 성공하다

Workers at several companies went on strike at the same time.

몇 군데 회사의 직원들이 동시에 파업을 했다.

 ◐ go on strike phr. 파업에 돌입하다

 n. strike 파업

 cf. stage a walkout 파업을 벌이다

Must-know Vocab

■ **historically**

[histɔ́:rikəli]

ad. 역사적으로

a. historical 역사적인, 역사상의

›› Ⓣ have historically been an important part of 역사적으로 ~의 중요한 일부분이었다

 ◐ part n. 일부분

›› Ⓣ take part in ~에 참여하다

■ **resume**
[rizú:m]

v. 재개하다, 다시 시작하다

›› ⓣ resume one's formal duties ~의 공식 업무를 재개하다

　　❍ formal a. 공식적인, 형식적인
　　　cf. former 이전의

›› ⓣ formal complaints 공식 항의

　　❍ duty n. 의무, 직무, 업무

›› ⓣ on duty 근무 중인
›› ⓣ off duty 비번인

■ **secure**
[sikjúər]

v. 확보하다, 고정시키다, 보호하다

a. 안심하는, 안전한

n. security 보안, 경비, 안도감

›› ⓣ be properly secured to ~에 제대로 고정되다
›› ⓣ be kept secure 안전하게 보관되다
›› ⓣ lose one's security pass 보안 출입증을 분실하다

■ **post**
[poust]

v. 게시하다, 발송하다

›› ⓣ a schedule posted on the board 게시판에 붙여진 스케줄

■ **trim**
[trim]

v. 가지를 치다, 다듬다

n. 다듬기

›› ⓣ Bushes are trimmed. 덤불이 다듬어진다.
›› ⓣ Just a little trim please. (머리를) 약간만 다듬어 주세요.

■ **fold**
[fould]

v. 접다

ant. unfold 펴다

cf. crease v. 주름이 생기게 하다, 구겨지다
　　　　 n. 구겨짐

›› ⓣ fold a jacket 재킷을 접다

■ **stationery**
[stéiʃəneri]

n. 문구 용품

cf. stationary 정적인

›› ⓣ order stationery 문구 용품을 주문하다

■ **loyalty**
[lɔ́iəlti]

n. 충성심

a. loyal 충실한, 충성스러운

cf. royalty 왕족, 저작권 사용료

›› ⓣ build customer loyalty 고객의 신뢰를 쌓다

■ **return**　　　　v. 돌아오다, 반납하다, 화답하다

[ritə́:rn]　　　　n. 돌아옴, 반납, 복귀

　　›› ⓣ in return for ~에 대한 보답으로
　　›› ⓣ return home 집으로 돌아오다

■ **shake hands**　　phr. 악수하다

　　　　　　　　v. shake 흔들다

　　›› ⓣ Two men are shaking hands at the lobby. 두 남자가 로비에서 악수를 하고 있다.

Let's Drill

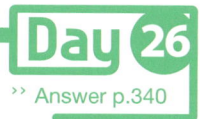

Day 26

>> Answer p.340

>> **A.** 다음 영영풀이에 해당하는 단어를 보기에서 고르세요.

> 〈보기〉 prevalent   stationery   dilate   capacious   condense   myriad

>> **1.** _____ : widely or commonly occurring

>> **2.** _____ : to decrease the volume, size or density of something

>> **3.** _____ : capable of containing a large quantity

>> **4.** _____ : to make wider or larger

>> **5.** _____ : a large number of people

>> **6.** _____ : paper, envelopes, and other materials

>> **B.** 다음 구문의 빈칸을 채우세요.

>> **1.** 고객의 신뢰를 쌓다 build customer _____

>> **2.** 잠재 고객 a _____ customer

>> **3.** ~에 제대로 고정되다 be properly _____ to

>> **4.** 공식 항의 _____ complaints

>> **C.** 다음 문장의 빈칸에 적합한 단어를 고르세요.

>> **1.** Recent studies have revealed that diabetes is surprisingly _____ in today's young population.

    a. capacious   b. prevalent   c. unique   d. myriad

>> **2.** She asked the technician if she could _____ the print so that she could frame it.

    a. increase   b. outline   c. shorten   d. enlarge

>> **3.** They decided to _____ their business into web design and computer games.

    a. detail   b. contract   c. expand   d. renew

>> **4.** The summer sun had _____ and dried the material.

    a. lost   b. shrunk   c. weaken   d. contract

>> **5.** In an effort to _____ their interests the couple decided to travel India and take up yoga.

    a. broaden   b. weaken   c. rise   d. stretch

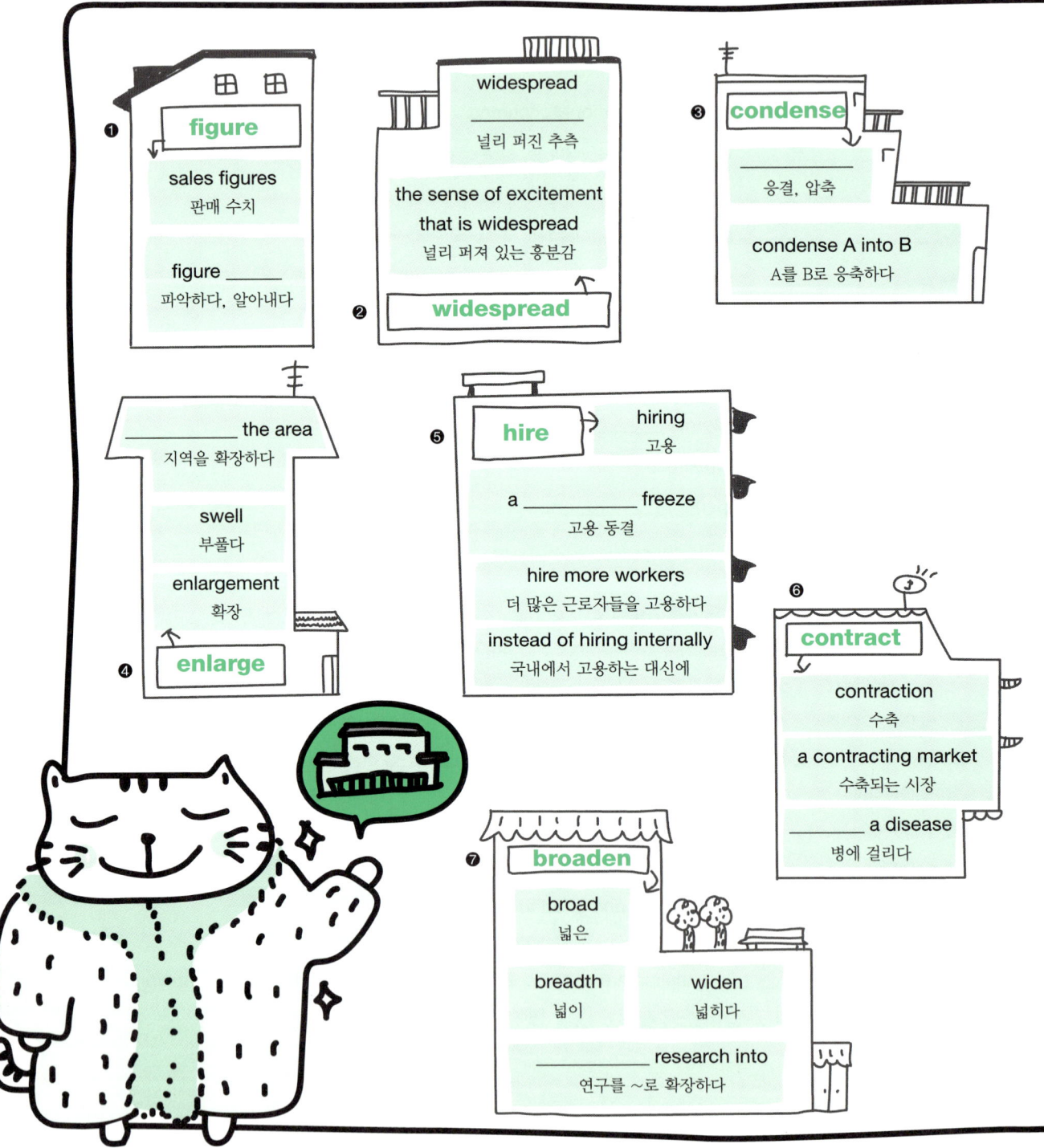

❶ **figure**

sales figures
판매 수치

figure _____
파악하다, 알아내다

❷ **widespread**

widespread
_____
널리 퍼진 추측

the sense of excitement
that is widespread
널리 퍼져 있는 흥분감

❸ **condense**

_____
응결, 압축

condense A into B
A를 B로 응축하다

❹ **enlarge**

_____ the area
지역을 확장하다

swell
부풀다

enlargement
확장

❺ **hire**

hiring
고용

a _____ freeze
고용 동결

hire more workers
더 많은 근로자들을 고용하다

instead of hiring internally
국내에서 고용하는 대신에

❻ **contract**

contraction
수축

a contracting market
수축되는 시장

_____ a disease
병에 걸리다

❼ **broaden**

broad
넓은

breadth
넓이

widen
넓히다

_____ research into
연구를 ~로 확장하다

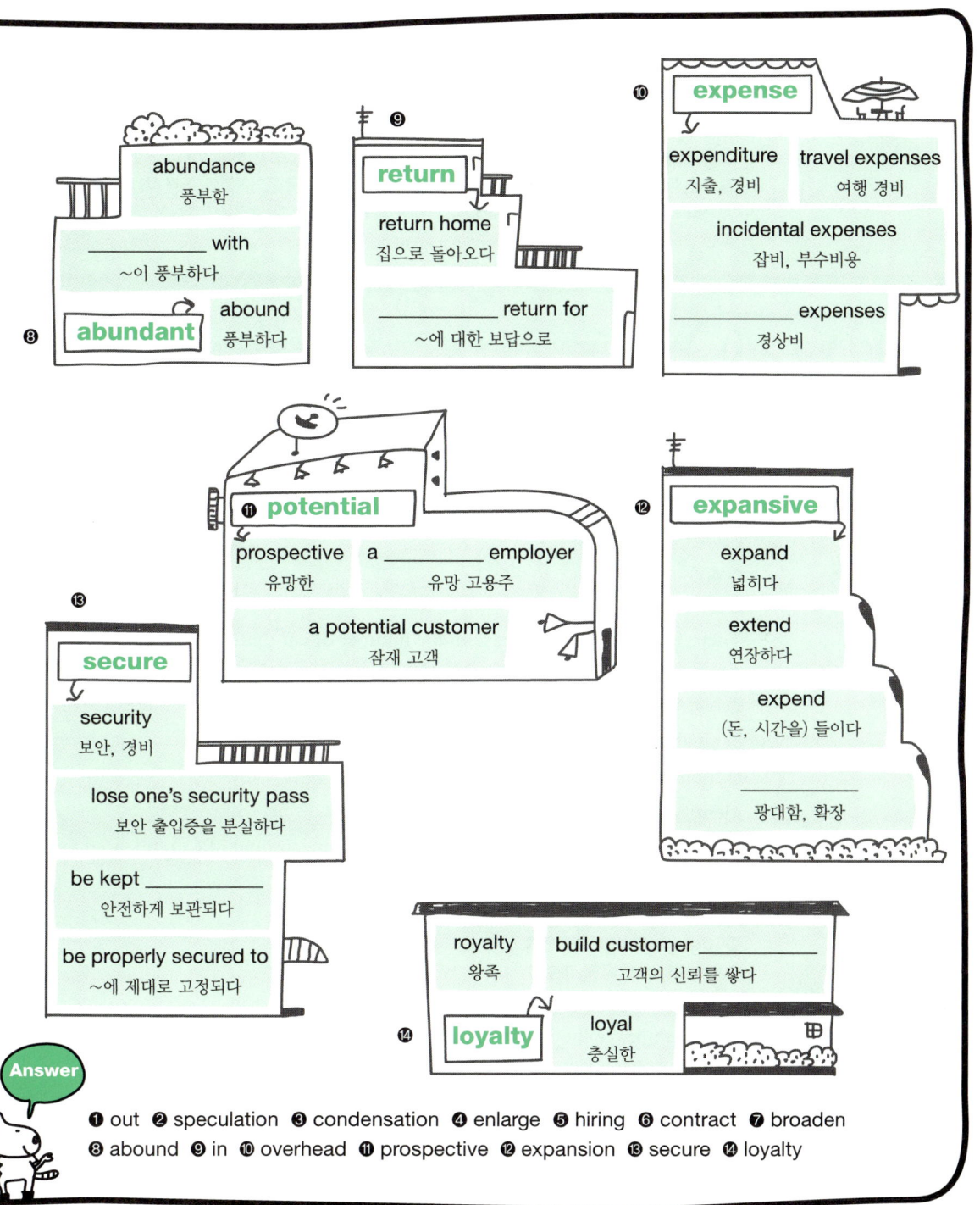

abundance
풍부함

_____ with
~이 풍부하다

❽ **abundant**
abound
풍부하다

❾ **return**

return home
집으로 돌아오다

_____ return for
~에 대한 보답으로

❿ **expense**

expenditure
지출, 경비

travel expenses
여행 경비

incidental expenses
잡비, 부수비용

_____ expenses
경상비

⓫ **potential**

prospective
유망한

a _____ employer
유망 고용주

a potential customer
잠재 고객

⓬ **expansive**

expand
넓히다

extend
연장하다

expend
(돈, 시간을) 들이다

_____
광대함, 확장

⓭ **secure**

security
보안, 경비

lose one's security pass
보안 출입증을 분실하다

be kept _____
안전하게 보관되다

be properly secured to
~에 제대로 고정되다

royalty
왕족

build customer _____
고객의 신뢰를 쌓다

⓮ **loyalty**
loyal
충실한

Answer

❶ out ❷ speculation ❸ condensation ❹ enlarge ❺ hiring ❻ contract ❼ broaden
❽ abound ❾ in ❿ overhead ⓫ prospective ⓬ expansion ⓭ secure ⓮ loyalty

증감·부족
과잉

Day 27

People with high cholesterol are cutting down on fast food and turning to healthy food. There is an increase in the number of people turning towards healthy foods and away from junk food around the world. Health food stores are multiplying rapidly around the world. According to recent marketing studies, fast food stocks are plummeting at a rate they have never witnessed before.

콜레스테롤이 높은 사람은 패스트푸드를 줄이고 건강에 좋은 음식으로 전환해야 한다. 건강한 식품으로 전환하고 정크 푸드를 피하는 사람들의 숫자가 전 세계적으로 증가하였다. 건강 식품 가게가 전 세계적으로 급속히 늘어가고 있다. 최근의 마케팅 연구에 따르면, 패스트푸드 주식은 이전에 볼 수 없던 속도로 폭락하고 있다.

Basic Vocab

”⑪ = **TOEIC** 빈출 표현

■ **cut down on**
phr. 줄이다, 삭감하다
syn. use less
”⑪ cut down on overhead expenses 경상비를 줄이다

■ **increase**
[ínkriːs/-krí-]
n. 증가
v. 증가하다
There is an alarming increase in the number of car thefts.
자동차 절도 건수가 걱정스러울 정도로 증가하고 있다.
○ alarming a. 걱정스러운, 무서운
”⑪ at an alarming rate 무서운 속도로
○ theft n. 절도
”⑪ identity theft 신분 도용
The use of fossil fuels has greatly increased the amount of CO_2 released to the air.
화석연료의 사용이 공기 중의 이산화탄소 양을 매우 증가시켰다.
○ fossil fuel phr. 화석연료
○ greatly ad. 매우, 대단히
　　a. great 위대한, 대단한
”⑪ greatly improve the image of the company 회사의 이미지를 크게 향상시키다
”⑪ Your patronage is greatly appreciated. 당신의 후원에 대단히 감사합니다.
○ patronage n. 후원, 애용
　　v. patronize 후원하다, 애용하다
”⑪ Thank you for your patronage. 후원해주셔서 감사합니다.
○ appreciate v. 감사하다, 감상하다, 진가를 인정하다

›› ⓣ I appreciate your cooperation. 협조해 주셔서 감사합니다.

  ● release v. 방출시키다, 발표하다, 개봉하다, 석방하다

    n. 방출, 발표, 개봉, 석방

›› ⓣ press release 대언론 공식 발표, 보도 자료

›› ⓣ the release of a new book 새 책의 출간

■ **multiply**
[mʌ́ltiplai]

v. (수나 양이) 매우 증가하다, 증가시키다, 곱하다

n. multiplication 증가, 곱셈

The company has multiplied its production capacity.
회사는 생산력을 증가시켰다.

  ● capacity n. 용량, 수용력, 능력

›› ⓣ the seating capacity 좌석 수

›› ⓣ output capacity 생산력

■ **plummet**
[plʌ́mit]

v. 폭락하다, 곤두박질치다

syn. drop sharply, plunge

ant. soar(치솟다), skyrocket(급등하다), rise sharply(급등하다)

His popularity has plummeted as the war has faltered.
전쟁이 주춤하면서 그의 인기는 곤두박질쳤다.

  ● falter v. 불안정해지다, 흔들리다, 주춤하다

■ **witness**
[wítnəs]

n. 목격자, 증인

v. 목격하다, 입증하다

No one witnessed the accident.
아무도 그 사고를 목격하지 않았다.

■ **rise**
[raiz]

v. 오르다, (해가) 뜨다

n. 인상, 상승

cf. raise v. 올리다

    n. 인상

The parking fee has risen for three consecutive years.
주차 요금이 3년 연속 인상되었다.

  ● parking n. 주차

    v. park 주차하다

›› ⓣ a parking permit 주차 허가증

›› ⓣ a parking attendant 주차 관리인

  ● fee n. 수수료, 요금, 회비

›› ⓣ charge a fee 수수료를 청구하다(받다)

›› ⓣ the registration fee 등록비

›› ⓣ the application fee 신청비

  ● consecutive a. 연속적인

grow
[grou]

v. 성장하다, 더 커지다, 자라다, ~해지다

n. growth 성장

a. growing 증가하는

›› ⓣ The worldwide market will grow. 세계시장이 성장할 것이다.

›› ⓣ a growing company 성장하는 회사

A growing number of people are moving to rural areas.
점차 많은 수의 이민자들이 시골지역으로 이주하고 있다.

◑ rural a. 시골의
　　 ant. urban 도시의
◑ area n. 지역, 구역

›› ⓣ a grassy area 풀이 무성한 지역

The company grew too big.
회사는 너무 비대해졌다.

◑ too ad. 너무, 지나치게, 역시

›› ⓣ too ~ to 너무 ~해서 ~할 수 없다
›› ⓣ too much time 너무 많은 시간
›› ⓣ increase too much 너무 많이 인상되다

decrease
[díkriːs/-krí-]

n. 감소

v. 감소하다

Prices of machinery decreased by 3%.
기계와 운송 장비 가격이 3퍼센트 줄었다.

◑ machinery n. 기계류

★★ machine은 셀 수 있는 명사이며 machinery는 셀 수 없는 명사이다.

›› ⓣ put the machinery away 기계들을 치우다
›› ⓣ operate heavy machinery 중장비를 작동하다

decline
[dikláin]

v. 쇠퇴하다, 퇴보하다, 거절하다 (= turn down)

n. 쇠퇴, 퇴보

›› ⓣ the company's first decline in revenues 회사 수익의 최초 감소

The request was declined.
요청이 거절되었다.

◑ request n. 요청
　　　 v. 요청하다
　　 cf. require 필요로 하다

›› ⓣ request a leave of absence 휴가[휴직]를 신청하다
›› ⓣ available on request 요청 즉시 이용 가능한

■ **reduce**

[ridjúːs]

v. (가격 등을) 줄이다

n. reduction 삭감, 감소

His pension was reduced this year.

올해 그의 연금이 삭감되었다.

○ pension n. 연금, 수당
○ this year phr. 올해에

■ **skyrocket**

[skáirɑ̀ːkit]

v. 급등하다

The cost of living has skyrocketed in Korea.

한국에서는 물가가 급등해왔다.

○ cost of living phr. 생활비, 생계비
            cf. the cost of living index 소비자물가지수

■ **soar**

[sɔːr]

v. 폭등하다, 높이 솟다

The company's stock price has soared.

회사의 주가가 폭등하였다.

○ stock price phr. 주가
            n. stock 주식, 재고

›› ⓣ in stock 재고가 있는
›› ⓣ out of stock 재고가 없는

Tip 주식 관련 용어: stock exchange(증권 거래소), share(주식, 지분), bear market(약세 시장), stock[securities] market(주식시장), bull market(강세 시장)

■ **crash**

[kræʃ]

v. 실패하다, 와해되다, (주식이) 폭락하다

n. 붕괴, 대폭락

Eventually the company crashed and went out of business.

마침내 그 회사는 도산하여 문을 닫았다.

○ eventually ad. 마침내
○ go out of business phr. 폐업하다
            cf. go bankrupt 파산하다

■ **slump**

[slʌmp]

v. 폭락하다

n. 폭락, 불황

The recent steel price slump was caused by various factors.

최근의 철강 가격 폭락은 다양한 요인에 의해 야기되었다.

○ be caused by phr. ～에 의해 초래되다
○ factor n. 요소, 요인

›› ⓣ a major factor 주요 요인

run out
phr. 다 떨어져가다, 바닥나다
cf. use up 다 써버리다
We are running out of gas.
우리는 가솔린이 다 떨어져가고 있다.

additional
[ədíʃənəl]
a. 추가의, 부가적인
n. addition 추가
cf. extra 추가의, 여분의
Additional work was required.
추가 작업이 요구되었다.

short of
phr. ~이 부족한, 모자라는
The library building is short of space.
도서관 건물은 공간이 부족하다.
○ space n. 공간
>> ⓣ outer space 외부 공간
>> ⓣ advertising space 광고 공간
○ advertising n. 광고 (분야)
n. advertisement 광고 (한 편)
v. advertise 광고하다
>> ⓣ an advertising firm 광고 회사

spare
[speər]
a. 쓰지 않고 남은, 여분의, 여가의
n. 예비 용품, 여분, 여벌
v. (시간, 돈 등을) 할애하다, 모면하게 하다
>> ⓣ have a spare time 여가 시간이 있다
Spare paper is on the bottom of the document storage shelf.
여분의 종이는 서류 보관 선반 맨 아래칸에 있다.
○ storage n. 저장, 보관, 창고
>> ⓣ baggage storage 수하물 보관소
○ baggage n. 수하물, 짐
>> ⓣ measure one's carry-on baggage 기내 휴대용 수하물을 측정하다
○ shelf n. 선반, 칸
>> ⓣ sit on a shelf 선반에 놓여 있다
>> ⓣ put a box on the shelf 상자를 선반에 놓다

scarce
[skeərs]
a. 부족한
n. scarcity 부족, 결핍

The scarcity of food is one of the main problems in Africa.
식량 부족이 아프리카의 주된 문제 중 하나이다.

○ problem n. 문제

” ⓣ a problem in an order 주문의 문제

” ⓣ No problem. 그럼요, 전혀 문제되지 않습니다.

■ **remainder**
[riméindər]

n. 나머지, 잔여
v. remain 남다, ~인 채로 있다
a. remaining 남아있는

” ⓣ remain attentive to ~에 대해 계속 신경 쓰다

○ attentive a. 주의하는, 신경 쓰는

” ⓣ the remainder of the week 그 주의 나머지 기간

” ⓣ the remaining paperwork 남은 문서 작업

The remainders in Yucatan illustrate settlement patterns of Maya.
유카탄의 유적은 마야 정착 패턴을 입증한다.

○ illustrate v. 예증하다, 입증하다
　　　　　n. illustration 예증, 입증, 삽화

○ settlement n. 정착, 합의, 해결
　　　　　v. settle 정착하다, 해결하다

” ⓣ settle in the region 지역에 정착하다

○ region n. 지방, 지역

★★ spot은 '특정한 지점'이며, area는 '특정 지역이 속해 있을 지역'이며, region은 '그 보다 넓은 지역'이다. a secluded spot 한적한 곳 〈 a rural area 시골 지역 〈 the Arctic region 극지방

” ⓣ throughout the region 그 지역 전역에 거쳐

■ **surplus**
[sə́:rpləs]

n. 잉여, 과잉

” ⓣ show a budget surplus 무역 흑자를 내다

○ budget n. 예산

” ⓣ The budget is approved. 예산 승인이 났다.

” ⓣ the budget for the upcoming year 다가오는 해의 예산

Britain's exports resulted in the trade surplus.
영국의 수출은 무역 흑자를 초래했다.

○ export n. 수출
　　　　v. 수출하다
　　　　ant. import 수입

” ⓣ export and import growth 수출 및 수입 성장

○ result in phr. 결과로 ~를 초래하다
○ trade n. 무역, 장사
　　　　v. 거래하다, 교역하다, 맞바꾸다

” ⓣ the trade show 시사회

remnant

[rémnənt]

n. 나머지, 유적

Beneath the present school were remnants of ancient potteries.
현재 학교 밑에는 고대 도자기의 유적이 있다.

○ beneath prep. ~아래에

›› ⊤ be buried beneath the square 광장 밑에 묻히다

○ bury v. 매장하다, 묻다
   n. burial 매장
○ pottery n. 도기

deficiency

[difíʃənsi]

n. 부족, 결핍

a. deficient 부족한

A nutritional disease can be caused by deficiency of niacin.
니코틴산의 부족으로 영양 관련 질병이 초래될 수 있다.

○ nutritional a. 영양의
   n. nutrition 영양

lack

[læk]

v. 부족하다, ~이 없다

n. 부족

›› ⊤ a lack of funds 자금 부족

Due to the lack of faith he committed this sin.
그는 믿음 부족으로 죄를 지었다.

○ faith n. 믿음, 신뢰

›› ⊤ have faith in ~를 믿다

○ commit v. 저지르다, 범하다, 약속하다, 자살하다, 전념하다
   n. commitment 약속, 헌신, 책무

›› ⊤ make a commitment to ~에 헌신하다
›› ⊤ commit suicide 자살하다

leftover

[léftòuvər]

n. 남은 음식, 잔재

›› ⊤ leftover food 남은 음식

If there is leftover, please put it in the refrigerator.
남은 음식이 있다면, 냉장고에 넣어라.

occupied

[á:kjupàid]

a. 사용 중인, 바쁜

v. occupy (시간, 공간을) 차지하다, 사용하다

ant. unoccupied 사용되지 않는, 빈

›› ⊤ be occupied with ~하기에 바쁘다, 여념이 없다
›› ⊤ The benches are occupied. 벤치가 사용되고 있다.

All seats on the flight are occupied.
비행기 모든 좌석이 다 찼다.

■ **be full of**   phr. ~로 가득 차다

cf. be filled with ~로 가득 차다

The essay is full of mistakes.
에세이는 실수가 많다.

■ **boost**   n. 상승

[buːst]   v. 신장시키다, 북돋우다

syn. increase, improve, enhance

›› ⓣ a boost in profits 수익의 상승

›› ⓣ boost sales 판매를 북돋우다

The government is trying to boost the economy with low interest rates.
정부는 낮은 금리로 경제를 신장시키려고 하고 있다.

Must-know Vocab

■ **lecture**   n. 강의, 강연

[léktʃər]   n. lecturer 강연자

›› ⓣ listen to a lecture 강의를 듣다

■ **resource**   n. 자원

[ríːsɔːrs]   ›› ⓣ human resources 인적자원

■ **intend**   v. 의도하다

[inténd]   n. intention 의도

›› ⓣ intend to+동사원형 ~할 작정이다

Do you intend on staying in your current job for the foreseeable future?
가까운 장래를 위해 현재 직장에 남아 있을 생각이니?

   ◑ current a. 현재의, 통용되는

         n. 흐름, 기류, 경향

         cf. currency 통화, 통용

           denomination 액면의 화폐, 종파

›› ⓣ current employees 현 직원들

›› ⓣ a current customer 현 고객

■ **confirm**   v. 확인하다

[kənfɔ́ːrm]   n. confirmation 확인

cf. reconfirm 재확인하다

›› ⓣ registration confirmation 등록 확인

›› ⓣ a confirmation number 확인 번호

proposal
[prəpóuzəl]

n. 제안서

v. propose 제안하다

›› ⓣ approve the proposal 제안을 승인하다

nearly
[níərli]

ad. 거의

cf. near prep. ~에 가까운

　　　　a. 가까운

　　　　ad. 가까이에

›› ⓣ nearly complete 거의 완성된

The new headquarters building is nearly finished.
새 본사 건물이 거의 완공되었다.

　　◐ headquarters n. 본사, 본부

›› ⓣ the company's headquarters 회사 본사

skyscraper
[skáiskrèipər]

n. 고층 건물, 마천루

syn. a high-rise building

›› ⓣ the tallest skyscraper 가장 높은 고층 건물

›› ⓣ an imposing high-rise building 어머어마한 고층 건물

water
[wɔ́:tər]

v. 물을 주다

n. 물

›› ⓣ water plants 식물에 물을 주다

The plants need to be watered every other day.
식물들은 이틀마다 물을 주어야 한다.

　　◐ every other day phr. 이틀마다

secure
[sikjúər]

v. 확보하다, 고정하다, 안전하게 하다

a. 안전한, 안심하는

n. security 안전, 보안

›› ⓣ be secured to a dock 부두에 매어 있다

be stuck in traffic　phr. 교통 체증에 걸리다

cf. traffic congestion(교통 혼잡), traffic jam(교통 체증)

Bill was stuck in traffic so long.
Bill은 아주 오랫동안 교통 체증에 걸렸다.

Let's Drill

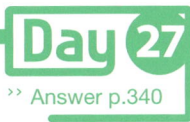

>> **A.** 다음 영영풀이에 해당하는 단어를 보기에서 고르세요.

〈보기〉 decrease   decline   plummet   increase   soar   currency

›› **1.** _____ : to become greater or larger

›› **2.** _____ : to become less or smaller, as in number, amount, or intensity

›› **3.** _____ : to refuse

›› **4.** _____ : to decrease quickly by a large amount

›› **5.** _____ : to quickly increase by a great deal

›› **6.** _____ : the money used in a particular country

>> **B.** 다음 구문의 빈칸을 채우세요.

›› **1.** 교통 체증에 걸리다 be _____ in traffic

›› **2.** 가장 높은 고층 건물 the tallest _____

›› **3.** 현 고객 a _____ customer

›› **4.** 수익의 상승 a _____ in profits

>> **C.** 다음 문장의 빈칸에 적합한 단어를 고르세요.

›› **1.** The company had _____ the number of hours she worked by over half.
   a. condensed   b. reduced   c. less   d. contracted

›› **2.** Spending on education and health has _____ but public satisfaction has not been commensurate.
   a. soared   b. plummeted   c. slumped   d. decreased

›› **3.** The value of the minimum wage has _____ due to inflation.
   a. soared   b. skyrocketed   c. increased   d. plummeted

›› **4.** Employment in the service industry has _____ slightly.
   a. shortened   b. lengthened   c. deducted   d. declined

›› **5.** _____ down on computer use and be more physically and mentally active.
   a. Cut   b. Put   c. Reduce   d. Look

Vocab Tool

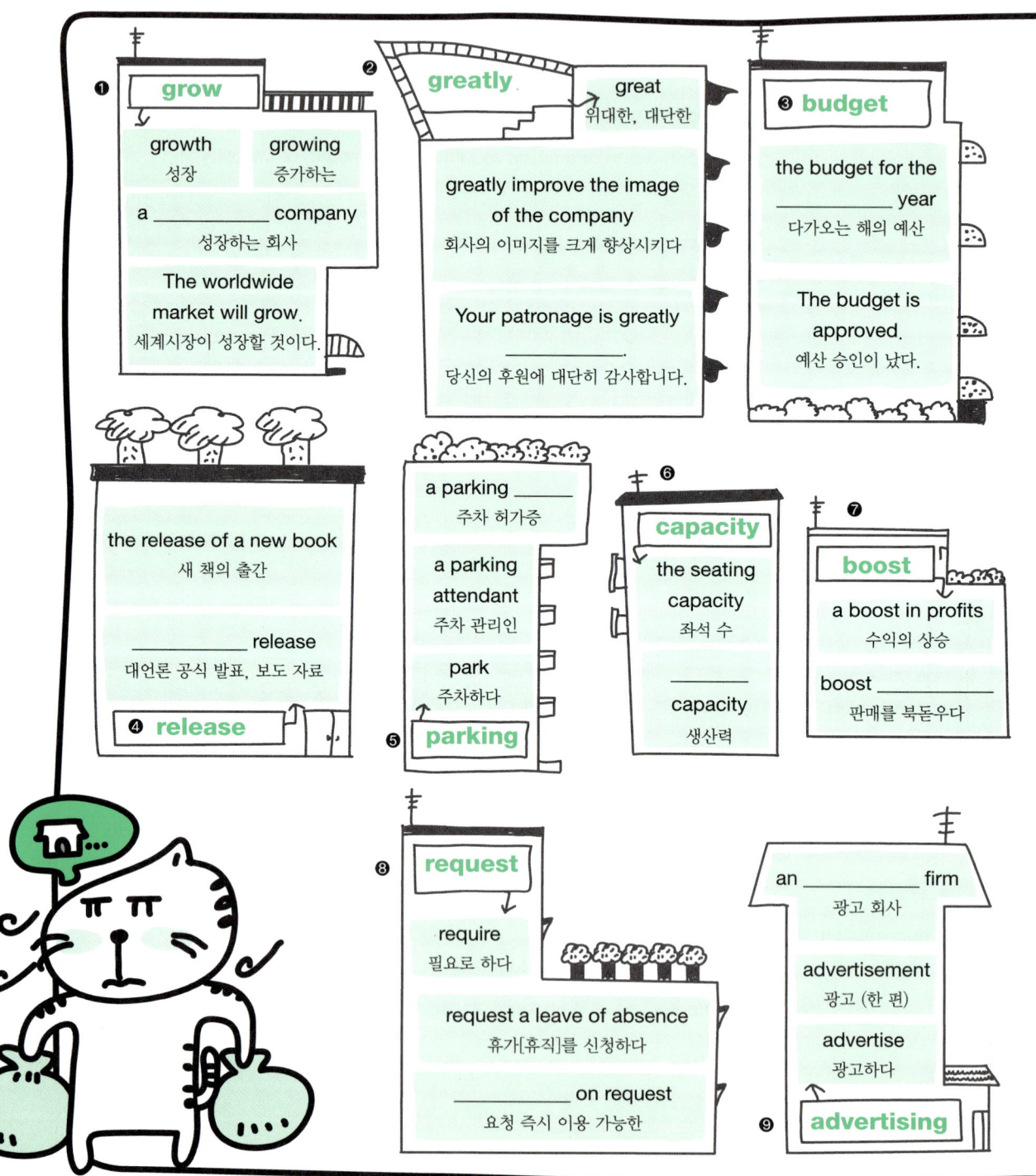

❶ grow

growth
성장

growing
증가하는

a _____ company
성장하는 회사

The worldwide market will grow.
세계시장이 성장할 것이다.

❷ greatly

great
위대한, 대단한

greatly improve the image of the company
회사의 이미지를 크게 향상시키다

Your patronage is greatly _____.
당신의 후원에 대단히 감사합니다.

❸ budget

the budget for the _____ year
다가오는 해의 예산

The budget is approved.
예산 승인이 났다.

❹ release

the release of a new book
새 책의 출간

_____ release
대언론 공식 발표, 보도 자료

❺ parking

a parking _____
주차 허가증

a parking attendant
주차 관리인

park
주차하다

❻ capacity

the seating capacity
좌석 수

_____ capacity
생산력

❼ boost

a boost in profits
수익의 상승

boost _____
판매를 북돋우다

❽ request

require
필요로 하다

request a leave of absence
휴가[휴직]를 신청하다

_____ on request
요청 즉시 이용 가능한

❾ advertising

an _____ firm
광고 회사

advertisement
광고 (한 편)

advertise
광고하다

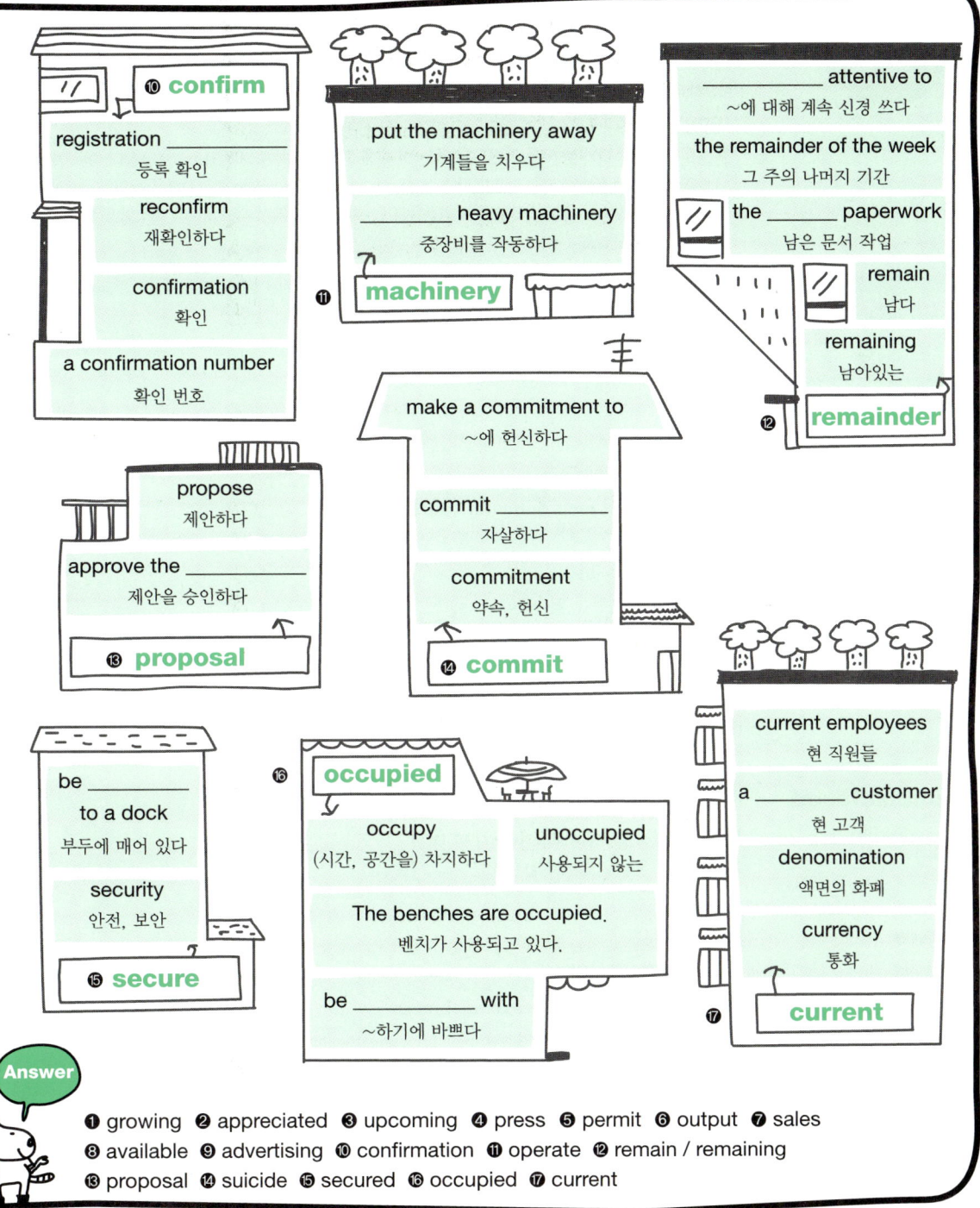

⑩ **confirm**

registration _____
등록 확인

reconfirm
재확인하다

confirmation
확인

a confirmation number
확인 번호

put the machinery away
기계들을 치우다

_____ heavy machinery
중장비를 작동하다

⑪ **machinery**

_____ attentive to
~에 대해 계속 신경 쓰다

the remainder of the week
그 주의 나머지 기간

the _____ paperwork
남은 문서 작업

remain
남다

remaining
남아있는

⑫ **remainder**

make a commitment to
~에 헌신하다

commit _____
자살하다

commitment
약속, 헌신

⑭ **commit**

propose
제안하다

approve the _____
제안을 승인하다

⑬ **proposal**

current employees
현 직원들

a _____ customer
현 고객

denomination
액면의 화폐

currency
통화

⑰ **current**

be _____
to a dock
부두에 매어 있다

security
안전, 보안

⑮ **secure**

⑯ **occupied**

occupy
(시간, 공간을) 차지하다

unoccupied
사용되지 않는

The benches are occupied.
벤치가 사용되고 있다.

be _____ with
~하기에 바쁘다

Answer

❶ growing ❷ appreciated ❸ upcoming ❹ press ❺ permit ❻ output ❼ sales
❽ available ❾ advertising ❿ confirmation ⑪ operate ⑫ remain / remaining
⑬ proposal ⑭ suicide ⑮ secured ⑯ occupied ⑰ current

Day 28

The annual commercial conference is being held on an undisclosed date and at an alternative location this year for security reasons. These rare conditions are believed to be due to the latest bombings and attacks. The daily events and programs of the conference will have to be customized to suit the new location of the conference. But the planners of the conference assure the invited executives and leaders that this is only temporary.

연간 비즈니스 회의가 보안의 이유로 올해에는 비밀에 붙여진 날짜에 대리 장소에서 열린다. 이런 드문 상황은 최근의 폭발과 공격 때문이라고 여겨진다. 회의의 일일 행사와 프로그램은 회의의 새로운 장소에 맞춰져야만 할 것이다. 하지만 회의 계획자는 초대받은 간부와 대표들에게 이것이 단지 일시적인 일임을 확신시킨다.

Basic Vocab

›› ⓣ = TOEIC 빈출 표현

■ **annual**
[ǽnjuəl]

a. 연간의, 해마다의
ad. annually 매년마다

The board held their annual meeting last week.
이사회는 지난주에 연례 회의를 개최했다.

○ board n. 판자, 이사회
      v. 승선하다, 탑승하다

›› ⓣ the board of directors 이사회
›› ⓣ posted on the board 게시판에 실린
›› ⓣ lay boards on the ground 판을 땅에 놓다
›› ⓣ board the bus 버스를 타다

■ **undisclosed**
[ʌndisklóuzd]

a. 밝혀지지 않은, 비밀에 붙여진

His transfer was undisclosed at first.
그의 전근이 처음엔 비밀에 붙어졌다.

■ **rare**
[reər]

a. 드문
cf. rarely 좀처럼 ~않다

It was rare for him to leave his house.
그가 집을 떠나는 일은 드문 일이다.

○ leave v. 떠나다, ~인 채로 두다
      n. 휴가

›› ⓣ sick leave 병가
›› ⓣ leave for ~를 향해 떠나다
›› ⓣ take a leave of absence 휴직하다

○ absence n. 부재, 결석
　　　　　 a. absent 결석한

›› ⓣ be absent from ~에 결석하다

■ latest
[léitist]

a. 최신의

cf. last 지난번의, 마지막의

　　 later 나중에, 후에

　　 late 늦은, 늦게

What is the latest model as of now?

현재 가장 최신 모델은 무엇인가요?

■ daily
[déili]

a. 매일의

ad. 매일

›› ⓣ on a daily basis 매일마다

With a single issue, the daily newspaper will reach six out of 10 people.

한 부의 일간 신문을 10명 중 6명이 이용할 것이다.

○ issue n. 쟁점, (잡지의) 호, 발행물

　　　 v. 발표하다, 발부하다, 발행하다

›› ⓣ the pressing issue 급박한 문제

○ pressing a. 급박한

○ reach v. 도착하다, 손을 뻗다, 범위가 ~에 미치다, 이르다

　　　 n. 거리, 범위

★★ 'reach+장소'의 형태로 쓰이며 'arrive at[in]+장소'와 바꿔쓸 수 있다.

›› ⓣ reach a can 깡통에 손을 뻗다

›› ⓣ reach an agreement 합의에 이르다

■ customize
[kʌ́stəmàiz]

v. 주인이 원하는 대로 만들다, 주문 제작하다

›› ⓣ customize office suites 몇 개의 방으로 이루어진 사무실을 원하는 대로 맞추다

○ office n. 사무실

›› ⓣ temporary office space 임시 사무실 공간

›› ⓣ the post office 우체국

○ post n. 우편, 우편물, 직책, 기둥

　　　 v. 발송하다, 게시하다, 공고하다

○ suite n. 스위트룸, 여러 방으로 이루어진 사무실

■ suit
[su:t]

n. 정장, 한 벌의 옷

v. ~에게 편리하다, 어울리다

›› ⓣ Suit yourself. 마음대로 하세요.

›› ⓣ suit our business needs 우리의 사업 목적에 부합하다

■ **assure**

[əʃúər]

v. 장담하다, 보장하다

n. assurance 장담, 보장

cf. ensure 반드시 ~하게 하다, 보장하다

　　insure 보험에 가입시키다

★★ 'assure+사람+that절 또는 of+명사'의 형태로 쓰인다.

The insurance company assured him free treatment.

보험회사는 그에게 무료 치료를 보장했다.

■ **executive**

[igzékjətiv]

n. 경영 간부, 경영진

›› ⓣ CEO (= the Chief Executive Officer) 최고경영자

■ **temporary**

[témpəreri]

a. 일시적인, 임시의

ad. temporarily 일시적으로

ant. permanent 영구적인

›› ⓣ the temporary assignment 임시 과제

›› ⓣ one's temporary password 임시 비밀번호

This policy is temporary and will be in effect for 10 days.

이 정책은 일시적인 것으로 10일간 유효하다.

　　◐ in effect phr. 유효한, 발효되는, 사실상

　　　　　n. effect 영향, 결과, 효과

　　　　　v. affect 영향을 미치다

›› ⓣ take effect 효과를 발휘하기 시작하다

■ **occasional**

[əkéiʒənəl]

a. 이따금씩, 가끔

n. occasion 경우

ad. occasionally 이따금, 가끔

›› ⓣ meet only occasionally 아주 가끔씩만 만나다

　　◐ only ad. 오직, 오로지, 그저 ~일뿐

　　　　　a. 유일한

›› ⓣ only twelve aides 오직 12명의 보좌관들

›› ⓣ only when ~일 때만

There is occasional business travel involved in this business.

이 일은 이따금씩 출장이 포함되어 있다.

　　◐ business n. 비즈니스, 사업

›› ⓣ do business with ~와 거래하다

›› ⓣ on business 출장 중인

■ habitual
[həbítʃuəl]

a. 습관적인, 상습적인

ad. habitually 습관적으로, 상습적으로

n. habit 습관

He had become a habitual drinker.
그는 상습적인 술꾼이 되었다.

◐ become v. 되다, ~이 되다, ~해지다

›› ⓣ become familiar with ~와 친숙해지다

›› ⓣ become operational 가동되다

›› ⓣ become the chairman of the board 이사회 의장이 되다

◐ chairman n. 의장, 회장

■ every other
phr. 격 ~로, 하나 걸러서

›› ⓣ every other week 격주로

You must be available to work every other Saturday 9 a.m. to 5 p.m.
격주 토요일 오전 9시에서 오후 5시까지 일할 수 있어야 한다.

◐ must aux. ~해야 한다, ~임에 틀림없다

　　　　 n. 필수품

›› ⓣ Spoiled food must be discarded. 썩은 음식은 버려야 한다.

◐ discard v. 버리다

›› ⓣ discard unwanted items 원하지 않는 물건을 버리다

■ seldom
[séldəm]

ad. 좀처럼 ~하지 않다

They seldom ate out since they had a limited budget.
그들은 예산이 제한되어 있기 때문에 외식을 좀처럼 하지 않았다.

◐ eat out phr. 외식하다

　　　　 cf. eat in 집에서 식사하다

◐ limited a. 한정된, 제한된

　　　　 n. limit 한계, 한도 허용치

　　　　 n. limitation 국한, 제약

　　　　 v. limit 제한하다

›› ⓣ go over time limit 시간 제한을 초과하다

◐ go over phr. ~를 초과하다

　　　　 syn. exceed

›› ⓣ for a limited time 제한된 시간 동안

quarterly

[kwɔ́:rtərli]

a. 분기의, 1/4의

n. quarter 분기, 1/4

›› ⓣ this quarter 이번 분기에

›› ⓣ in the second quarter 2분기에

›› ⓣ the quarterly budget report 분기 예산 보고서

The 1st quarterly report had been distributed to the shareholders.

1분기 보고서가 주주들에게 배포되었다.

○ shareholder n. 주주

once in a while phr. 이따금

A visible moon on a sunny day occurs once in a while.

화창한 날 이따금씩 달이 눈에 보인다.

○ visible a. 눈에 보이는

　　　 n. visibility 가시성, 눈에 잘 보임

›› ⓣ our product's visibility 제품이 눈에 잘 띔

○ occur v. 발생하다

　　　 n. occurrence 발생

　　　 syn. take place, happen

★★ occur, take place, happen 모두 자동사로 수동태(be p.p.)의 형태로 사용될 수 없다.

centennial

[senténiəl]

n. 100주년

a. 100주년의

›› ⓣ the centennial anniversary 100주년 기념일

2006 is the centennial of the 1906 Earthquake.

2006년은 1906년 지진의 100주년이다.

○ earthquake n. 지진

decade

[dékeid]

n. 10년

'Decade' means 'ten years.'

Decade는 '10년'이란 뜻이다.

○ mean v. 뜻하다, 작정하다

　　　 a. 비열한, 야비한, 보통의

　　　 n. 평균, 중용

　　　 cf. means 수단, 방법, 재력

　　　　　 meantime 그동안, 그사이

›› ⓣ by means of ~에 의해서

›› ⓣ in the meantime 그동안에, 그사이에

■ biannual
[baiǽnjuəl]

a. 일 년에 두 번 발생하는, 격년의

cf. biennial 2년마다의

Biannual means twice a year and is a synonym for semiannual.

Biannual은 '1년에 두 번'의 뜻이며 semiannual과 동의어이다.

○ synonym n. 동의어

　　ant. antonym 반의어

■ recur
[rikə́:r]

v. 재발하다, 다시 되돌아가다, ~에 호소하다

›› ⓣ recur to ~에 호소하다

■ prolong
[prəlɔ́:ŋ]

v. 늘이다, 연장하다

The new engine prolonged the life of the car.

새로운 엔진은 차의 수명을 연장시켰다.

○ life n. 생명, 수명

›› ⓣ life insurance 생명보험

■ protrude
[prətrú:d]

v. 튀어나오다, 내밀다

n. protrusion 내밀기, 돌출

The boy saw the shark's fin protruding from the water.

소년은 상어의 지느러미가 수면 위로 튀어나오는 것을 보았다.

○ see v. 보다, 목격하다

★★ 'see[watch]+목적어+동사원형'의 형태로 쓰이며, '~가 ~하는 것을 보다'의 의미를 가진다.

■ shorten
[ʃɔ́:rtn]

v. 줄이다

a. short 짧은, 부족한, 모자라는

ad. shortly 곧 (= soon)

›› ⓣ should be arriving shortly 곧 도착할 것이다

Management shortened their workweek.

경영진은 그들의 주 근무 시간을 줄였다.

○ management n. 경영, 경영진

›› ⓣ business management 사업 경영

›› ⓣ a management trainee 경영 교육을 받는 사람

■ length
[leŋθ]

n. 길이

a. long 긴

a. lengthy 긴, 장황한

v. lengthen 길게 하다

›› ⓣ a lengthy process 긴 과정

>> ⓣ make lengthy strides 장족의 발전을 하다
>> ⓣ the length of delay 지연 기간

　　　　　◎ delay n. 지연, 지체
　　　　　　　　v. 지연시키다

>> ⓣ due to his unexpected delay 그의 예기치 못한 지체로 인해

The snake usually reaches a length of 1m.
뱀은 길이가 보통 1m까지 된다.

■ **period**
[píəriəd]

n. 기간
a. periodic 주기적인, 간헐적인

>> ⓣ throughout the training period 훈련 기간을 거쳐
>> ⓣ the membership period 멤버십 기간

The Renaissance period was a time of cultural rebirth.
르네상스 기간은 문화 부활의 시대였다.

　　　　　◎ time n. 시간, 시기
　　　　　　　　v. 시간을 측정하다

★★ 'by the time+주어+동사'의 형태로 쓰이며 '~일 때까지'의 의미를 가진다.

>> ⓣ at any time 언제라도

　　　　　◎ cultural a. 문화의
　　　　　　　　n. culture 문화

>> ⓣ contribute to one's culture 문화에 기여하다

■ **abbreviate**
[əbríːvieit]

v. 축약하다, 줄이다
n. abbreviation 축약, 줄임

Abbreviate the code to the shortest form.
코드를 가장 간단한 형태로 줄여라.

■ **term**
[təːrm]

n. 기간, 계약 조건, 용어

He will study abroad during the final term of the senior year.
그는 4학년 마지막 학기에 유학을 갈 것이다.

　　　　　◎ abroad ad. 해외에, 해외로
　　　　　　　　syn. overseas

>> ⓣ market one's products abroad 제품을 해외 판매하다
>> ⓣ residents abroad 해외 거주자

　　　　　◎ senior a. 고위의, 고급의
　　　　　　　　n. 연장자, 상급자, (대학) 4학년

>> ⓣ a requirement for senior marketing position 마케팅 상급직에 필수 조건

■ **extend**
[iksténd]

v. 늘이다, 연장하다

n. extension 연장

a. extensive 넓은

They decided to extend their stay in Brazil.
그들은 브라질에 머무는 시간을 연장하기로 결심했다.

○ stay v. 머물다, ~인 채로 있다

n. 체류

›› ⓣ stay near the departure gate 출입구 옆에 있다
›› ⓣ stay attentive 계속 주의를 기울이다
›› ⓣ stay competitive 경쟁력을 유지하다

○ competitive a. 경쟁적인, 치열한

n. competition 경쟁, 시합

v. compete 경쟁하다

›› ⓣ survive in the competitive market 치열한 시장에서 살아남다

■ **shortcut**
[ʃɔ́:rtkʌt]

n. 지름길, 바로 가기

Does anyone know if there is a shortcut to get to Seoul station?
서울역까지 가는 지름길이 있는지 아는 사람 있나요?

○ anyone n. 누구, 아무, 누구나

›› ⓣ anyone outside the office 사무실 외부의 누구나

■ **orientate**
[ɔ́:riəntèit]

v. 환경에 적응시키다, ~를 지향하게 하다

n. orientation 방향, 지향, 오리엔테이션

›› ⓣ the new employee orientation manual 신입 사원 오리엔테이션 설명서

○ manual n. 설명서

a. 수동의, 손으로 하는

›› ⓣ update the manual 설명서를 업데이트하다
›› ⓣ the orientation will address topics such as
오리엔테이션은 ~와 같은 주제를 다룰 것이다

It might take you awhile to orientate yourself.
적응하는데 얼마의 시간이 걸릴 수 있다.

○ take v. 가져가다, 걸리다, 복용하다

›› ⓣ take care of ~를 돌보다, 처리하다
›› ⓣ take a course 수강하다
›› ⓣ take a walk 산보하다
›› ⓣ take medicine 약을 복용하다

○ awhile ad. 잠시, 잠깐

›› ⓣ rest awhile 잠시 쉬다

■ **ongoing**　　　　a. 계속 진행 중인

[ɑ́:ngòuiŋ]　　』① ongoing problems 진행 중인 문제들
　　　　　　　』① ongoing renovations 진행 중인 보수

■ **put away**　　　phr. (제자리로) 치우다
　　　　　　　　　cf. set aside (한 쪽으로) 치워두다

』① put away some equipment 장비를 치우다

　　　○ some a. 조금의, 약간의, 일부의
　　　　　　　 pro. 몇몇, 일부, 약간

』① require some assembly 약간의 조립이 필요하다

　　　○ assembly n. 조립, 모임
　　　　　　　v. assemble 조립하다, 모이다 (= put together)

』① for some urgent matter 약간의 급박한 문제 때문에

　　　○ matter n. 문제, 시안, 상황, 물질
　　　　　　　v. 중요하다, 문제가 되다

』① It doesn't matter to me. 내겐 중요하지 않다.

■ **platform**　　　n. 플랫폼, 연단, ~대

[plǽtfɔːrm]　　』① step onto a platform 플랫폼에 올라서다

　　　○ step v. 발걸음을 떼어 움직이다
　　　　　　　n. 발걸음

』① step by step 단계적으로
』① step on one's toes 발을 밟다

　　　○ onto prep. ~위로, 쪽으로

』① Turn left onto First Avenue. 1번가 쪽으로 좌회전해라.
』① along the train platform 기차 플랫폼을 따라서

　　　○ along prep. ~를 따라서

』① along the edge of the road 길가를 따라서
』① along with (= together with) ~와 더불어(함께)

Must-know Vocab

■ **rest**
[rest]

n. 휴식, 나머지
v. 쉬다
cf. break 잠깐의 휴식

›› ⓣ take a break 잠깐 쉬다
›› ⓣ take one's lunch break at noon 정오에 점심시간을 갖다
›› ⓣ with the rest of the team 팀의 나머지 인원과 더불어
›› ⓣ rest under some trees 나무 밑에서 쉬다
›› ⓣ get[take] some rest 좀 쉬다

■ **turn in**

phr. ~를 제출하다
v. turn 돌다, ~한 상태로 변하다
n. turn 돌기, 차례, 순번
syn. hand in, submit, give in

›› ⓣ turn in the project 프로젝트를 제출하다

Tip turn을 이용한 관용적 표현: turn on(켜다), turn off(끄다), turn down(거절하다), wait one's turn(차례를 기다리다)

■ **journalist**
[dʒə́:rnəlist]

n. 기자, 저널리스트
n. journalism 저널리즘

›› ⓣ a print journalist 출판 기자

　　○ print n. 인쇄, 출판, 활자
　　　　　 v. 인쇄하다, 출판하다

›› ⓣ an award-winning journalist 수상 기자

■ **at least**

phr. 최소한
cf. a minimum of 최소한
　　a maximum of 최대한

›› ⓣ at least one hour before ~하기 최소한 한 시간 전에
›› ⓣ at least twice a day 적어도 하루에 두 번

■ **open**
[óupən]

v. 열다
a. 열린, 개방된
n. opening 구멍, 공석, 개막식

›› ⓣ open to the public 대중에게 공개되는
›› ⓣ open a bank account 은행 계좌를 개설하다
›› ⓣ the opening event 개막식
›› ⓣ several openings in the ~ department ~부서의 공석 몇 개

■ itinerary

[aitínəreri]

n. 여행 일정

cf. destination 목적지

›› ① flight itinerary 비행 일정

›› ① make itinerary changes 여행 일정을 변경하다

Let's Drill

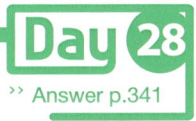

>> Answer p.341

>> **A.** 다음 영영풀이에 해당하는 단어를 보기에서 고르세요.

〈보기〉 platform   shortcut   annual   temporary   centennial   occasional

>> **1.** _____ : recurring, done, or performed every year

>> **2.** _____ : occurring from time to time

>> **3.** _____ : lasting, used, serving, or enjoyed for a limited time

>> **4.** _____ : the 100th anniversary of an event

>> **5.** _____ : a quickest way of getting somewhere

>> **6.** _____ : the area beside the rails where you wait for the train

>> **B.** 다음 구문의 빈칸을 채우세요.

>> **1.** 길가를 따라서 _____ the edge of the road

>> **2.** 비행 일정 flight _____

>> **3.** 대중에게 공개되는 _____ to the public

>> **4.** 장비를 치우다 _____ _____ some equipment

>> **C.** 다음 문장의 빈칸에 적합한 단어를 고르세요.

>> **1.** Only on very _____ occasions would anyone find John in a bar since he had given up drinking 12 years earlier.
   a. frequent   b. rare   c. habitual   d. temporary

>> **2.** He was lucky enough to have been able to get some _____ work over the summer season.
   a. frequent   b. annual   c. quarterly   d. temporary

>> **3.** The waiter said they are _____ guests at the cocktail bar.
   a. frequent   b. sometimes   c. common   d. general

>> **4.** If the report is released _____, it is released four times a year.
   a. quarterly   b. annually   c. biennially   d. yearly

>> **5.** A _____ event happens once a century and an annual event happens once a year.
   a. decade   b. biannual   c. seldom   d. centennial

Vocab Tool

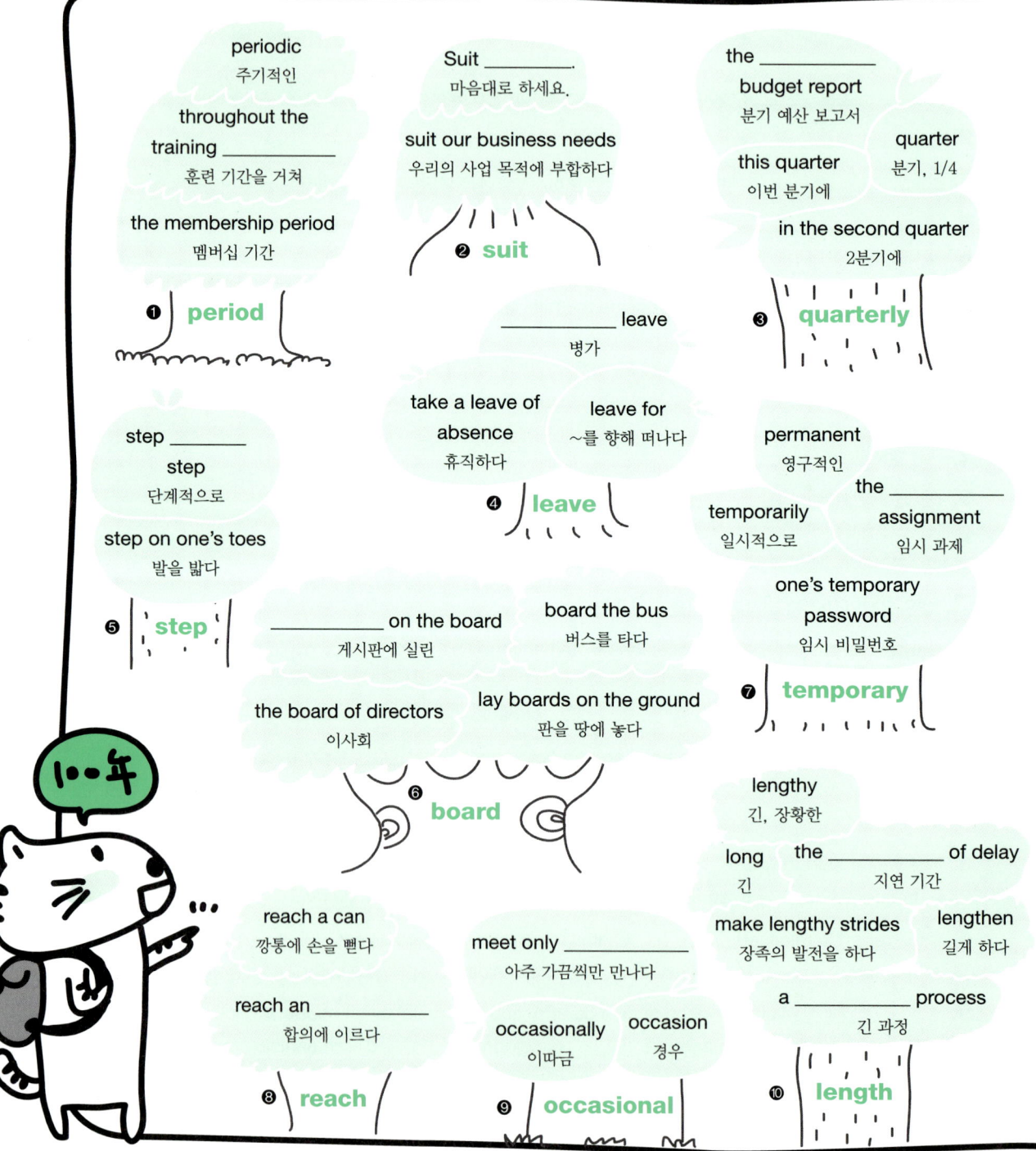

periodic
주기적인

throughout the training _____
훈련 기간을 거쳐

the membership period
멤버십 기간

❶ period

Suit _____.
마음대로 하세요.

suit our business needs
우리의 사업 목적에 부합하다

❷ suit

the _____
budget report
분기 예산 보고서

quarter
분기, 1/4

this quarter
이번 분기에

in the second quarter
2분기에

❸ quarterly

step _____
step
단계적으로

step on one's toes
발을 밟다

❺ step

_____ leave
병가

take a leave of absence
휴직하다

leave for
~를 향해 떠나다

❹ leave

permanent
영구적인

temporarily
일시적으로

the _____
assignment
임시 과제

one's temporary password
임시 비밀번호

❼ temporary

_____ on the board
게시판에 실린

board the bus
버스를 타다

the board of directors
이사회

lay boards on the ground
판을 땅에 놓다

❻ board

lengthy
긴, 장황한

long
긴

the _____ of delay
지연 기간

make lengthy strides
장족의 발전을 하다

lengthen
길게 하다

reach a can
깡통에 손을 뻗다

reach an _____
합의에 이르다

❽ reach

meet only _____
아주 가끔씩만 만나다

occasionally
이따금

occasion
경우

❾ occasional

a _____ process
긴 과정

❿ length

100年

rest under some trees
나무 밑에서 쉬다

_____ some rest
좀 쉬다

take a break
잠깐 쉬다

with the rest of the team
팀의 나머지 인원과 더불어

break
잠깐의 휴식

take one's lunch
break at noon
정오에 점심시간을 갖다

❶ rest

take _____ of
~를 돌보다, 처리하다

take medicine
약을 복용하다

take a corse
수강하다

take a walk
산보하다

❸ take

the opening event
개막식

open to the public
은행 계좌를 개설하다

opening
구멍, 공석

several _____s in the
~ department
~부서의 공석 몇 개

❶ open

_____s abroad
해외 거주자

market one's products abroad
제품을 해외 판매하다

❶ abroad

stay _____
경쟁력을 유지하다

stay attentive
계속 주의를 기울이다

stay near the departure gate
출입구 옆에 있다

❶ stay

become operational
가동되다

become familiar
_____
~와 친숙해지다

become the chairman
of the board
이사회 의장이 되다

❶ become

flight itinerary
비행 일정

destination
목적지

_____
itinerary changes
여행 일정을 변경하다

❶ itinerary

유사점·일치
동의·차이

Day 29

The students of the Department of Engineering in the University of Guelph claim that there is a discrepancy in marking. When investigating this matter, it turns out that the results vary among different classes. The Department of Student Affairs met with the group responsible for the marking. What the group had to say differed from what the students claim. Yesterday, after a meeting among the Professors of the Department of Engineering, it appears that the professors' views are identical to the students. Due to this discrepancy, new tests, and a new marking group have been selected.

구엘프 대학의 공학부 학생들은 채점이 불일치한다고 주장한다. 이 문제를 조사하다가 각 학급마다 결과가 다르다는 것이 입증되었다. 학생부에서는 채점을 담당하는 그룹과 만났다. 그룹이 말한 것은 학생들이 주장하는 것과 달랐다. 어제, 공학부 교수와의 회의 후에, 교수의 견해가 학생들과 동일한 것처럼 보였다. 이런 불일치로 인해, 새로운 시험과 새로운 채점단이 선택되었다.

Basic Vocab

>> ⓣ = **TOEIC 빈출 표현**

■ **claim**
[kleim]

v. 주장하다, 요구하다

n. 주장, (보상금) 청구

a. claimed 주장된

a. unclaimed 주인이 나서지 않은

>> ⓣ process a claim (보상금) 청구를 처리하다

>> ⓣ unclaimed items 주인이 찾아가지 않은 물건들

■ **discrepancy**
[diskrépənsi]

n. 모순, 불일치

All commodities showed discrepancy between physical record and system total.

모든 상품은 실제 기록과 시스템 총계에 차이가 있었다.

○ commodity n. 상품, 물품, 원자재

>> ⓣ basic commodities 기본 물품들

○ physical a. 물리적인, 신체의

■ **turn out**

phr. ~임이 판명되다, ~임이 밝혀지다

>> ⓣ turn out to be wrong (= prove to be wrong) 그릇됨이 판명되다

vary
[véəri]

v. 다양하다, 다르다

n. variety 다양성

a. various 다양한

phr. a variety of 다양한

›› ⓣ a wide variety of 아주 다양한

This aquarium has various types of sharks.
이 수족관에는 다양한 종류의 상어가 있다.

　○ aquarium n. 수족관

affair
[əféər]

n. 일, 업무, 문제, 불륜

›› ⓣ foreign affairs 외무

›› ⓣ current affairs 시사

›› ⓣ have an affair with ~와 불륜 관계를 맺다

differ from

phr. ~와 다르다

v. differ 다르다

n. difference 차이

a. different 다른

›› ⓣ differ in ~에 있어서 다르다

›› ⓣ be different from ~와 다르다

›› ⓣ try a different location 다른 장소에 가보다

The brothers differed from each other in their political beliefs.
그 형제들은 정치적인 믿음에 있어 서로 달랐다.

　○ political a. 정치적인
　　　　n. politics 정치, 정치학
　　　　n. politician 정치인

›› ⓣ a political campaign 정치 캠페인

›› ⓣ a political coalition 정치 연합

meet
[mi:t]

v. 만나다, 충족시키다, (기한 등을) 지키다

n. meeting 만남, 회의

›› ⓣ meet a deadline 마감일을 지키다

›› ⓣ meet standard 기준에 맞다

among
[əmʌ́ŋ]

prep. ~중에서

★★ 셋 이상은 among, 둘 사이엔 between을 사용한다.

›› ⓣ among athletes 운동선수들 중에서

■ appear
[əpíər]

v. ~처럼 보이다, 나타나다

n. appearance 모습, 출현

” ⓣ currently appear in the directory 현재 전화번호부에 실리다

” ⓣ appear anxious 초조해 보이다

    ○ anxious a. 초조한, 열망하는
             n. anxiety 불안, 염려, 열망

” ⓣ be anxious to ~를 열망하다

” ⓣ appear to be still missing 여전히 분실된 것 같다

    ○ still ad. 아직도, 여전히
         a. 가만히 있는, 고요한

” ⓣ still up in the air 아직도 미정인

    ○ up in the air phr. 미정인
         syn. undecided
         cf. pending 계류 중인, 임박한
             impending 임박한

” ⓣ be still out of ink 여전히 잉크가 떨어졌다

■ identical
[aidéntikəl]

a. 똑같은

n. identity 동일함, 정체성

n. identification 신분증

The two products are identical in all aspects.
두 가지 상품은 모든 면에서 똑같다.

    ○ aspect n. 측면, 양상
         cf. facet 국면, 면

” ⓣ every aspect of ~의 모든 측면

■ similar
[símələr]

a. 유사한

n. similarity 유사성

” ⓣ be similar to ~와 비슷하다

” ⓣ in a similar position 유사 직책에서

■ resemble
[rizémbl]

v. 닮다

n. resemblance 닮음

syn. take after, look like

★★ resemble은 타동사로 목적어를 곧바로 받는다. resemble with의 형태로 쓰지 않는다.

The Greek gods resembled human beings in their form.
그리스 신들은 인간의 형태를 닮았다.

    ○ human being phr. 인간
         syn. man

■ **commensurate** a. (크기, 넓이, 기간 등에) 같은 정도의, 비례하는

[kəménʃərət]

›› ⓣ be commensurate with ~에 일치하다, ~에 상응하다

The salary is commensurate with age and experience.
봉급은 나이와 경험에 상응한다.

○ salary n. 급여, 봉급
  syn. pay, income, wage

›› ⓣ a salary increase 급여 인상
›› ⓣ have your salary automatically deposited into
네 급여가 자동으로 ~에 입금되게 하다

○ automatically ad. 자동으로
  a. automatic 자동인

›› ⓣ have your identification cards automatically renewed
네 신분증이 자동으로 갱신되게 하다

○ have v. 시키다

★★ 'have+사물+과거분사' 또는 'have+사람+동사원형'의 형태로 쓰인다.

○ age n. 연령, 나이, 시대

›› ⓣ at the age of ~의 나이에
›› ⓣ at age 17 17세의 나이에
›› ⓣ under the age of ~미만의 나이에

■ **equal to**

phr. ~와 동등한
a. equal 같은, 동등한
ad. equally 동등하게, 똑같이

›› ⓣ equally effective 똑같이 효과적인

○ effective a. 효과적인

›› ⓣ cost effective 비용 절감적인
›› ⓣ manage ~ effectively ~를 효과적으로 관리하다

In order to break even the total debits should be equal to the total credits.
본전치기를 하기 위해서는 차변 총액과 대변 총액이 일치해야 한다.

○ break even v. 본전치기를 하다
  n. breakeven 본전치기, 손익 평형

›› ⓣ the break-even point 손익 분기점

○ debit n. 차변, 인출액

›› ⓣ the debit card 직불 카드

○ credit n. 신용거래, 입금, 잔고, 학점, 공로

›› ⓣ by credit card 신용 카드로

alike

[əláik]

ad. 마찬가지로, 같게

a. 비슷한

cf. like ~처럼

★★ alike는 서술형용사이므로 명사 앞에서 명사를 한정할 수 없고 동사의 보어 역할을 한다.

Friends and family alike were devastated by the news of her death.
그녀의 죽음에 대한 소식으로 친구들과 가족이 함께 비통에 잠겼다.

○ devastated a. 비탄에 잠긴
　　　　　v. devastate 파괴시키다, 비탄에 빠뜨리다

○ news n. 뉴스, 소식

'' ⓣ a news article 뉴스 기사

No two people are alike.
똑같은 두 사람은 없다.

○ no a. 어떤 ~도 없는
　　　n. 반대
　　　int. 안돼요.

★★ 명사 앞에서 명사를 한정할 때는 형용사 no를 사용하며 not을 사용할 수는 없다.
no bread left cf. not bread left (X)

'' ⓣ No way! 절대 안돼!

'' ⓣ at no extra cost 추가 비용 없이

same

[seim]

a. 같은, 동일한

'' ⓣ the same as ~와 같은, ~와 마찬가지로

'' ⓣ be in the same boat 같은 처지이다

Does the generic drug have the same effect as the branded drug?
상표등록이 되지 않은 약이 상표가 붙은 약제와 같은 효과가 있을까?

○ generic a. 포괄적인, 일반 명칭으로 판매되는

○ drug n. 약물, 마약, 의약품

'' ⓣ a drug company (= a pharmaceutical company) 제약 회사

○ branded a. 유명 상표의
　　　　n. brand 상표

'' ⓣ brand awareness 상표 인지도

○ awareness n. 인지, 인식
　　　　a. aware 인식하는, 알고 있는

'' ⓣ be aware of ~를 알고 있다

equivalent

[ikwívələnt]

a. ~에 상응하는(to), 동등한

n. equivalence 상응

'' ⓣ be equivalent to ~에 상응하다

One U.S. dollar is equivalent to approximately 1,200 Korean won.
미국 돈 1달러는 대략 한국 돈 1200원에 거의 상응한다.

■ disparity
[dispǽrəti]

n. 차이

›› ⓣ the wide disparity between ~간의 큰 격차

There is a large disparity between supply and demand.
수요와 공급 간에 격차가 크다.

○ supply and demand phr. 수요와 공급

■ gap
[gæp]

n. 틈, 차이, 격차

›› ⓣ the gap between ~간의 격차

The gap between the two companies in terms of sales continues to grow.
판매에 있어서 두 기업 간의 격차가 계속 커지고 있다.

○ in terms of phr. ~의 견지에서

■ disagree
[dìsəgríː]

v. 의견이 불일치하다

ant. agree 의견이 일치하다

›› ⓣ Agree or disagree? 동의하는가, 반대하는가?

They all disagree as to the proper response to the crisis.
그들 모두 그 위기에 대처할 적절한 대응에 대해서 의견이 일치하지 않는다.

○ all pro. 전부, 모두
     a. 모든
     ad. 완전히, 몹시

★★ 'all+복수명사(셀 수 있는 명사인 경우)' 혹은 'every/each+단수명사'일 경우 all, every, each는 한정사라고 불린다.
all of the 복수명사(O)   each of the 복수명사(O)   every of the 복수명사(X)

›› ⓣ all week 주말 내내
›› ⓣ at all times 언제나
›› ⓣ all questions about warranties 보증에 대한 모든 질문

■ consent
[kənsént]

n. 동의, 합의

v. 동의하다, 합의하다

›› ⓣ consent to ~에 동의하다
›› ⓣ a letter of consent 동의서, 허가서

We need to have your full consent before moving ahead with the project.
우리는 프로젝트를 진행하기 전에 너의 완벽한 동의를 받아야 한다.

○ full a. 꽉 찬, 완벽한

›› ⓣ The facility is full. 시설이 만원이다.
›› ⓣ full potential 완벽한 잠재력

○ move ahead with phr. 진행하다(= go ahead with = proceed with)

assent
[əsént]

n. 찬성, 승인

v. 찬성하다

We will give our all assent to the changes.
우리는 모두 이 변경에 동의할 것이다.

coincidence
[kouínsidəns]

n. 우연의 일치

a. coincident 일치하는

What a strange coincidence! We are both staying at the same hotel.
이상한 우연의 일치네! 우리가 같은 호텔에 머물고 있다니.

consistent
[kənsístənt]

a. 일치하는, 일관성 있는, 한결같은

n. consistence 일관성

›› Ⓣ consistent clarity 한결같은 명확성

Your work performance has been very consistent.
네 업무 성과는 매우 한결같다.

correspond
[kɔ̀:rispá:nd]

v. 일치하다, 부합하다, 상응하다

a. corresponding 해당하는, 상응하는

a. correspondent 기자, 특파원

n. correspondence 서신

›› Ⓣ other forms of correspondence 다른 형태의 편지들

›› Ⓣ correspond to ~에 일치하다, 상응하다

unanimous
[ju:nǽniməs]

a. 만장일치의

›› Ⓣ be unanimous in one's decision ~의 결정에 만장일치가 되다

Must-know Vocab

loaf
[louf]

n. 덩어리

v. 빈둥거리다

cf. load 짐

›› Ⓣ a loaf of bread 빵 한 덩어리

grocery
[gróusəri]

n. 식료품

›› Ⓣ be filled with groceries 식료품으로 꽉 차다

›› Ⓣ do one's grocery shopping 식료품 쇼핑을 하다

■ **remarkable**
[rimáːrkəbl]

a. 놀랄 만한, 주목할 만한

ad. remarkably 두드러지게, 몹시

” ⓣ remarkably well 매우 잘
” ⓣ all the more remarkable 더욱더 놀랄 만한

　○ all the more phr. 더욱더

■ **mutually**
[mjúːtʃuəli]

ad. 상호 간에

a. mutual 상호 간의

syn. reciprocal

” ⓣ mutually beneficial 상호 간에 유익한

■ **fold**
[fould]

v. 접다

ant. unfold 펴다

” ⓣ fold some papers 종이를 접다
” ⓣ with his arms folded 그는 팔짱을 낀 채로

■ **screen**
[skriːn]

v. 차단하다, 확인하다, 가려내다

n. 화면, 가리개

” ⓣ screen some luggage 수하물을 점검하다
” ⓣ touch the screen 화면을 만지다

■ **lamp-post**
[læmppòust]

n. 가로등 기둥

” ⓣ lock their bicycles to a lamp-post 자전거를 가로등 기둥에 잠그다

There were a lot of advertisements posted on the lamp-post.
가로등 기둥에는 많은 광고가 붙어 있었다.

　○ advertisement n. 한 편의 광고
　　　　　　 n. advertising 광고 (분야)

” ⓣ put an ad 광고 한 편을 싣다

■ **rake**
[reik]

n. 갈퀴

v. 갈퀴로 모으다

cf. shovel 삽으로 퍼 담다

” ⓣ rake leaves 나뭇잎을 갈퀴로 모으다
” ⓣ be raked into a pile 갈퀴로 긁어모아 쌓다

■ **scene**
[siːn]

n. 장면, 경치, 분야, 소동

a. scenic 경치가 아름다운

” ⓣ take the scenic route 경치가 아름다운 길로 가다
” ⓣ make a scene 한바탕 소동을 벌이다

■ broadcast

[brɔ́:dkæst]

v. 방송하다 (broadcast-broadcast-broadcast)

n. 방송

cf. be on the air 방송되다

›› ⓣ be broadcast 방송되다

The final game will be broadcast tomorrow night.
최종 경기는 내일 밤에 방송될 것이다.

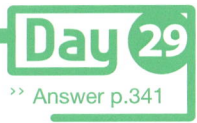
>> **A.** 다음 영영풀이에 해당하는 단어를 보기에서 고르세요.

<보기> resemble   identical   mutual   coincidence   commensurate   discrepancy

>> **1.** _____ : of the same size, extent, or duration as another

>> **2.** _____ : divergence or disagreement, as between facts or claims

>> **3.** _____ : exactly equal and alike

>> **4.** _____ : to exhibit similarity or likeness to

>> **5.** _____ : two or similar events occur at the same time

>> **6.** _____ : experienced or felt by both people

>> **B.** 다음 구문의 빈칸을 채우세요.

>> **1.** ~의 견지에서 in _____ of

>> **2.** 한바탕 소동을 벌이다 make a _____

>> **3.** 수하물을 점검하다 _____ some luggage

>> **4.** ~의 결정에 만장일치가 되다 be _____ in one's decision

>> **C.** 다음 문장의 빈칸에 적합한 단어를 고르세요.

>> **1.** The teachers often couldn't tell the difference between the twins since they often wore
_____ clothes.
   a. similar   b. equal   c. commensurate   d. resembled

>> **2.** The witness said that the man _____ the car thief.
   a. similar   b. looked   c. same   d. resembled

>> **3.** The company offered financial rewards that were _____ with responsibility.
   a. same   b. commensurate   c. alike   d. various

>> **4.** There were too many _____ in the company's financial records.
   a. lies   b. discrepancies   c. agreements   d. equivalence

>> **5.** In an attempt to lose weight, Sarah decided to _____ her diet.
   a. variety   b. vary   c. various   d. varies

Vocab Tool

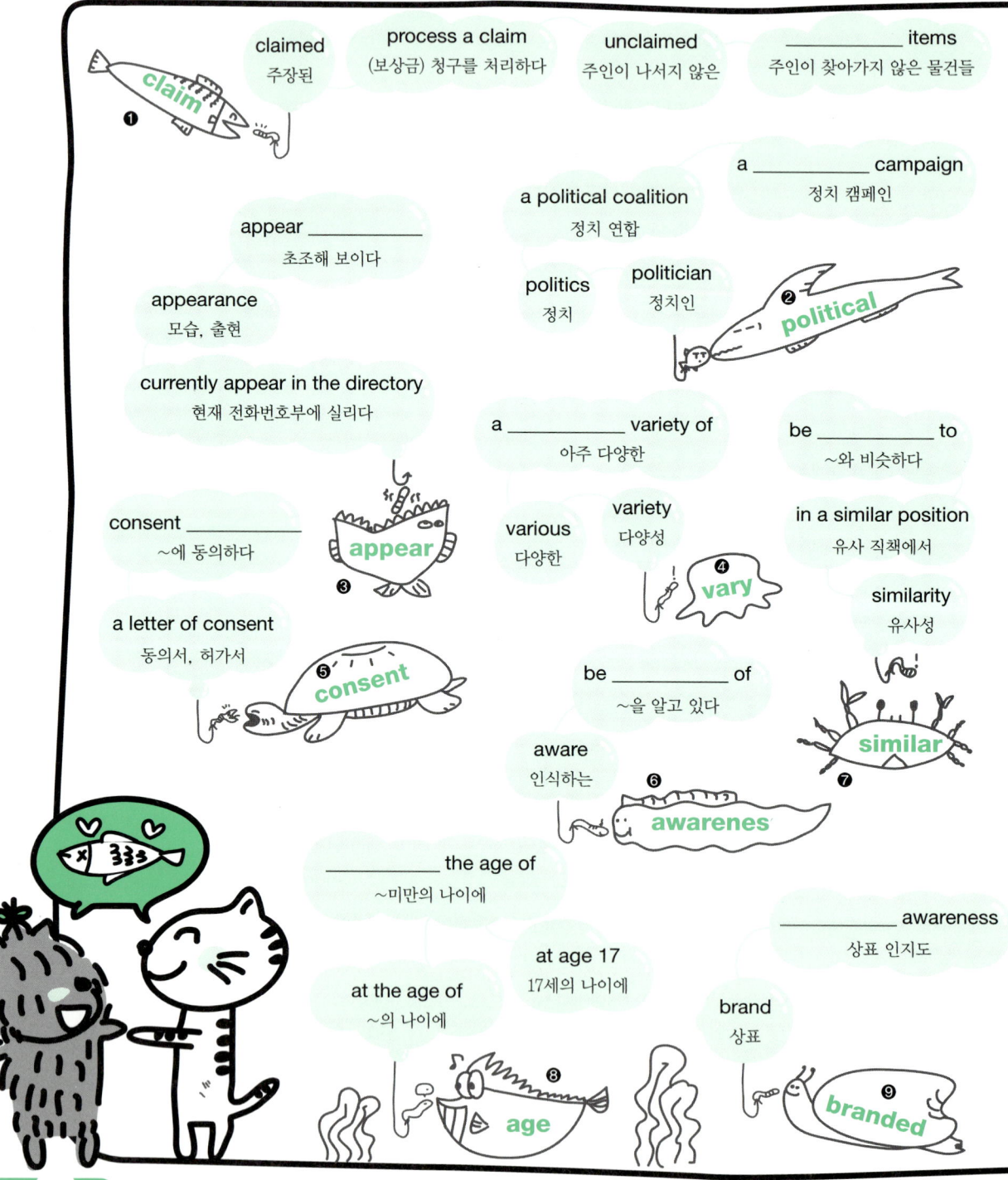

claimed
주장된

process a claim
(보상금) 청구를 처리하다

unclaimed
주인이 나서지 않은

_____ items
주인이 찾아가지 않은 물건들

❶ claim

a _____ campaign
정치 캠페인

a political coalition
정치 연합

appear _____
초조해 보이다

politics
정치

politician
정치인

❷ political

appearance
모습, 출현

currently appear in the directory
현재 전화번호부에 실리다

a _____ variety of
아주 다양한

be _____ to
~와 비슷하다

consent _____
~에 동의하다

❸ appear

various
다양한

variety
다양성

in a similar position
유사 직책에서

❹ vary

similarity
유사성

a letter of consent
동의서, 허가서

❺ consent

be _____ of
~을 알고 있다

aware
인식하는

❻ awarenes

❼ similar

_____ the age of
~미만의 나이에

_____ awareness
상표 인지도

at age 17
17세의 나이에

at the age of
~의 나이에

brand
상표

❽ age

❾ branded

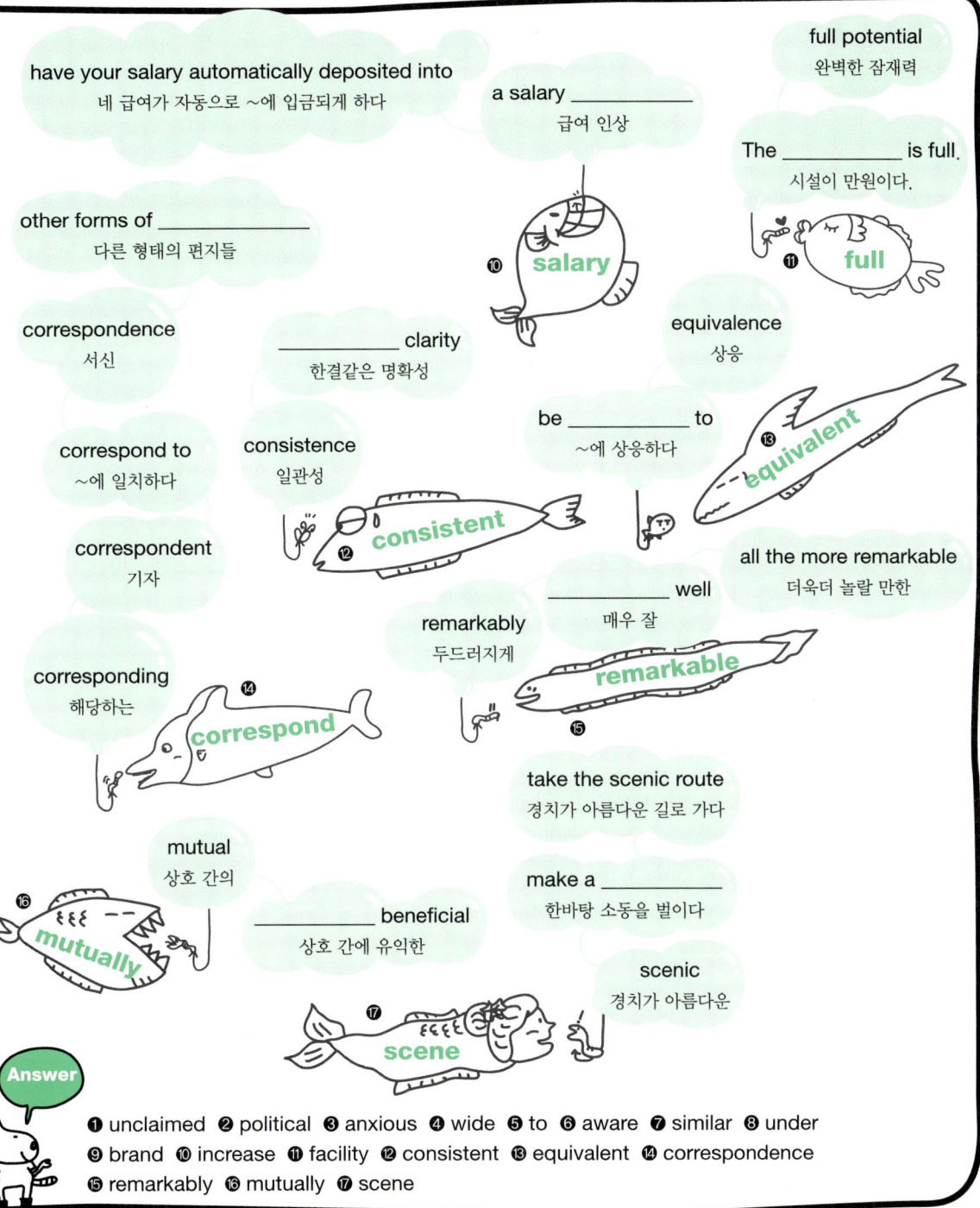

have your salary automatically deposited into
네 급여가 자동으로 ~에 입금되게 하다

full potential
완벽한 잠재력

a salary _____
급여 인상

The _____ is full.
시설이 만원이다.

other forms of _____
다른 형태의 편지들

❿ salary

⓫ full

correspondence
서신

_____ clarity
한결같은 명확성

equivalence
상응

correspond to
~에 일치하다

consistence
일관성

be _____ to
~에 상응하다

⓭ equivalent

correspondent
기자

⓬ consistent

all the more remarkable
더욱더 놀랄 만한

_____ well
매우 잘

remarkably
두드러지게

remarkable

corresponding
해당하는

⓮ correspond

⓯

take the scenic route
경치가 아름다운 길로 가다

mutual
상호 간의

make a _____
한바탕 소동을 벌이다

⓰ mutually

_____ beneficial
상호 간에 유익한

scenic
경치가 아름다운

⓱ scene

Answer

❶ unclaimed ❷ political ❸ anxious ❹ wide ❺ to ❻ aware ❼ similar ❽ under
❾ brand ❿ increase ⓫ facility ⓬ consistent ⓭ equivalent ⓮ correspondence
⓯ remarkably ⓰ mutually ⓱ scene

Day 30

After long meetings, the committee decided that the initial date to release the preliminary work on the mission should be Oct. 22, 2006. The sky rocket is to be launched in 2008 but the crew is very anxious to embark on the journey.

오랜 회의 후에, 위원회는 임무의 예비 작업 발표 최초일이 2006년 10월 22일이어야 한다고 결정했다. 로케트가 2008년 발사되지만 승무원은 여행 시작을 매우 고대하고 있다.

Basic Vocab

>> ⓣ = **TOEIC** 빈출 표현

■ **committee**
[kəmíti]

n. 위원회

>> ⓣ the selection committee 선발 위원회
>> ⓣ the hiring committee 고용 위원회

■ **release**
[rilíːs]

v. 발표하다, 개봉하다, 출시하다

n. 출시, 개봉

>> ⓣ release a new product 신상품을 출시하다
>> ⓣ release a movie 영화를 개봉하다

The company released a new version of software with various features.
회사는 다양한 기능을 가진 새로운 소프트웨어를 출시했다.

○ version n. 판, 영화·연극 작품 등으로 만든 것

>> ⓣ the latest version 최신판
>> ⓣ the final version 최종판

■ **preliminary**
[prilímənèri]

a. 서두의, 예비의

n. 예비행위, 예선전

>> ⓣ go through the preliminary interviews 예비 인터뷰를 거치다

○ go through phr. ～를 거치다

>> ⓣ a preliminary consultation 예비 협의

○ consultation n. 협의, 상담, 진찰
   v. consult 상담하다(+사람), 상의하다(+with+사람)

>> ⓣ consultation with experts 전문가와 상담

○ expert n. 전문가
   a. 전문적인
   n. expertise 전문적 지식

>> ⓣ a team of experts 한 팀의 전문가들
>> ⓣ extensive training and expertise 폭넓은 훈련과 전문 지식

■ launch
[lɔːntʃ]

v. 진수시키다, 발사하다, 개시하다

n. 진수, 발사, 개시

›› ⓣ three days after the launch 신제품 출시 3일 후
›› ⓣ the launch date 출시일

The satellite was launched into orbit last year.
위성이 작년에 궤도에 발사됐다.

    ◐ orbit n. 궤도
           v. 궤도를 돌다

›› ⓣ reach its orbit just three days after the launch 발사 딱 3일 후에 궤도에 도착하다

    ◐ just ad. 딱, 단지 ~일 뿐

›› ⓣ just a new suitcase 그냥 새로운 여행 가방만

    ◐ suitcase n. 여행 가방

The company launched a new product in the third quarter.
회사가 3/4분기에 신상품을 출시했다.

    ◐ quarter n. 분기, 1/4, 25센트 동전

›› ⓣ our first quarter profits 우리 일 분기 이익
›› ⓣ Sales suffered last quarter. 지난 분기 판매가 저조했다.

■ crew
[kruː]

n. 승무원, 팀

›› ⓣ a work crew 작업반원, 인부

■ anxious
[ǽŋʃəs]

a. 초조한, 열망하는

n. anxiety 걱정, 초조함, 열망

›› ⓣ be anxious to ~를 간절히 바라다

■ embark
[imbá:rk]

v. 착수하다, 승선하다

n. embarkation 승선, 착수

ant. disembark 내리다, 상륙하다

›› ⓣ embark on ~를 시작하다

He embarked on a new career after many years as an accountant.
그는 회계사로 몇 년 동안 일한 후에 새로운 일을 시작했다.

    ◐ career n. 직업, 경력

›› ⓣ have had a long career 오랜 경력을 갖고 있다
›› ⓣ pursue the career of ~의 직업을 계속 갖다

    ◐ pursue v. 밀고 나가다, 뒤쫓다, 추구하다

›› ⓣ pursue the opportunity 기회를 쫓다

    ◐ opportunity n. 기회

›› ⓣ appreciate the opportunity to ~할 수 있는 기회에 대해 감사하다

    ◐ appreciate v. 감사하다, 감상하다

›› ⓣ I'd appreciate that. 그 일에 대해 감사드리겠습니다.

　　⊙ accountant n. 회계사

›› ⓣ CPA (= Certified Public Accountant) 공인회계사

›› ⓣ the accountant of the firm 회사의 회계사

Several of the passengers that had embarked the ship were sick with fever.
배에 승선한 승객 몇 명이 열로 아팠다.

　· ⊙ passenger n. 승객
　　　　cf. pedestrian 보행자

›› ⓣ A passenger is getting out of a car. 승객이 차에서 내리고 있다.

　　⊙ get out of phr. (승용차, 택시 등에서) 내리다
　　　　cf. get off (대중교통에서) 내리다

›› ⓣ other major passenger carriers 다른 주요 승객 운송 회사

　　⊙ fever n. 열, 열병, 흥분

■ foremost
[fɔ́ːrmòust]

a. 선두의, 으뜸가는, 주요한

syn. leading

›› ⓣ first and foremost 다른 무엇보다도 더

Politics is the first and foremost problem facing the world today.
정치는 오늘날 세계가 직면하고 있는 가장 중요한 문제이다.

　　⊙ face n. 얼굴, 표면
　　　　v. 직면하다, ～를 마주보다

›› ⓣ face to face 서로 얼굴을 맞대고

›› ⓣ the issue we face is 우리가 직면한 쟁점은 ～이다

■ inaugural
[inɔ́ːgjurəl]

a. 개회의, 취임식의

n. inauguration 개회, 취임

v. inaugurate 취임하다

›› ⓣ an inaugural address 취임 연설, 개회사

›› ⓣ presidential inauguration 대통령 취임

　　⊙ presidential a. 대통령의, 대통령 선거의
　　　　n. president 대통령, 사장

›› ⓣ the presidential election 대통령 선거

During his inaugural speech the president promised to withhold the democratic principles of his nation.
대통령은 취임사에서 국가의 민주적인 원칙들을 사수하겠다고 약속했다.

　　⊙ withhold v. ～를 주지 않다, 보류하다
　　⊙ principle n. 원칙
　　　　cf. principal 주요한, 학장, 원금

›› ⓣ agree in principle on 원칙상 ～에 합의하다

■ initiate
[iníʃieit]

v. 시작하다, 창시하다

n. initiation 시작, 창시

n. initiative 계획, 진취성, 결단성, 주도권

›› ⓣ take the initiative 앞장서서 하다

The lawyer proposed to initiate talks between the estranged husband and wife.
변호사는 별거 중인 부인과 남편 사이에 대화를 시작하도록 제안했다.

❍ estranged a. 소원해진, 별거 중인

■ undertake
[ʌ̀ndərtéik]

v. 착수하다, 시작하다

›› ⓣ undertake a project 프로젝트를 착수하다

The company will undertake repairs on the building.
그 회사는 건물에 대한 보수에 착수할 것이다.

■ commence
[kəméns]

v. 시작하다

n. commencement 시작

cf. commerce 상업

Contractor commenced the work.
계약자들은 작업을 시작했다.

❍ contractor n. 계약자, 도급업자
　　　　　 n. contract 계약
　　　　　 v. contract 줄어들다, 병에 걸리다, 계약하다

›› ⓣ under the current contract 현 계약 하에
›› ⓣ the enclosed contract 동봉된 계약서

■ pioneer
[pàiəníər]

n. 개척자, 선구자

v. 개척하다

›› ⓣ a pioneer in the field of ~의 분야에서 선구자

She pioneered in the field of medicine.
그녀는 의학 분야를 개척하였다.

❍ medicine n. 의학, 의술, 약
　　　　　 a. medical 의학의, 의료의, 내과의

›› ⓣ Medicine should be kept out of the reach of the child.
약은 아이의 손에 닿지 않게 보관해야 한다.

■ inception
[insépʃən]

n. 시작, 개시

›› ⓣ from its very inception 시초부터

The company has grown rapidly since its inception.
회사는 개업 이래로 급속도로 성장했다.

❍ grow v. 성장하다, 재배하다, ~해지다

" ⓣ predict that the market will grow 시장이 성장할 것으로 예측하다

　　　　◐ rapidly ad. 급속하게
　　　　　　a. rapid 빠른, 급속한

" ⓣ the deadline is rapidly approaching 마감일이 급속도로 다가오고 있다

■ grant
[grænt]

v. 주다, 승인하다

n. 허가, 보조금

" ⓣ grant permission 허가해 주다
" ⓣ a grant from a corporation 기업으로부터의 보조금

If you are an eligible employee, the company will grant you paid leave.
당신이 자격이 있는 직원이라면, 회사에서는 당신에게 유급휴가를 줄 것이다.

　　　　◐ eligible a. 자격을 갖춘, ~를 가질 수 있는
　　　　　　n. eligibility 자격

" ⓣ be eligible for ~에 자격이 있다

■ receive
[risíːv]

v. 받다

n. receipt 영수증

n. reception 수령, 피로연

n. recipient 수혜자

n. receiver 수화기, 받는 사람

" ⓣ receive a refund 환불받다
" ⓣ the intended recipient of ~의 의도된 수혜자
" ⓣ attend a reception 피로연에 참석하다

　　　　◐ attend v. 참석하다
　　　　　　n. attendance 참석, 출석
　　　　　　n. attendant 종업원, 수행원

He was arrested for receiving a bribe.
그는 뇌물을 받은 혐의로 체포되었다.

　　　　◐ bribe n. 뇌물
　　　　　　v. 뇌물을 주다
　　　　　　n. bribery 뇌물 수수

■ award
[əwɔ́ːrd]

v. 상을 수여하다

n. 상

" ⓣ receive an award from ~에게 상을 받다
" ⓣ present an award to ~에게 상을 주다
" ⓣ a prestigious award 명망 있는 상

　　　　◐ prestigious a. 명망 있는

" ⓣ the prestigious position 명망 있는 직책

The university awarded her two years' funding for the project.
대학에서는 그 프로젝트에 대해 그녀에게 2년 장학금을 수여했다.

○ funding n. 자금, 재정 지원

　　　　cf. fund 특정 목적을 위한 기금, 자금(pl.)

›› ⊤ low cost funding 저렴한 자금

›› ⊤ gain more funding 재정 지원을 더 받다

○ gain v. 얻다

›› ⊤ gain reputation 명성을 얻다

■ lend
[lend]

v. 빌려주다, 대여하다, (도움을) 주다

›› ⊤ lend a hand 도와주다

No one would lend him money as he never returned borrowed money.
빌린 돈은 결코 돌려주지 않기 때문에 아무도 그에게 돈을 빌려주지 않을 것이다.

○ borrowed a. 빌린, 차용한

　　　　v. borrow 빌려오다

›› ⊤ borrow ~ from ~에게서 ~를 빌려오다

›› ⊤ borrow an item 물건을 빌리다

■ present
[prizént]

v. 증정하다, 제공하다

n. presentation 제시, 증정

cf. present [préznt] n. 선물

　　　　　　　　　a. 현재의

›› ⊤ present the plans to 계획을 ~에게 제시하다

Dave presented the information in an easy-to-follow manner.
Dave는 정보를 이해하기 쉽게 제시했다.

○ easy-to-follow phr. 따르기 쉬운

○ manner n. 방식, 태도, 예의

›› ⊤ in a timely manner 시기적절하게

○ timely a. 시기적절한

■ relay
[ríːlei]

v. 중계하여 전달하다

n. 중계, 전달

The captain relayed the message to all of her soldiers.
대위는 모든 병사에게 그 메시지를 릴레이식으로 전달했다.

■ mail
[meil]

v. 우편으로 보내다

n. 우편

›› ⊤ by mail 우편으로

She mailed tapes of her compositions to music labels.
그녀는 자신의 작곡 테이프를 레코드 회사에 우편으로 보냈다.

○ composition n. 구성, 작곡, 작품

　　　　v. compose 구성하다, 작곡하다

'' ⓣ be composed of ~로 구성되다

'' ⓣ chemical composition 화학 성분

  ○ label n. 표, 라벨, 음반사
      v. 라벨을 붙이다

'' ⓣ put a label on an envelope 봉투에 라벨을 붙이다

■ **lease**
[li:s]

v. 세놓다, 임차하다

n. 임차

'' ⓣ A lease will expire. 임대가 만료될 것이다.

  ○ expire v. 만기가 되다, 유효기간이 끝나다

'' ⓣ The subscription will expire. 구독이 만기가 되다.

  ○ subscription n. 구독, 구독료, 모금
          v. subscribe 구독하다, 가입하다, 청약하다

'' ⓣ subscribe to ~를 구독하다

They leased the house from a local property owner.
그들은 현지 부동산 소유자로부터 그 집을 임대했다.

  ○ owner n. 소유자
      v. own 소유하다
      a. own 자신의

'' ⓣ a business owner 사업체 소유자

'' ⓣ their own training schedules 그들 자신의 교육 일정

■ **rent**
[rent]

v. 임대하다

n. 임대료

The rent on the house is $400 per month.
그 집의 집세는 한 달에 400달러이다.

My neighbor has rented his condo for approximately 2 years.
내 이웃은 약 2년 동안 콘도를 빌렸다.

  ○ neighbor n. 이웃사람
          n. neighborhood 동네, 근처, 인근

'' ⓣ in the neighborhood 동네에

  ○ approximately ad. 대략
          syn. about

■ **offer**
[ɔ́:fər]

v. 제공하다, 제시하다

n. 제공

'' ⓣ offer+사람+a job ~에게 일자리를 제공하다

'' ⓣ offer+사람+a contract ~에게 계약을 제시하다

This company offered me $100 to switch from another carrier.
이 회사에서는 다른 항공사에서 옮기라고 내게 100달러를 주었다.

○ another a. 또 하나의, 더
　　» ⓣ another two weeks 2주 더
　　» ⓣ another airport 또 다른 공항

obtain
[əbtéin]

v. 얻다, 구하다
» ⓣ obtain from ~에게서 얻다
» ⓣ obtain insurance 보험을 구하다
» ⓣ obtain information online 온라인으로 정보를 얻다

forfeit
[fɔ́ːrfit]

n. 몰수, 박탈
v. 몰수당하다, 박탈당하다
n. forfeiture 몰수, 박탈
My deposit was forfeited because I didn't attend the event.
나는 행사에 참석하지 않아 예치금을 빼앗겼다.

admission
[ədmíʃən]

n. 입장, 입학, 입장료, 시인
v. admit 인정하다, 자백하다, 입장을 허락하다
» ⓣ receive free admission to ~로 무료입장을 하다
　　○ free a. 무료의, 공짜인
» ⓣ for free 무료로

send
[send]

v. 보내다
» ⓣ be sent a letter ~에게 편지가 보내지다
» ⓣ send her a final version 그녀에게 최종판을 보내다

Must-know Vocab

oblivious
[əblíviəs]

a. 의식하지 못하는
n. oblivion 망각, 의식하지 못함
He is oblivious to what is going on around him.
그는 자신의 주변에 무슨 일이 일어나고 있는지 모른다.

stringent
[stríndʒənt]

a. 엄중한, 긴박한
» ⓣ a stringent inspection process 엄격한 검사 과정
　　○ inspection n. 조사, 점검
　　　　　　v. inspect 조사하다, 점검하다
» ⓣ inspect thoroughly 철저히 점검하다
» ⓣ stringent quality control measures 엄격한 품질관리 방책

potentially
[poutén∫əli]

ad. 잠재적으로, 가능성 있게

a. potential 잠재적인

n. potential 잠재력, 가능성

›› ⓣ potentially beneficial for ~에 잠재적으로 유리한

›› ⓣ a sales potential 판매 가능성

break
[breik]

n. 휴식, 휴가

v. 부서지다, 고장 나다, 쉬다

›› ⓣ take a break (잠시) 쉬다

›› ⓣ break up with ~와 헤어지다

›› ⓣ break in ~에 침범하다

›› ⓣ break out 발발하다

carefully
[kéərfəli]

ad. 조심스럽게, 주의하여

a. careful 조심스러운, 주의하는

›› ⓣ carefully remove ~를 조심하여 제거하다

›› ⓣ review extremely carefully 매우 주의 깊게 검토하다

　　　⚬ extremely ad. 매우

›› ⓣ extremely attentive 매우 주의하는

session
[sé∫ən]

n. 시간, 기간, 회기

›› ⓣ attend the morning session 오전 회의에 참석하다

›› ⓣ the training session 교육 기간

load
[loud]

n. 짐, 적재량

v. 짐을 싣다, 적재하다, 로딩하다

ant. unload 짐을 내리다

›› ⓣ transport heavy loads 무거운 짐을 옮기다

›› ⓣ load passengers 승객을 태우다

transition
[trænzí∫ən]

n. 이행, 전환

cf. transit 수송

›› ⓣ make a successful transition to ~로 성공적으로 전환하다

›› ⓣ in transit 수송 중에

error
[érər]

n. 실수, 오류

›› ⓣ in error 잘못한

›› ⓣ contain a minor error 사소한 오류를 포함하다

›› ⓣ trial and error 시행착오

Let's Drill

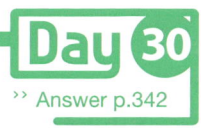

Day 30

>> Answer p.342

>> **A.** 다음 영영풀이에 해당하는 단어를 보기에서 고르세요.

〈보기〉 bribe   version   inception   grant   launch   embark

>> **1.** _____ : a particular form of something in which details are different from earlier models

>> **2.** _____ : to send a rocket or a missile into the air

>> **3.** _____ : to go on board before the start of the journey

>> **4.** _____ : the start of an institution

>> **5.** _____ : an amount of money the government gives to an individual

>> **6.** _____ : a sum of money a person offers to another to persuade him to do something

>> **B.** 다음 구문의 빈칸을 채우세요.

>> **1.** 봉투에 라벨을 붙이다 put a _____ on an envelope

>> **2.** ~로 무료입장을 하다 receive free _____ to

>> **3.** ~로 성공적으로 전환하다 make a successful _____ to

>> **4.** 사소한 오류를 포함하다 contain a _____ error

>> **C.** 다음 문장의 빈칸에 적합한 단어를 고르세요.

>> **1.** A(n) _____ hearing was held before a select committee.
   a. preliminary   b. foremost   c. inaugural   d. commencing

>> **2.** The president was _____ March 3 and took office the next day.
   a. launched   b. inaugurated   c. released   d. embarked

>> **3.** The _____ date for Jackson's new single hasn't been made public.
   a. release   b. inaugural   c. preliminary   d. initiative

>> **4.** The judge gave him a heavy sentence since he was found guilty of _____ violence between the two team supporters.
   a. embarking   b. releasing   c. initiating   d. launching

>> **5.** The Center _____ the project in cooperation with several scientists.
   a. undertook   b. take   c. overtook   d. intook

Vocab Tool

❶ **committee**
the selection committee
선발 위원회

the _____ committee
고용 위원회

❷ **embark**
embarkation
승선

embark _____
~를 시작하다

disembark
내리다

❸ **face**
face _____ face
서로 얼굴을 맞대고

the issue we face is
우리가 직면한 쟁점은 ~이다

❹ **expert**
expertise
전문적 지식

a team of experts
한 팀의 전문가들

extensive training and _____
폭넓은 훈련과 전문 지식

❺ **funding**
fund
기금, 자금

low cost _____
저렴한 자금

gain more funding
재정 지원을 더 받다

❻ **anxious**
anxiety
걱정, 초조함

be _____ to
~를 간절히 바라다

❼ **launch**
three days after the launch
신제품 출시 3일 후

the launch _____
출시일

❽ **owner**
a business owner
사업체 소유자

own
소유하다, 자신의

their _____ training schedules
그들 자신의 교육 일정

❾ **initiate**
initiation
시작, 창시

initiative
계획, 진취성

take the _____
앞장서서 하다

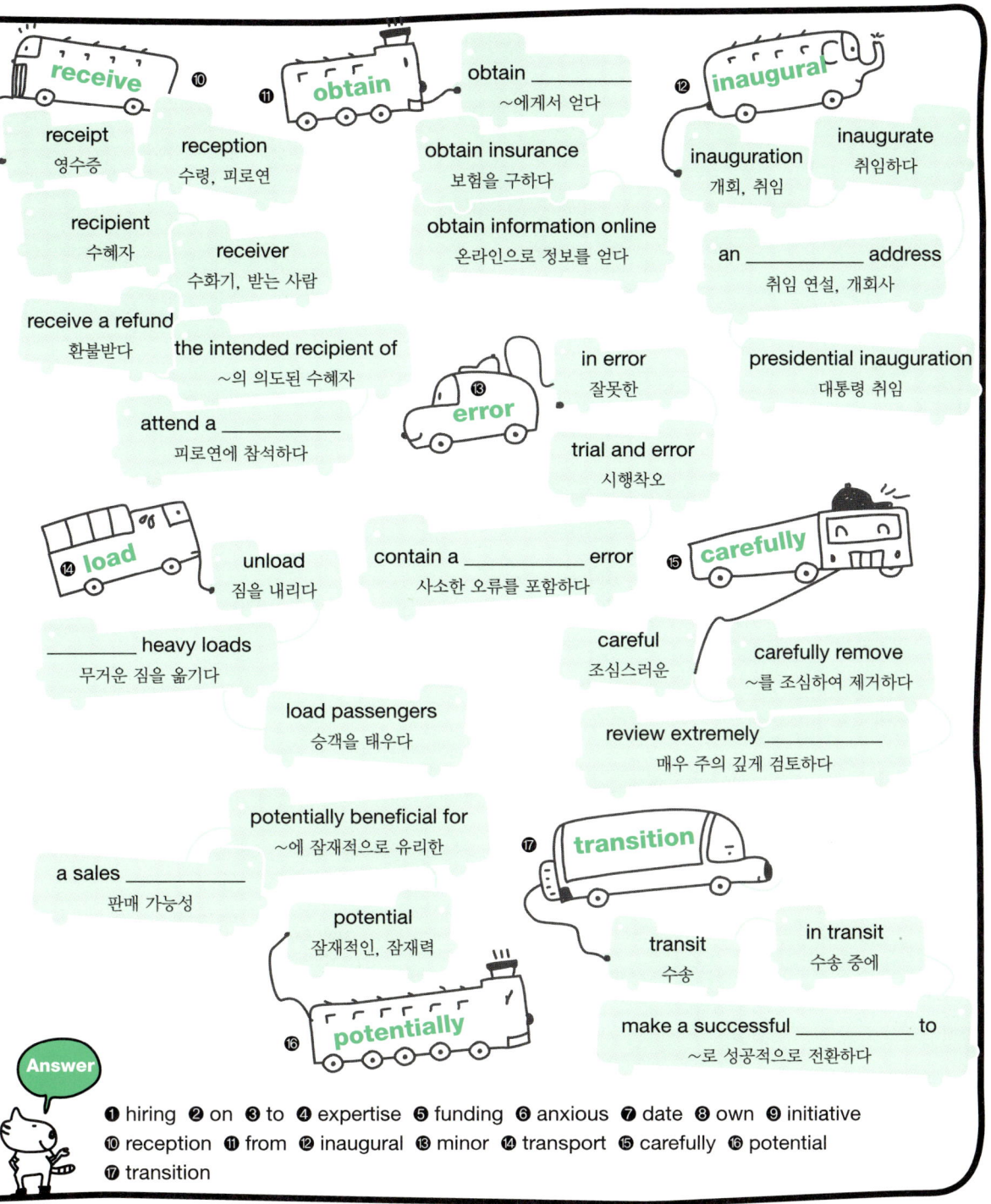

receive ⑩

receipt
영수증

reception
수령, 피로연

recipient
수혜자

receiver
수화기, 받는 사람

receive a refund
환불받다

the intended recipient of
~의 의도된 수혜자

attend a _____
피로연에 참석하다

obtain ⑪

obtain _____
~에게서 얻다

obtain insurance
보험을 구하다

obtain information online
온라인으로 정보를 얻다

inaugural ⑫

inauguration
개회, 취임

inaugurate
취임하다

an _____ address
취임 연설, 개회사

presidential inauguration
대통령 취임

error ⑬

in error
잘못한

trial and error
시행착오

contain a _____ error
사소한 오류를 포함하다

load ⑭

unload
짐을 내리다

_____ heavy loads
무거운 짐을 옮기다

load passengers
승객을 태우다

carefully ⑮

careful
조심스러운

carefully remove
~를 조심하여 제거하다

review extremely _____
매우 주의 깊게 검토하다

potentially beneficial for
~에 잠재적으로 유리한

a sales _____
판매 가능성

potential
잠재적인, 잠재력

potentially ⑯

transition ⑰

transit
수송

in transit
수송 중에

make a successful _____ to
~로 성공적으로 전환하다

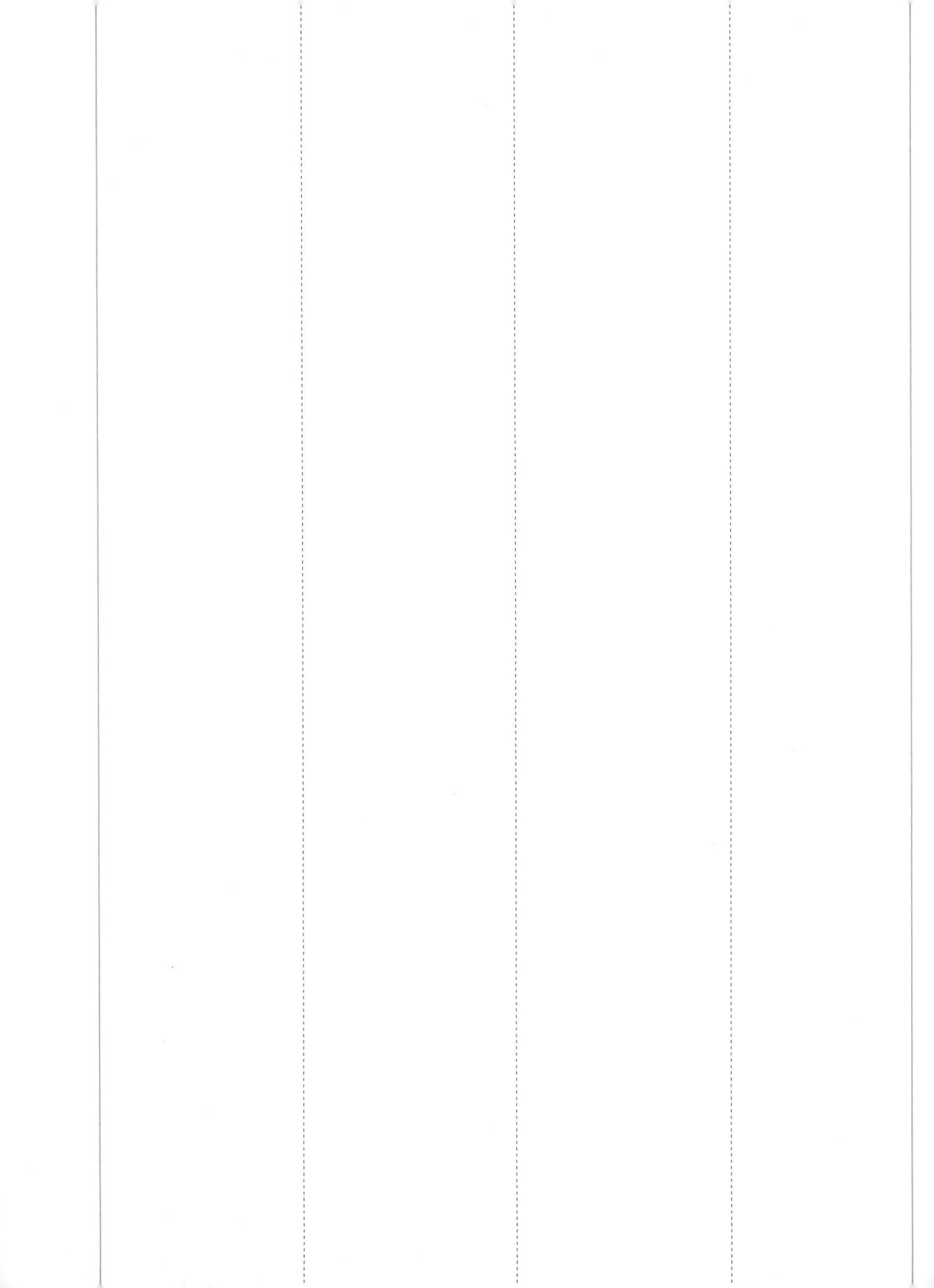

Answers & Explanations

Answers & Explanations

Let's Drill ——————— p.13

Day 01

A.
1. resemble
2. consult
3. operation
4. resolve
5. atrium
6. curb

B.
1. reach
2. fair
3. with
4. mounting

C.
1. 해석_ Rob은 팀에서 자문 위원으로 일하고 있다.
   정답_ b
2. 해석_ 총리가 고문들과 상담하고 있었다.
   정답_ a
3. 해석_ 그들은 계약 조건을 논의했다.
   정답_ b
4. 해석_ 분쟁을 중재하기 위해 외부 고문을 참여시켰다.
   정답_ a
5. 해석_ 공화당과 민주당은 문제에 대해 타협했다.
   정답_ a

Let's Drill ——————— p.23

Day 02

A.
1. restore
2. upgrade
3. novelty
4. proofread
5. revise
6. chronological

B.
1. benefits
2. run
3. produce
4. on

C.
1. 해석_ 낡은 학교 건물은 게스트하우스로 개조되었다.
   정답_ b
2. 해석_ 훌륭한 식사와 차가운 음료를 마신 뒤 그는 기운이 나는 것을 느꼈다.
   정답_ b
3. 해석_ 그녀는 비서에게 출판사에 문서를 보내기 전에 교정을 볼 수 있는지 물어보았다.
   정답_ d
4. 해석_ 사람들은 대부분 약 2년 후에 컴퓨터를 업그레이드한다.
   정답_ c
5. 해석_ 회사 웹사이트를 업데이트하는 것이 그녀의 업무이다.
   정답_ a

Let's Drill ——————— p.31

Day 03

A.
1. streamline
2. subsidiary
3. established
4. go out of business
5. expedite
6. bankrupt

B.
1. operational
2. strategy

3. profit
4. out

C.

1. 해석_ 그는 사업한지 일 년 만에 파산했다.
   정답_ a

2. 해석_ 그 업체는 1987년에 설립됐다.
   정답_ a

3. 해석_ 네이션와이드 라이프는 네이션와이드 소사이어티의 자회사이다.
   정답_ b

4. 해석_ 회사는 국제시장을 구조조정할 계획이다.
   정답_ b

5. 해석_ 회사는 DELTA사와 합병하였다.
   정답_ d

Let's Drill

Day04

A.

1. unwavering
2. specification
3. collate
4. tardy
5. promote
6. relocate

B.

1. develop
2. delay
3. draft
4. exposure

C.

1. 해석_ Davis가 결근했을 때 비서가 구매 매니저 역할을 떠맡았다.
   정답_ a

2. 해석_ John은 구매 매니저 직책을 사임했다.
   정답_ a

3. 해석_ 그는 더 높은 경영진으로 승진되기를 바라고 있

었다.
   정답_ b

4. 해석_ 비용을 절약하기 위해 그 새로운 지부는 인도로 재배치될 예정이다.
   정답_ a

5. 해석_ Global Soc사는 심각한 순익 손실로 인해 채용 동결을 발표했다.
   정답_ d

Let's Drill

Day05

A.

1. alternate
2. alternative
3. alter
4. status
5. handcrafted
6. patronize

B.

1. to
2. for
3. shift
4. attention

C.

1. 해석_ 입법자들이 어제 법안을 개정하였다.
   정답_ b

2. 해석_ 그녀는 주간 근무, 야근 근무를 교대로 한다.
   정답_ d

3. 해석_ 맥주를 대신할 수 있는 좋은 대안은 무알콜 음료수이다.
   정답_ b

4. 해석_ 그녀는 건전지를 새 것으로 교체했다.
   정답_ a

5. 해석_ 우리 회사는 작년에 중동으로 이전하였다.
   정답_ c

Let's Drill ———— p.61

Day 06

A.

1. outstanding
2. fee
3. fare
4. expense
5. refund
6. for free

B.

1. afford
2. note
3. instantly
4. morale

C.

1. 해석_ 가게 주인은 그에게 지난달에 체납된 돈이 있기 때문에 외상으로 물건을 구입할 수 없다고 말했다.
   정답_ a

2. 해석_ 회사 업무 외의 여행이나 야유회는 자신의 돈으로 지불해야 한다.
   정답_ a

3. 해석_ Big Banana사는 새로운 제품을 홍보하기 위해 번화가에서 음악 CD를 무료로 배포하고 있었다.
   정답_ d

4. 해석_ 국내항공 요금은 10~15퍼센트 대폭 할인되었다.
   정답_ b

5. 해석_ 책이 반납기일 후에 반납되면 연체되는 것이고 벌금에 처하게 된다.
   정답_ a

Let's Drill ———— p.69

Day 07

A.

1. compensate

2. quote
3. reimburse
4. finance
5. subsidy
6. generate

B.

1. leave
2. follow
3. apology
4. complimentary

C.

1. 해석_ 그 달에 무료 잡지가 통신사에 무료로 배포되었다.
   정답_ b

2. 해석_ 무료 신문은 모든 호텔 고객들을 위해 룸 바깥에 배치된다.
   정답_ c

3. 해석_ 여름 판매로 최근 회사의 순익 손실이 보상되기를 바래본다.
   정답_ b

4. 해석_ 정부는 폐기된 빌딩의 판매로 300만 달러를 창출할 수 있을 것으로 추정했다.
   정답_ b

5. 해석_ 그들은 그 해에 여름휴가 비용으로 일부 자금을 마련해 두었다.
   정답_ a

6. 해석_ 정부는 농부들에게 그 여름에 가격을 올리지 않도록 하기 위해 보조금을 지급했다.
   정답_ a

Let's Drill ———— p.79

Day 08

A.

1. damage
2. collapse
3. wound
4. casualty

5. inflict

6. inspiration

B.

1. notice

2. sense

3. to

4. scratch

C.

1. 해석_ 모든 손상된 제품은 처리하기 위해 공장으로 회송됐다.

정답_ b

2. 해석_ 그녀는 아주 어렸을 때부터 시각 장애를 겪었기에 안경을 써야 했다.

정답_ a

3. 해석_ 그는 회사 구조조정의 피해자였다.

정답_ d

4. 해석_ 술을 많이 마시면 간에 피해를 줄 수 있다.

정답_ a

5. 해석_ 그 챔피언전에서 우승을 하려는 그녀의 꿈은 상대편에 의해 파괴되었다.

정답_ a

Let's Drill — p.89

Day 09

A.

1. treat

2. recover

3. dose

4. pill

5. unbiased

6. randomly

B.

1. temperature

2. discouraging

3. prescription

4. sign

C.

1. 해석_ 음악은 정신병을 치료하는데 도움이 된다.

정답_ a

2. 해석_ 성폭행으로부터 회복하는 것은 각자 다른 점차적인 과정이다.

정답_ d

3. 해석_ 수술 후에 회복하는 데는 오랜 시간이 걸린다.

정답_ a

4. 해석_ 캡슐 형태로 약초를 사용할 때 하루에 세 번 세 캡슐을 복용해야 한다.

정답_ b

5. 해석_ 그 임원은 극도의 피곤과 스트레스로 인해 병원에 입원했다.

정답_ a

Let's Drill — p.101

Day 10

A.

1. acute

2. highly

3. noticeable

4. terminal

5. altogether

6. contract

B.

1. measures

2. contagious

3. sick

4. ties

C.

1. 해석_ 그는 만성 간 질환으로 거의 죽을 뻔 했다.

정답_ a

2. 해석_ 그녀는 폐병에 걸렸다.

정답_ c

3. 해석_ 그녀는 피로와 스트레스 관련 질병을 겪었다.

정답_ b

4. 해석_ 그 소년은 그날 그의 몸 상태가 감염성인 것으로 알려졌기에 학교에 등교하지 않았다.

정답_ a

5. 해석_ 아이들이 질병에 걸리지 않게 예방하기 위해 백신 접종이 이루어진다.

정답_ a

6. 해석_ 그는 급성 맹장염으로 병원에 서둘러 이송됐다.

정답_ d

5. 해석_ 소프트웨어는 다양한 보안 문제에 영향받기 쉬우므로 불안전하다고 여겨져야 한다.

정답_ d

Let's Drill
p.111

Day 11

A.

1. recall
2. vulnerable
3. virtue
4. silence
5. audience
6. gradual

B.

1. goods
2. provisional
3. pride
4. edge

C.

1. 해석_ 회사는 시스템 개발에 대한 전문성 덕택에 일류 인터넷 기업이다.

정답_ b

2. 해석_ 제3세계에 있는 많은 아이들은 영양부족으로 인해 선천적 결함을 가지고 태어난다.

정답_ a

3. 해석_ 핵발전소가 석탄과 같은 화석연료를 태우는 발전소보다 큰 이점을 갖고 있다.

정답_ c

4. 해석_ 회사는 미국 육류 산업의 기록상 최대 회수인 2천 7백 4십만 파운드의 육류를 회수했다.

정답_ b

Let's Drill
p.121

Day 12

A.

1. reliable
2. representative
3. accessible
4. comparable
5. feasible
6. legible

B.

1. filled
2. transcribe
3. feasible
4. unaided

C.

1. 해석_ 철기시대의 역사는 유형적인 유적에서 알 수 있다.

정답_ b

2. 해석_ 새로운 생산 라인을 위한 재료는 Met Z 할인점에서 살 수 있다.

정답_ b

3. 해석_ 새로운 측면 출입구와 경사로의 추가로 그 건물은 이제 장애인들이 접근할 수 있다.

정답_ d

4. 해석_ Martin은 자격이 안 되기 때문에 쉽게 직장을 찾을 가능성이 거의 없다.

정답_ b

5. 해석_ 그들은 축구 16강전에서의 승리를 자축하기 위해 술집에 갈 가능성이 높다.

정답_ a

p.133

Let's Drill

Day 13

A.

1. runway
2. intersection
3. occupy
4. vacant
5. adjoin
6. proximity

B.

1. consecutive
2. order
3. sharply
4. upcoming

C.

1. 해석_ 영양에 대한 정보는 박스 뒷면에서 볼 수 있다.
   정답_ b
2. 해석_ 호텔에서 Shery와 Eva의 방은 바로 붙어 있었다.
   정답_ c
3. 해석_ 가게 점원은 Mary에게 은행이 브루클린 스트리트에 있는 우체국 가까이에 있다고 말해 주었다.
   정답_ c
4. 해석_ 콘서트는 무료이고 카퍼 버닝스톤 플라자의 야외에서 열릴 것이다.
   정답_ b
5. 해석_ 현장은 의료 서비스와 쇼핑시설에 아주 가깝다.
   정답_ d

Let's Drill

p.143

Day 14

A.

1. rural

2. urban
3. opposite
4. hub
5. domestic
6. global

B.

1. hub
2. orderly
3. municipal
4. outskirts

C.

1. 해석_ 한라산과 그 주변은 국립공원으로 곧 지정될 것이다.
   정답_ b
2. 해석_ 그 소방관은 일반인들에게 화염에 쌓인 차로부터 떨어져 있으라고 말했다.
   정답_ a
3. 해석_ 주차장은 호텔에서 걸어갈 수 있는 거리에 있다.
   정답_ d
4. 해석_ 시드니는 호주의 주요 금융 중심지이자 비즈니스 중심지이다.
   정답_ b
5. 해석_ 중국은 시 업무를 모든 국내와 해외 투자가들에게 완전히 개방할 것이다.
   정답_ c

Let's Drill

p.153

Day 15

A.

1. mention
2. conversation
3. explain
4. detail
5. concede
6. sequence

B.

1. session
2. urgently
3. given
4. statement

C.

1. 해석_ 한 회사의 문화를 알기 위해서, 웹사이트를 방문하거나 직원들과 이야기해 보세요.

   정답_ a

2. 해석_ 그는 고객들에게 그가 소유한 회사로 수표를 지불하라고 말했다.

   정답_ a

3. 해석_ 차 시음자들은 우리에게 왜 한 차가 다른 차보다 맛이 나은지 설명했다.

   정답_ b

4. 해석_ 특별한 참고문헌을 제공하거나 자료가 어떻게 수집되었는지 상세히 설명하시오.

   정답_ d

5. 해석_ 고객들은 화석연료발생이 환경에 미치는 영향에 대해 우려를 표명했다.

   정답_ d

Let's Drill

p.165

Day 16

A.

1. transparent
2. portable
3. troubleshooting
4. disposable
5. state-of-the-art
6. load

B.

1. regular
2. capacity
3. furnished
4. item

C.

1. 해석_ 스미스 권총은 매우 내구력이 강해 총 10회전을 견뎠다.

   정답_ b

2. 해석_ 그녀는 속이 너무 빤히 들여다보여 언제 그녀가 거짓말을 하는지 항상 알아낼 수 있다.

   정답_ d

3. 해석_ 그는 캠핑을 가는데 휴대용 라디오를 가지고 갔다.

   정답_ a

4. 해석_ 그는 여행할 때엔 일회용 면도기를 사용한다.

   정답_ d

5. 해석_ 건물은 연기로 작동되는 정교한 연기감지센서가 있다.

   정답_ a

Let's Drill

p.173

Day 17

A.

1. adapt
2. customs
3. amendment
4. hygiene
5. observance
6. detach

B.

1. pile
2. request
3. conclusion
4. combination
5. competitive

C.

1. 해석_ 그 군인은 명령을 거부한 죄로 군법회의에 회부됐다.

   정답_ b

2. 해석_ 우리가 귀하의 요청을 받아들일 수 없는 것을 안타깝게 생각합니다.

정답_ a

3. 해석_ 그는 학회가 요구한 엄격한 규율에 순응할 수 없었다.

정답_ a

4. 해석_ 우리는 우리의 기독교적 믿음을 준수하기 위해 부활절을 경축한다.

정답_ d

5. 해석_ 그녀는 새로운 환경에 적응할 수 없다.

정답_ a

Let's Drill
p.183

Day 18

A.

1. enclose
2. envelope
3. wing
4. affix
5. accrue
6. delete

B.

1. exotic
2. carry
3. account
4. skip

C.

1. 해석_ 채권을 매각할 때 축적된 이자는 세금 목적의 이자로 취급된다.

정답_ b

2. 해석_ 최근의 흑백사진을 신청서에 붙이세요.

정답_ a

3. 해석_ 박물관의 새 부속건물은 쉽게 눈에 띄지만 방문객이 이용할 수 없다.

정답_ c

4. 해석_ 각각의 과제 제출은 요약 보고서를 동봉해야 한다.

정답_ a

5. 해석_ 노란다는 환경법규를 위반한 것에 대해 미화 1백 2십만 달러 이상의 벌금이 쌓였다.

정답_ d

Let's Drill
p.193

Day 19

A.

1. version
2. exaggerate
3. sympathy
4. distract
5. consensus
6. star

B.

1. entertainment
2. interest
3. experience
4. knowingly

C.

1. 해석_ 그녀는 종종 자신의 자격이나 경험을 과장하곤 했다.

정답_ b

2. 해석_ Jane은 경찰대에서의 자신의 경력에 집중하고 싶어한다.

정답_ a

3. 해석_ 그 회사는 직장에서 정장을 입는 것을 강조하고 있다.

정답_ a

4. 해석_ 장관은 그 비난에 대해 단호한 거부를 표현했다.

정답_ b

5. 해석_ 정신을 산만하게 한다면 텔레비전을 꺼달라고 요청할 수 있다.

정답_ b

Day 20

A.

1. hear from
2. liaison
3. distribute
4. deliver
5. fetch
6. tamper

B.

1. reception
2. dependable
3. cease
4. associates

C.

1. 해석_ 그는 전화로 그녀와 연락을 취하려 했다.
   정답_ a
2. 해석_ 그들은 며칠 동안 아들로부터 소식을 듣지 못했다.
   정답_ d
3. 해석_ 그는 죽은 사람들과 의사소통을 할 수 있다고 말한다.
   정답_ a
4. 해석_ 나는 그의 이메일이 중요한 이슈를 담고 있어서 모든 직원에게 전송했다.
   정답_ c
5. 해석_ 회사는 전 세계에 그 상품을 보급하는 것이 목표이다.
   정답_ d

Let's Drill ———————————— p.215

Day 21

A.

1. engrave
2. archives
3. memorandum

4. minutes
5. reside
6. applaud

B.

1. patrons
2. admire
3. ovation
4. build

C.

1. 해석_ 그는 오전 10시에 회의가 있다는 것을 그녀에게 상기시켰다.
   정답_ a
2. 해석_ 그 술잔에는 문자가 새겨져 있었다.
   정답_ b
3. 해석_ 그녀는 그 카운티의 고문서보관소에서 그 현지 마을에 대한 정보를 다수 발견했다.
   정답_ a
4. 해석_ 의사는 그 날 아침에만 어떤 환자를 보았는지 기억해 낼 수 없었다.
   정답_ d
5. 해석_ 회사는 그 도시를 패션 중심지로 바꾸려는 노력의 일환으로 한 프랑스 기업과 상호양해각서에 서명했다.
   정답_ b

Let's Drill ———————————— p.223

Day 22

A.

1. stare
2. look over
3. vote
4. peep
5. notify
6. deposit

B.

1. load

2. surprise

3. light

4. resistant

C.

1. 해석_ 그는 엄마에게 자신의 수학 숙제를 검토해 달라고 요청했다.

　정답_ b

2. 해석_ 그는 고개를 들어 그녀를 바라보았다.

　정답_ b

3. 해석_ 그는 못마땅한 듯 그녀의 옷을 바라보았다.

　정답_ a

4. 해석_ 그녀는 허공을 바라보면서 미래에 대해 생각해 보았다.

　정답_ c

5. 해석_ 의사는 그의 흉부를 검진했고 이상이 없다는 것을 알게 되었다.

　정답_ a

Let's Drill
p.233

Day 23

A.

1. appreciate

2. welcome

3. esteem

4. valuable

5. greet

6. hospitality

B.

1. invoice

2. show up

3. escorted

4. constantly

C.

1. 해석_ 그들은 그에게 저녁을 사줌으로써 감사를 표시했다.

　정답_ b

2. 해석_ 그녀의 문제는 자존심이 낮다는 것이다.

　정답_ d

3. 해석_ 그는 모든 마음을 다해 평생 동안 그녀를 소중하게 여겼다.

　정답_ a

4. 해석_ 주식에서 당신은 투자하는 매 1천 달러의 현금에 대해 최고 2천 달러 상당의 주식을 관리한다.

　정답_ b

5. 해석_ 대부분의 공산주의 국가들은 개인 생활을 존중하지 않는다.

　정답_ c

Let's Drill
p.247

Day 24

A.

1. assess

2. diagnose

3. auditorium

4. imperative

5. seniority

6. priority

B.

1. lean

2. output

3. draw

4. criticism

C.

1. 해석_ 제 차를 고치는데 수리비가 얼마나 들지 대략 어림한 가격을 알려줄 수 있나요?

　정답_ a

2. 해석_ 그녀는 자신의 어머니가 그 재료들을 덜어내는 일을 도왔다.

　정답_ a

3. 해석_ 그 선생은 Jane의 능력을 평가하고 그녀가 어느 수업에 갈지 결정했다.

　정답_ c

4. 해석_ 그녀는 다이어트 중이기 때문에 매일 아침 체중을 잰다.

정답_ c

5. 해석_ 의사는 그녀가 간질이 있다고 진단을 내렸다.

정답_ b

Let's Drill
p.263

Day 25

A.

1. comprehensive
2. cooperative
3. joint
4. serving
5. classify
6. detach

B.

1. confidential
2. agenda
3. certification
4. immunity

C.

1. 해석_ 보험 회사는 자동차와 애완동물 보험을 포함한 포괄적인 보험처리 패키지를 제공하고 있다.

정답_ a

2. 해석_ 그는 수감된 회계사와 연관되어 있다는 혐의를 부인했다.

정답_ d

3. 해석_ 대학 과학과는 환경 단체와 강력한 협력 관계를 맺고 있다.

정답_ a

4. 해석_ 농장이 폭풍에 크게 타격을 입었지만 Giles는 농장 협동조합으로부터 수익을 얻을 수 있었다.

정답_ a

5. 해석_ 두 이사는 두 업체의 합병 협상에 현재 참석하고 있다고 밝혔다.

정답_ d

Let's Drill
p.275

Day 26

A.

1. prevalent
2. condense
3. capacious
4. dilate
5. myriad
6. stationery

B.

1. loyalty
2. potential
3. secured
4. formal

C.

1. 해석_ 최근 연구에 따르면 당뇨병은 놀랍게도 요즈음 젊은 층에게 널리 퍼져있음이 드러났다.

정답_ b

2. 해석_ 그녀는 기술자에게 액자에 담을 수 있도록 그 인쇄물을 확대할 수 있는지 요청했다.

정답_ d

3. 해석_ 그들은 웹 디자인과 컴퓨터 게임으로 사업을 확장하기로 결정했다.

정답_ c

4. 해석_ 여름 태양이 그 물질을 줄어들고 마르게 했다.

정답_ b

5. 해석_ 관심분야를 넓히기 위해 그 부부는 인도를 여행하여 요가를 배우기로 결심했다.

정답_ a

Let's Drill
p.287

Day 27

A.

1. increase
2. decrease
3. decline

4. plummet

5. soar

6. currency

B.

1. stuck

2. skyscraper

3. current

4. boost

C.

1. 해석_ 회사는 그녀의 근무 시간 수를 반 이상 줄였다.

정답_ b

2. 해석_ 교육과 건강에 대한 지출은 급증했지만 대중의 만족은 비례하지 않는다.

정답_ a

3. 해석_ 최소 임금 비용이 인플레이션으로 인해 폭락하였다.

정답_ d

4. 해석_ 서비스 업계의 고용이 다소 감소하였다.

정답_ d

5. 해석_ 컴퓨터 사용을 줄이고 좀 더 신체적, 정신적 활동을 해라.

정답_ a

Let's Drill
p.301

Day 28

A.

1. annual

2. occasional

3. temporary

4. centennial

5. shortcut

6. platform

B.

1. along

2. itinerary

3. open

4. put away

C.

1. 해석_ John이 12년 전에 술을 끊었기 때문에 아주 드문 경우에만 John이 술집에 있는 것을 볼 수 있었다.

정답_ b

2. 해석_ 그는 여름 동안 운이 좋아 임시직을 구할 수 있었다.

정답_ d

3. 해석_ 웨이터는 칵테일 바의 손님들이 자주 오는 손님이라고 말했다.

정답_ a

4. 해석_ 보고서가 분기별로 발표된다면 일년에 네 번 발표되는 것이다.

정답_ a

5. 해석_ 백 주년 행사는 100년에 한 번 열리고 1주년 행사는 일 년에 한 번 열린다.

정답_ d

Let's Drill
p.313

Day 29

A.

1. commensurate

2. discrepancy

3. identical

4. resemble

5. coincidence

6. mutual

B.

1. terms

2. scene

3. screen

4. unanimous

C.

1. 해석_ 그 쌍둥이가 종종 비슷한 옷을 입기 때문에 선

생들은 종종 그들을 구분할 수 없었다.

정답_ a

2. 해석_ 그 목격자는 그가 차 도둑과 닮았다고 말했다.

정답_ d

3. 해석_ 그 회사는 책임과 비례하는 경제적인 보상을 제공했다.

정답_ b

4. 해석_ 그 회사의 금융 보고서에 불일치하는 점이 너무 많았다.

정답_ b

5. 해석_ 몸무게를 빼기 위해 Sarah는 식이요법을 다양하게 하기로 결심했다.

정답_ b

직 공개되지 않았다.

정답_ a

4. 해석_ 판사는 그가 팀 응원단 두 명 사이에 폭력을 시작한 죄가 있다며 중형을 선고했다.

정답_ c

5. 해석_ 센터는 몇몇 과학자들과 협조하여 프로젝트를 시작하였다.

정답_ a

Let's Drill

p.325

Day 30

A.

1. version
2. launch
3. embark
4. inception
5. grant
6. bribe

B.

1. label
2. admission
3. transition
4. minor

C.

1. 해석_ 특별 위원회가 열리기 전에 예비 청문회가 열릴 예정이다.

정답_ a

2. 해석_ 사장은 3월 3일에 취임식을 가졌고 다음 날부터 취임하였다.

정답_ b

3. 해석_ Jackson의 새로운 싱글 앨범 출시 날짜가 아

INDEX

INDEX